上海终身教育研究院
Shanghai Municipal Institute for Lifelong Education
SMILE

中国终身教育研究

Research on Lifelong Education in China

上海终身教育研究院 主编

聚焦学习型社会

Focusing on the Learning Society

第三辑

Volume 3

上海交通大學出版社
SHANGHAI JIAO TONG UNIVERSITY PRESS

内容提要

本丛书围绕终身教育前沿问题，每册围绕一个主题展开研究。本书围绕学习型社会，分基本理论研究、实践与政策研究、国际进展研究等专题进行讨论，以原创为主，高度突出学术性，面向全球终身教育研究领域的学者。本书适合终身教育领域研究人员以及政府决策部门阅读。

图书在版编目（CIP）数据

中国终身教育研究．第三辑，聚焦学习型社会 / 上海终身教育研究院主编．—上海：上海交通大学出版社，2024.3

ISBN 978-7-313-30276-2

Ⅰ．①中…　Ⅱ．①上…　Ⅲ．①终生教育—教育研究—中国　Ⅳ．①G729.2

中国国家版本馆CIP数据核字（2024）第040458号

中国终身教育研究（第三辑）：聚焦学习型社会
ZHONGGUO ZHONGSHEN JIAOYU YANJIU (DI-SAN JI): JUJIAO XUEXIXING SHEHUI

主　　编：上海终身教育研究院
出版发行：上海交通大学出版社
地　　址：上海市番禺路951号
邮政编码：200030
电　　话：021-64071208
印　　制：上海万卷印刷股份有限公司
经　　销：全国新华书店
开　　本：710mm × 1000mm　1/16
印　　张：19
字　　数：308千字
版　　次：2024年3月第1版
印　　次：2024年3月第1次印刷
书　　号：ISBN 978-7-313-30276-2
定　　价：98.00元

CONTENTS

目　录

▶▶ 专题一

基本理论研究

- 论学习型社会建设协同机制的完善
- 迈向社会教育力：论学习型社会建设的系统集成
- 乡村振兴背景下学习型乡村的内涵研究
- 学习型家庭的内涵阐释与建设路径探析
- 我国学习型城市评价指标设计的理论探讨与实践应用
- 终身教育思想的本土化演进
  ——基于终身教育体系和学习型社会构建研究综述

论学习型社会建设协同机制的完善*

李家成　修桂芳**

摘　要：在教育治理体系与治理能力现代化的使命驱动下，聚焦我国学习型社会建设深入推进问题，需要重新审视教育部门与相关部门的协同机制。这是学习型社会的内涵所需，也是解决当前发展问题的迫切需要。我国学习型社会建设经历了从形成基本共识到系统完善的进程，但依然存在教育部门和相关部门的协同关系尚未完善、治理经验积累不足和国际影响力不强、学习型社会建设的功能实现不够等问题。形成问题的原因主要在于：认识上缺乏对学习型社会的内涵理解，机制上尚缺乏有效做法，方法上缺乏"爆发式"的创新。在当前教育强国建设背景下，完善教育部门与相关部门的协同机制，要坚持党的领导，形成齐抓共管的统筹管理体制；加强动态监测，发挥相关指标的风向标作用；转变思想观念，形成部门协同推进的共识；强化过程监督，打通部门统筹协调的机制障碍；总结经验模式，高质量参与全球终身教育治理。

关键词：学习型社会建设；协同机制；全民终身学习；教育强国；教育部门；系统集成

学习型社会是每个人学习高度自觉的社会。在其中，每一位社会成员在生命的每一个阶段都应该拥有足够的学习机会和资源，通过多种学习方式追求生命价值、实现全面发展。基于学习对象的全民性、学习时长的终身性、学习内容的全面性、学习过程的复杂性，学习型社会建设是一项系统工程，需要多个社会运行子系统的功能集成、多个领域终身学习资源的整合、多方

* 基金项目：国家社会科学基金教育学重点课题"服务全民终身学习视域下社区教育体系研究"（项目编号：AKA210019）的阶段性成果。

** 作者简介：李家成，华东师范大学上海终身教育研究院教授、执行副院长，主要研究方向：终身教育、老年教育、家校社合作育人；修桂芳，华东师范大学上海终身教育研究院博士后（在站），主要研究方向：终身学习立法、职业教育学习理论。

社会力量的积极参与，真正形成共建共治共享的协同发展格局。换言之，在当前推动教育高质量发展、建设教育强国的时代背景下，要实现人人皆学、处处能学、时时可学的中国特色的学习型社会、学习型大国的目标，需要建立起教育系统内外、社会各部门各领域的协同机制。

2020 年 9 月，习近平总书记在教育文化卫生体育领域专家代表座谈会上的讲话指出："要完善全民终身学习推进机制，构建方式更加灵活、资源更加丰富、学习更加便捷的终身学习体系。"[1] 2023 年 5 月 29 日，在中共中央政治局第五次集体学习时，习近平强调，要坚持系统观念，统筹推进育人方式、办学模式、管理体制、保障机制改革，坚决破除一切制约教育高质量发展的思想观念束缚和体制机制弊端，全面提高教育治理体系和治理能力现代化水平。[2]

系统观念从优化整体教育生态的角度关注全民终身学习的制度环境，从推进现代公共治理的角度关注终身学习体系建设的社会大局。教育部门和相关部门的协同机制建设是我国终身学习体系发展到一定阶段的必然产物，其倡导的创新性融通思路和教育生态重构行动，将直接促进当前我国学习型社会的建设，对提高我国教育治理体系与治理能力的现代化水平具有重大战略意义。

一、内生需要：学习型社会建设的本质要求

（一）终身教育内涵的要求

在理论研究中，只要重视终身教育的内涵，探讨学习型社会的本质，必然会将全社会与教育、人的终身学习结合起来。保罗·朗格朗认为："教育是一个整体，终身教育即教育这个词所包含的所有意义。终身教育包括了教育的各个方面、各种范围，包括从生命开始到生命结束的不断发展，也包括在教育发展过程中各点与各阶段间的紧密联系。"[3] 这个被广泛引用的经典观点，不但呈现了对突破教育阶段性与片段性的内涵认识，而且也直接涉及终身教育的广度和深度。强调终身意味着要为终身学习提供多种入口、出口、桥梁课程和转换；转换不仅需要提供教育系统不同部分之间的通道，还要提供从学校到工作，以及工作和教育、培训之间的顺畅通道。[4] 可见，"终身学习"的实现依赖于教育系统以及其他社会系统共同搭建的"顺畅通

道”，形成全社会共同保障公民终身学习的管理体制和运行机制。这也是学习型社会的显著标志。

叶澜教授从终身教育理论研究出发，认为“终身教育视界”就是以能促进人的多方面终身发展和人格完善，使其有志于并有能力为创造一个更美好的世界作贡献为价值取向的；以贯穿于人一生、渗透于个体生命实践各种空间的生命和活动全时空为原则；通过将各种教育力量连通、整合、汇聚，形成完整性的教育系统，使全社会各项活动都自觉内含并在实践中体现终身教育的原则为实现路径。[5] 上述探讨已经明确强调了“全社会各项活动”的责任。叶澜通过研究，进一步得出如下认识：“今日中国社会的发展，不仅儿童、青少年需要教育，成人，包括老年人，同样或者说更需要教育；不仅社会的发展需要加强贯穿于个体从生到死的生命全程的教育，而且社会，也只有依靠全社会的力量，才能形成教育人、促进人不断超越自我，实现终身发展的现代教育体系大格局。现代教育体系大格局的形成，不仅需要依靠全社会的力量，而且全社会事实上蕴含着这种力量。只是这种力量尚未完全开发，更谈不上自觉开发，大量的还处于自发、分散、局部起作用的状态。更值得关注的是，在社会主流价值导向力尚不足的情况下，一些社会力量发挥的是消极、使人性之恶被激活的作用。”[6]

终身教育思想对受教育者的年龄、资历、职业背景没有任何要求，对学习时间和地点也无任何限制，是对传统教育理念的颠覆式突破，倡导灵活多样的学习方式，将人置于广泛的学习领域中，并且拥有广泛的选择余地。[7] 因此，作为世界教育发展的潮流，终身教育思想在打破各教育类型之间、教育体系与其他社会领域之间的发展壁垒方面，可以持续发挥理论指引作用。

（二）“学习型社会”内涵的要求

1972 年，联合国教科文组织国际教育发展委员会发布的《学会生存：教育世界的今天和明天》，在全球具有重大影响力。其主席埃德加·富尔指出：“如果学习包括一个人的整个一生（既指它的时间长度，也指它的各个方面），而且也包括全部的社会（既包括它的教育资源，也包括它的社会的和经济的资源），那么我们除了对‘教育体系’进行必要的检修以外，还要继续前进，达到一个学习型社会的境界。”[8] 该报告明确指出：“根据这些理由，国际教育发展委员会特别强调两个基本观念：终身教育和学习化的社会”；[8] 明确倡导“向学习型社会前进”。[9] 在该报告看来，“学习型社会”与“终身教育”直接相关，且学习型社会更强调全社会都承担起教育的责任，支持全民的终身学习。在学习型社会建设过程中，教育系统是核心力量，但不是唯一力量，而是必须与相关部门合作，促成全社会参与教育工作。

在该报告的正文中，有专篇论述“学习化的社会：现在和未来”。[10] 其中有如下明确表达：“社会与教育的关系，在其性质方面，正在发生变化。一个社会既然赋予教育这样重要的地位和这样崇高的价值，那么这个社会就应该有一个它应有的名称——我们称之为‘学习化的社会’。这样一个社会的出现，只能把它理解为一个教育与社会、政治与经济组织（包括家庭单位和公民生活）密切交织的过程。这就是说，每一个公民享有在任何情况之下都可以自由取得学习、训练和培养自己的各种手段，因此，从他自己的教育而言，它将基本上处于一个完全不同的地位。教育不再是一种义务，而是一种责任了。”[11] 该报告强调：“但是我们越来越不能说，社会的教育功能乃是学校的特权。所有的部门——政府机关、工业交通、运输——都必须参与教育工作。地方共同体和国家共同体都显然是具有教育作用的机构。”[12]

赫钦斯明确强调：“我们可以走得更远，并且预见到学习型社会的来临吗？除了为成长过程中每一个阶段的男男女女提供在职的成人教育之外，这将是一次成功的价值转变，那就是把学习、自我实现，以及成为真正的人设计为教育的目标，并且所有的教育机构都瞄准这个方向。”他认为：“这就是雅典人曾经做过的事情。”在他看来，“在雅典，教育并不是在某个时间、某个地点，以及生活的某个阶段从事的单独、分离的活动。它是社会的目标。城市本身就可以教育人”。[13] 作为更早于联合国教科文组织相关报告的一本著作，其对于学习型社会的探讨，值得我们认真思考全社会需要承担的责任，认识教育系统与文化变革之间的关系乃至于教育系统本身的有限性。

而在近年联合国教科文组织终身学习研究所发布的手册中，进一步强调了各类组织、机构之间的合作，包括私营部门和相关利益相关者的参与，也就进一步扩大了对协同机制的理解。该手册强调，重要的是终身学习政策制定方面的合作跨越了正规、非正规和非正式学习之间的界限；还需要合作，以实现终身学习政策在健康、气候变化、安全和司法等领域的跨部门和跨学科潜力；私人利益相关者、文化机构和民间社会，以及各部委和地方政府，在终身学习政策中发挥着重要作用，该政策将终身学习融入公民的日常生活和工作，确保他们的学习需求得到表达、倾听和满足。[14]

学习型社会的概念强调全社会都应承担教育的责任，支持全民的终身学习；需要私营部门、文化机构、民间力量以及各级政府的参与，以满足不断变化的学习需求。尽管教育系统是核心力量，但也需要与其他部门协同合作，不断突破传统教育阶段或边界。

（三）实现人的全面发展的要求

党的二十大报告指出了在2035年建成“教育强国、科技强国、人才强国”的战略目标，对“办好人民满意的教育”作出了专门部署，凸显了教育的基础性、先导性、全局性地位，彰显了以人民为中心发展教育的价值追求，为推动教育改革发展指明了方向。教育学习必须首先促进个人发展，这是所有国际组织在讨论教育问题时的一致认识。[15]对于终身教育而言，最关心的是个人的发展和自我实现，是“人生各个时期”“所有年龄层的人”的“人的形成”问题，而不仅仅是职业技能的获得。[16]将学习型社会建设的核心目标明确为人的全面发展，强调全民终身学习，是因为人的生活与社会各领域、各部门有着内在联系，也必然要求全社会积极支持教育。

在《学会生存：教育世界的今天和明天》的《呈送报告》中，这被提炼为“一开始便构成我们工作的基础”的第三个基本设想：“人类发展的目的在于使人日臻完善；使他的人格丰富多彩，表达方式复杂多样；使他作为一个人，作为一个家庭和社会的成员，作为一个公民和生产者、技术发明者和有创造性的理想家，来承担各种不同的责任。”[17]赫钦斯也强调：“本书把教育定义为通过有组织的、深思熟虑的努力来帮助人民成为有智慧的人。它强调，教育的目标不是培养劳动力而是培养人本身。”[18]

人的学习就是学习型社会存在的核心依据。人的终身学习跨越了学校、职场和生活场景，所以“终身学习方法的跨系统观在理解和解决不同政策衔接方面比局部的方法更加有用”。[19]正是由于人的终身学习需要拓展到全社会，也就是人的全部的生活领域中、与人的所有角色相沟通、与人的生活时空几乎同边界；从教育的角度看，也就需要社会生活的各个方面都要发挥教育功能。因此，学习型社会建设中，要坚持这种基于人的生活、角色、学习的思想，坚持人本身的整体性，坚持人的全面发展所需要的整体性，确定有机联系的思维方式，使各个部门发展起系统观念，形成整体协调状态。

如果再将“全民”意识，或人的“终身”发展意识纳入其中，则我们更能认同：“学习型社会强调，学习不仅是青少年学生的事情，更是所有社会成员的事情”。[20] 在系统观念下，全体社会成员的终身学习和全面发展自然不可能仅仅依靠学校教育或现有的教育系统，而必须拓展到社会生产和生活的各个领域。

党的二十大报告明确概括了中国式现代化五个方面的中国特色，深刻揭示了中国式现代化的科学内涵。其中，五方面是指“人口规模巨大的现代化”“全体人民共同富裕的现代化”“物质文明和精神文明相协调的现代化”“人与自然和谐共生的现代化”“走和平发展道路的现代化”。这既是理论概括，也是实践要求，为全面建成社会主义现代化强国、实现中华民族伟大复兴指明了一条康庄大道。[21] 从五方面中国特色的本质来看，提升人口的综合素质、推动经济社会的全面发展、构建人类命运共同体等中国式现代化的基本内涵与全民终身学习的精神实质相辅相成、互联互通，成为实现中国式现代化的重要构成，也是全社会的时代使命。

二、发展现状：从基本共识到系统完善的进程

经过多年的探索与发展，我国学习型社会建设的协同机制已经初步形成。但有研究强调，当前我国学习型城市建设的机构间关系缺乏链接和融通，难以发挥整体效应。也因此，并非所有参与学习型城市建设的机构均已经意识到其存在的位置、功能和价值，也并非所有机构已经做好或正在、已经融入了学习型城市建设的体系之中，由此带来各类机构间的教育资源和学习服务的分散，即尚未形成学习型城市建设“机构合力”的理想蓝图。[22] 叶澜用“半醒半梦”一词描绘了她对当前我国社会教育力实存状态的判断，认为“半醒”意味着当代中国社会教育力的意识正在觉醒，并处于蓬勃生长、积极探索，各种力时而相合、时而相冲的东碰西撞、尚未成序之半清醒状态；“半梦”之处，是指“社会教育力”尚未开蒙之处，它意味着当代中国社会教育力有极大的生长空间和完善余地。[23]

当前需要进一步完善与强化教育部门与相关部门的协同机制，以适应教育强国的发展要求，适应新时代中国特色的现代化，助力建成学习型大国。

（一）基本共识与明确的发展战略

国家政策层面，2019 年《中共中央关于坚持和完善中国特色社会主义制度　推进国家治理体系和治理能力现代化若干重大问题的决定》提出了“构建服务全民终身学习的教育体系”，要求“发挥网络教育和人工智能优势，创新教育和学习方式，加快发展面向每个人、适合每个人、更加开放灵活的教育体系，建设学习型社会”。2020 年 9 月 22 日，习近平总书记在教育文化卫生体育领域专家代表座谈会上发表讲话，明确强调“要完善全民终身学习推进机制，构建方式更加灵活、资源更加丰富、学习更加便捷的终身学习体系”。中共中央、国务院印发的《深化新时代教育评价改革总体方案》，也明确要求“探索开展高校服务全民终身学习情况评价，促进学习型社会建设”。

上述认识在发展战略层面已经被确认，2014 年教育部等七部门《关于推进学习型城市建设的意见》，就是由教育部、中央文明办、国家发展改革委、民政部、财政部、人力资源社会保障部和文化部联合发布的。在省市层面，学习型城市、学习型社会、终身教育主题的地方性法规和政策，也都会在政策乃至地方立法文本中，明确多部门的责任。部分城市构建了学习型城市建设的领导机构，如上海由 20 个委办局组成了“上海学习型社会建设与终身教育促进委员会”；武汉成立了由市委分管副书记任组长，32 个部门为成员单位的工作领导小组；西安成立了由市委书记为领导小组组长，21 个成员单位“一把手”为成员的领导小组。

从学习型社会建设的世界发展潮流与趋势来看，相关国际组织和国家的经验也在不断充实我们对系统观念指引下协同机制的理解。如有研究者通过对联合国教科文组织终身学习研究所的发展战略研究发现，该发展战略也高度重视构建合作关系网络，力图实现互联互通与资源共享。[24] 世界范围内，类似成果与探索也会不断增强对加强教育部门与相关部门协同的认识与理解，也为我国完善学习型社会建设协同机制提供了经验参考。

（二）当前有待解决的发展问题

一是教育部门和相关部门的协同关系尚未完善。教育部与相关部委各自分工有余、合作不足、合力不强，缺乏综合有效的体制机制保障，因此发展集约度和可持续性不强，尚未形成一个集成度更高的新系统。教育、宣传、文旅、人社、民政等相关部门参与学习型社会建设的具体职能、资源配置有待优化。各部门、各领域之间依旧有一定的壁垒需要破除，在经费投入、项目设计和运行、人力资源开发等方面尚未能实现沟通融合，学习型社会建设工作的系统集成性尚未形成。在部分开展学习型城市建设成效较明显的地区，也主要依靠教育部门的力量来开展工作。

目前，我国终身学习支持服务的顶层设计不到位，很多领域的跨部门协同缺乏法律和政策依据，实际运转中普遍存在管理缺失、运行不畅等难题。以老年教育为例，在国家层面，老年教育政出多门，管理权归属问题不明确：老龄工作由国务院老龄委牵头，老干部工作由老干部局负责，退休职工由退管会管理，而老年教育都可以是其中的一部分，缺乏强有力的统筹协调，资源共享机制尚未形成。目前，老年教育管理部门有组织部、文化和旅游部、教育部、民政部等，基本处于“谁办谁管、谁管谁负责”的自主发展状态，缺乏国家层面的宏观协调，经费保障、人员编制、阵地建设等问题突出，严重阻碍了我国老年教育事业的创新发展。

在基层，部分地区成立了学习型社会建设与终身教育促进委员会、社区教育委员会等组织，但共建共治共享机制尚未真正建立，运行不稳定，功能尚未很好发挥，资源壁垒尚未全部打通。以社区教育发展为例，就需要教育部与民政部协同，但近年来并没有明显进展，宏观政策指导力度不够，基层社区教育机构建设乏力，明显存在教育阵地被弱化、队伍建设后续乏力、专业发展通道不畅等问题，显然不适应学习型社会建设中加快建设社区教育体系的任务要求。

二是学习型社会的治理经验积累和国际影响力不够。从全球趋势看，终身教育思想已经形成普遍共识，无论是发达国家还是发展中国家，促进终身教育和学习、创建学习型城市，已成为各国开发人力资源、提高经济竞争力、实现社会可持续发展的重要战略。当前，针对我国学习型社会建设和地方开展的学习型城市建设已有经验和发展困境的研究力度不够，专业科研力量依然薄弱，较多成果尚未经过科学的研究和高质量提炼，不仅在国内教育改革研究中未产生应有的影响力，自主知识体系建设乏力，也未能在国际对话与合作中发挥应有的作用，在讲好中国故事、传播中国经验、发出中国声音方面存在短板，未能有效增强我国教育的国际影响力和话语权。例如，老年教育工作可以高度呈现社会主义制度优越性，形成全球影响力，但目前该项工作处于起步阶段，老年教育体系的完善工作还有待快速推进，需要教育与民政、组织、宣传、文旅等部门密切合作，相关发展实绩需要深入统计分析，研究成果成熟度有待进一步提升。即便是我国已经加入全球学习型城市网络的十个城市，目前也没能形成合力，部分城市在全球网络中的参与率较低。

三是学习型社会建设的功能实现不够。目前，我国学习型社会建设的功能实现，尤其是助力全民终身学习的实效性不明显，致使从业人员的学历水平尚未进入国际前列，终身学习文化尚未全面形成并发挥文化浸润作用。各部门、机构事实上都能影响诸多人群，包括发动企业、社会多方面的力量，也能为全民终身学习提供不同主题、内容的支持。但缺乏沟通合作，致使我国全民终身学习的人数、内容的丰富度、方式方法的多样性、系统的集成度和效益的彰显度受到影响，未能达到理想的状态。

（三）形成问题的原因

一是在认识上缺乏对学习型社会的内涵理解。虽然国家和地方出台了一系列关于学习型社会建设的多部门联合发文，例如教育部等七部门《关于推进学习型城市建设的意见》、北京市教委等 16 部门印发的《北京市学习型城市建设行动计划（2021—2025 年）》，尝试建立学习型城市建设协同机制，但实际执行过程中依然将这项工作定位为教育部门的职责。其他部门的参与程度比较低，在学习型社会建设中的主体地位和责任尚未真正体现，尤其是缺乏在中国式现代化背景下的清晰、自觉认识。教育系统之外以及很多地方政府未能在政治高度上予以重视，导致“部门协同”止于“联合发文”，而不是真正的“落地实施”。所以“协同机制”的实际运行还需要各部门、各级政府就学习型社会建设达成更高程度的思想共识。

二是在体制上缺乏统筹力量。尽管党和国家已经强调治理体系与治理能力的现代化，但学习型社会的治理结构在近年未能实现大的突破，未能形成强有力的领导力。全国各地学习型城市、学习型乡村等实践在继续探索，有些地方政府通过地方立法等尝试推进机制建设，但缺乏国家终身学习立法的宏观指导，立法缺失使得学习型社会建设很多工作得不到法律层面的强制性约束与保障，仅依靠具体执行人员的自觉性与责任意识，可持续性不强，实施效果欠佳。同时，不健全的行政管理制度、缺失的财政投入制度、断层的从业人员职称职级晋升制度等，也成了学习型社会建设协同机制中的制约性因素。

三是在机制上尚缺乏有效做法。尽管在相关文本中有对相关部门的责任表达，但因为学习型社会建设在全局性工作中被边缘化，在教育部门内部也因为具有高度复杂性和跨部门性而难以有力推动，协同机制运行乏力。当前，我国终身教育资源融通共享机制不够“通”，正规教育系统固守情节严重，出于教育质量的考虑对于外界资源的使用更为谨慎，外部资源寻求正规教育的对接有限，尤其是责任分担和成效评估等重要机制未建立，致使相关工作变得可做可不做、多做不如少做。

四是在方法上缺乏爆发式的创新。受地方经济社会发展水平、教育资源分布、重视程度的影响，全国各地推动终身教育、推进学习型社会建设的进度和效果存在较大差异。尽管部分省市有一定探索和积累，但开展实验的地区数量少，而且结合我国区域发展不平衡状态和教育强国总体发展战略，全国依然存在内生力量不强、创造活力不足、经验积累不力、成效表达不显著等问题。

三、完善策略：在教育强国建设背景下的系统集成

在当前进一步明确建设全民终身学习的学习型社会、学习型大国，强化教育治理体系与治理能力现代化的直接背景下，完善学习型社会协同机制，可以强调如下策略。

（一）坚持党的领导，形成齐抓共管的统筹管理体制

习近平总书记强调，建设教育强国是全党全社会的共同任务。要坚持和加强党对教育工作的全面领导，不断完善党委统一领导、党政齐抓共管、部门各负其责的教育领导体制。[25] 2019 年 9 月，中央全面深化改革委员会第十次会议中，习近平总书记也强调，落实党的十八届三中全会以来中央确定的各项改革任务，前期重点是夯基垒台、立柱架梁，中期重点在全面推进、积厚成势，现在要把着力点放到加强系统集成、协同高效上来，巩固和深化这些年来我们在解决体制性障碍、机制性梗阻、政策性创新方面取得的改革

成果，推动各方面制度更加成熟更加定型。[26]

在当前发展格局中，可以将学习型社会建设工作纳入中央教育工作领导小组议事日程，在国务院建立学习型社会建设领导小组，健全“横向到边、纵向到底”的全民终身学习推进机制和服务体系。要压实各部门、各领域党组织的责任，要求坚定贯彻党和国家有关学习型社会建设的政策，不断完善党委统一领导、党政齐抓共管、部门各负其责的学习型社会建设领导体制。地方主要党政领导要担任当地学习型社会建设领导小组的领导，教育部与地方教育行政部门分别组建工作专班，专人专事。2023 年 9 月，教育部印发的《学习型社会建设重点任务》就已经明确，要“完善政府统筹、教育牵头、部门协同、社会参与的全民终身学习推进机制”。[27]

（二）转变思想观念，深化部门协同推进的社会共识

作为一项系统工程，要高度重视思想观念的引领性。教育部门和相关部门需要认真学习、研究学习型社会、学习型大国建设的思想，理解学习型社会建设的内涵，树立起“学习型社会是各部门、各领域自觉促进人的全面发展的社会”[28]的共识。领导干部要增强对学习型社会研究成果的学习，以自己的终身学习引领工作人员的素质提升。

国家层面终身学习顶层设计能更好地引领认识转变和实践转型。加快推进国家终身学习立法，明确界定推进全民终身学习过程中党政机关、企事业单位、社会组织、教育机构与学习者的责任、权利与义务，将发展终身教育、实现教育现代化、建设学习型社会纳入法治轨道。结合学习型政党建设工作，教育部门和相关部门要出台相关法规政策、鼓励开展多样化的全民学习活动，形成国家终身学习行动，营造全民学习、终身学习的社会风尚。

在具体实践中，要提高相关部门、领域工作人员的政治站位，全面深刻准确认识学习型社会建设的重大意义，迅速、全面提升对于学习型社会的认识水平，在全社会树立科学的人才观、成才观、教育观，并渗透到本领域的具体工作中。

此外，还要坚持系统观念，增强大局意识，坚定“大教育观”，正确认识部门工作、领域发展与学习型社会建设的关系，统筹推进学习型社会建设工作，坚决破除一切制约高质量发展的思想观念束缚和体制机制弊端。有研究者也强调，基于复杂思维的立场，审视当前学习型城市建设的碎片化思

维，贯通、融通、衔接、复杂的思维方式或许更能促进对学习型城市及其建设的转型。[29]

（三）加强动态监测，发挥相关指标的风向标作用

2021 年 2 月 19 日，中央全面深化改革委员会第十八次会议也指出，要把加强改革系统集成、推动改革落地见效摆在更加突出的位置。会议进一步要求“要有系统观念”“要有辩证思维”等。[30]

在当前政府推进学习型城市监测工作的背景下，可以以之为抓手，推动学校教育与家庭教育、社区教育等方面的协同发展，有力促进教育部门与相关部门的协同。针对数据监测过程中发现的突出问题，教育部和各级政府要加强分类指导，大力开展学习型城市、学习型区县、学习型机关（单位）、学习型企业、学习型学校、学习型社区、学习型家庭创建活动，大力推进各类社会学习组织的发展，创设全民终身学习的优良环境。通过相关数据的动态统计和分析，破解部门协同治理的关键问题，不断完善学习型社会建设标准和工作机制，逐步形成中国特色学习型社会建设模式。

（四）强化过程监督，打通部门统筹协调的机制障碍

根据党和政府对学习型社会建设的总体部署，各部门要通力合作完成具体的学习型社会建设方案，制订详细的落实计划，充分关注本领域、部门的工作人员、服务人群的终身学习状态，加大力度提高数量和质量，重视研究如何以本部门本领域的特殊力量助力学习型社会建设，促进全民终身学习；要重视规划实施，挂图调度，既加强各部门、各地方的人力、物力、财力的保障，又通过学习型城市建设等重大项目实现资源汇聚、互联互通；要建立起项目进度和典型经验的定期报告制度，发布年度进展报告。教育部通过建立和不断完善数字化平台和统计制度，进行学习型社会建设进展状态监测，加强对各部门、地方政府的专项督导评估。

在这一过程中，要充分发挥教育系统内教育机构的领导力，主动促成互联互通。教育系统内部教育机构的互联互通要率先达成，以作为教育系统与不同部门合作的表率。要推动教师成为数字教育、终身学习的示范者、推动者和践行者。要通过中小学、职业院校、普通高校和成人继续教育机构的主动作为，在微观层面形成与宣传、文旅、人社、民政等部门的密切合作，具

体化为教育项目，形成协同发展格局，提高发展效益。如教育部可以联合相关部门指导建设老年友好型学校、家长友好型学校和社区友好型学校，组织所有学校参与全民读书活动、全民健康教育、全民科学教育、全民美育等工作，促进终身教育视野下学校的功能转型。教育部门要继续鼓励、指导职业院校、普通高校和成人继续教育机构，面向社会开展职业技能培训，支持从业人员实现职业技能更新，从而在具体项目中继续深化与相关部门的合作。教育部门要办好基层的社区学习中心、老年学校，通过这些教育机构来承接各部门的教育任务，融合各领域的资源，直接服务基层老百姓的终身学习。

（五）总结经验模式，高质量参与全球终身教育治理

在学习型社会建设领域，在中国式现代化的总体格局中，我国需要积极开展学习型社会建设协同机制方面的理论研究，发挥高等院校、科研机构、行业协会的智库作用，广泛发现典型案例，深入总结实践经验，推介提升发展成果，系统开展终身教育和学习型社会理论研究、战略研究、制度研究，为学习型社会建设提供战略咨询、科研指导和支撑服务。如有研究者认为：《马拉喀什行动框架：利用成人学习与教育的变革力量》（*Marrakech Framework for Action: Harnessing the Transformational Power of Adult Learning and Education, MFA*）着重强调深化合作伙伴关系的指导思想、搭建多部门合作平台之于支持成人学习与教育治理的重要价值。而我国在本领域的创新经验，就足以进行充分的国际对话与合作。[31]

也为了更好地“引进来”和“走出去”，我国应支持更多具备条件的城市加入联合国教科文组织全球学习型城市网络，主动并富有创造性地参与相关集群活动，不断产生积极的影响力、承担更多的责任，进而高质量参与全球终身教育治理，提升我国学习型社会建设的国际影响力、感召力、塑造力。

鉴于当前研究力量的薄弱，我国需要重视学习型社会研究领域的人才培养和学科建设，加快建设一支高水平的研究团队，鼓励研究人员承担一批国际性研究项目、产出一批具有国际影响力的成果、建立一套自主知识体系，进而形成一批学习型社会研究平台。

总之，不断完善学习型社会建设的协同机制，可以明显提高学习型社会建设的系统化水平，实现系统性跃升和质变；可以加速构建人人皆学、处处

可学、时时能学的学习型社会，实质性提升人民满意度和获得感；可以推动形成国际对话中的中国力量，持续提升中国特色学习型社会建设模式的国际影响力。

参考文献：

[1] 习近平.在教育文化卫生体育领域专家代表座谈会上的讲话[EB/OL].(2020-09-22)[2023-07-01]. https://www.gov.cn/gongbao/content/2020/content_5549876.htm.

[2][25] 习近平主持中央政治局第五次集体学习并发表重要讲话[EB/OL].(2023-05-29).[2023-07-01]. https://www.gov.cn/yaowen/liebiao/202305/content_6883632.htm.

[3][法] 保罗·朗格朗.终身教育导论[M].北京：华夏出版社，1988：16.

[4][澳] 戴维·N.阿斯平，等.国际终身学习手册（上册）[M].上海：上海高教电子音像出版社，2014：358.

[5] 叶澜.终身教育视界的深刻意蕴：全时空性的全人发展——保尔·朗格朗带给我们的启示和价值[J].人民教育，2017(01)：13-18.

[6][23] 叶澜.终身教育视界：当代中国社会教育力的聚通与提升[J].中国教育科学，2016(03)：41-67，40，199.

[7] 单中惠.外国教育思想史[M].北京：高等教育出版社，2007：306.

[8][9][10][11][12][17] 联合国教科文组织国际教育发展委员会.学会生存：教育世界的今天和明天[M].华东师范大学比较教育研究所，译.北京：教育科学出版社，1996：16，207，199-205，202-203，201，2.

[13][18][美] 罗伯特·赫钦斯.学习型社会[M].林曾，等译.北京：社会科学文献出版社，2017：154，61.

[14] UNE SCO Institute for Lifelong Learning. Making lifelong learning a reality: a handbook [M]. Hamburg: UNE SCO Institute for Lifelong Learning, 2022: 53-55.

[15] 周建高.日本的终身学习：从摇篮到坟墓[M].天津：天津人民出版社，2010：245.

[16] 陆有铨.躁动的百年——20世纪的教育历程[M].济南：山东教育出版社，1997：661+678.

[19][澳] 戴维·N.阿斯平，等.国际终身学习手册（下册）[M].上海：上海高教电子音像出版社，2014：23.

[20] 顾明远，石中英.学无止境——构建学习型社会研究[C].北京：北京师范大学出版社，2010：6.

[21] 吴秋余，齐志明，杨彦帆，等.中国式现代化是强国建设、民族复兴的康庄大道

［N］. 人民日报，2023-03-04（09）.

［22］［29］程豪，李家成，匡颖，等 . 反思与突破：学习型城市建设的高质量发展［J］. 开放教育研究，2021（02）：42-50.

［24］李文淑，李凯 . 实现人人享有终身学习机会：方向、框架与行动路径——UIL《2022—2029 年中期战略》之解析［J］. 远程教育杂志，2022（05）：31-39.

［26］习近平主持召开中央全面深化改革委员会第十次会议强调　加强改革系统集成协同高效　推动各方面制度更加成熟更加定型［EB/OL］.（2019-09-09）［2023-07-01］. https://www.gov.cn/xinwen/2019-09/09/content_5428640.htm.

［27］教育部关于印发《学习型社会建设重点任务》的通知［EB/OL］.（2023-09-28）［2023-09-29］. http://www.moe.gov.cn/srcsite/A07/zcs_cxsh/202309/t20230914_1080240.html.

［28］李家成 . 天地人事：叶澜终身教育思想研究［M］. 北京：人民教育出版社，2022：151.

［30］习近平主持召开中央全面深化改革委员会第十八次会议并发表重要讲话［EB/OL］.（2021-03-01）［2023-07-02］. http://www.gov.cn/xinwen/2021-02/19/content_5587802.htm.

［31］张伶俐，李家成 . 全球成人学习与教育发展：价值意蕴、优先事项与发展愿景——基于系列《成人学习与教育全球报告》的思考［J］. 教育与职业，2023（16）：65-72.

迈向社会教育力：论学习型社会建设的系统集成*

程　豪**

摘　要： 建设具有学习内涵的社会不只是教育系统的愿景，更是社会更新与发展过程中的诉求。已有研究基本确定了“教育系统助推我国学习型社会建设”的逻辑。此逻辑充分肯定了教育及学习在建设学习型社会中的独特价值。然而，目前影响学习型社会建设过程中更为重要的因素是教育与社会之间关系的异化。叶澜提出的“社会教育力”中的“教育系统的作用力”与“社会系统的教育影响力”为我国学习型社会建设提供了理论方向。针对“教育系统的作用力”，学习型社会建设需加强正规和非正规教育系统之间的联通，促动教育系统赋能学习型社会建设。对于“社会系统的教育影响力”，学习型社会建设需激活教育系统外的其他各类社会系统的教育影响力。在“教育系统的作用力”与“社会系统的教育影响力”的交互联通中，我国学习型社会建设将在教育与社会的融通关系中迈向系统集成。

关键词： 学习型社会；学习型大国；社会教育力；社会治理

一、凸显学习：我国社会建设的重要维度

2014 年 8 月 11 日，教育部、中央文明办、国家发展改革委、民政部、人力资源和社会保障部、文化部等七部门联合印发了《关于推进学习型城市建设的意见》（以下简称《意见》），明确了我国学习型城市建设工作的发展方向。《意见》从实现中华民族伟大复兴的宏伟蓝图出发，是新中国成立以来第一次倡导“推动全国各类城市广泛开展学习型城市创建工作”。此《意

* 基金项目：“国家资助博士后研究人员计划”（GZC20230921）的阶段性成果。
** 作者简介：程豪，华中师范大学教育学院讲师，主要研究方向：教育基本理论、终身教育。

见》提出了“形成一大批终身教育体系基本完善、各级各类教育协调发展、学习机会开放多样、学习资源丰富共享的学习型城市”的目标，并明确提出“到 2020 年，东中西部地区市（地）级以上城市开展创建学习型城市工作覆盖率分别达到 90%、80% 和 70%”[1]。

事实上，建设具有学习内涵的社会不只是教育系统的愿景，更是社会更新与发展过程中的诉求。这些诉求不仅包括经济转型和信息技术快速发展，还包括国家战略及全球化治理等。[2]就经济转型对建设学习型社会的需求看，我国作为世界人口大国，在改革开放以来经历了快速的经济转型和社会变革，这些变化引发了社会各行各业对人力资源和知识产出的强烈需求，岗前培训、继续教育以及企业大学等促使我国社会各部门开始关注并投入学习型社会的建设中。[3]就信息技术迭代更新对建设学习型社会的动力来谈，我国逐渐在社会各个领域全面进入数字化转型的新时代。无纸化办公、电子化学习、智能化生活、媒介化社交以及虚拟化生命等，成为当前我国社会受到信息技术全面影响的鲜明表征。在看到信息技术迭代更新给人们生活带来无限便利的同时，也需清醒地认识到其给不同群体和整个社会带来的机遇和挑战。正如有学者所倡议的那样，信息技术的快速发展必须与建设学习型社会紧密结合，加强数字化教育和在线学习的推广，使之成为我国学习型社会建设过程中的关键力量。[4][5]就国家战略挑战和推进方向来看，我国近年来陆续制定了一系列具有历史意义的发展规划。如“创新驱动发展战略”“人才强国战略”“实施积极应对人口老龄化国家战略”以及“建设全民终身学习的学习型社会、学习型大国战略”等。学习型社会建设作为国家战略的重要组成，与经济战略、政治战略、文化战略以及生态战略等产生交相呼应的价值。此外，日益复杂多样的全球化进程也在驱动我国建设学习型社会及学习型大国。伴随全球化治理的多国参与，我国在不断竞争的国际环境下追求自主创新和可持续发展。建设学习型社会能够从教育和学习的角度提高我国公民的综合素质，提高我国在全球舞台上的声望和影响力。总而言之，我国建设学习型社会拥有经济转型和社会变革、教育优先战略、信息技术的快速发展、国家战略和发展需求以及复杂多样的全球治理等综合性背景，这些背景共同推动了我国学习型社会建设的步伐。

正如上述强调的那样，建设学习型社会并不只是为了完善和发展教育和学习系统，其在提升人力资源质量、推动创新和创造力的发展、增强社会凝聚力和公民参与度、促进可持续发展以及增强国家的软实力等方面具有较强的理论价值和实践意义。第一，建设学习型社会有助于提升人力资源的质量。学习型社会是注重知识获取和传播的社会，人们在广泛的教育和学习中能够培养起专业知识、创新思维和适应不确定性社会的能力。第二，建设学习型社会能够推动科技创新发展。科技发展需要创新，创新的动力在于终身教育和终身学习。在被学习氛围包裹着的社会形态中，人们被鼓励探索和发现新的经济规律、社会制度、文化形式以及技术手段，进而推动科技创新和产业升级。第三，建设学习型社会能够增强社会凝聚力和公民参与度。公民或被鼓励或主动积极参与社会事务和民主决策，通过多元化的社会参与路径，在充满讨论、交流和协商的学习氛围及环境中理解社会问题，进而在增强社会凝聚力中促进社会的和谐稳定。第四，建设学习型社会能够促进生态文明的可持续发展。近年来，环境教育和生态文明建设逐渐引起社会各界的重视，并被纳入学习型社会建设的重要任务中。人们在教育和学习过程中传递环保和可持续发展的理念，进而致力于实现经济社会的可持续发展。第五，建设学习型社会能够增强我国在竞争日益激烈的国际社会格局中的硬实力和软实力。从西方发达国家的社会发展历程看，教育水平越发达、学习途径越通畅，越能够吸引国际人才和智力资源的流入，也越有利于提升国家的科技水平和创新能力。因此，建设学习型社会、学习型大国能够为我国在国际新秩序的建构和发展中扮演重要角色贡献力量。

然而，诸多理论研究和实践改革表明，我国建设学习型社会的过程并不是一帆风顺的。[6]体制机制、社会结构、城乡二元格局以及教育发展等多种因素，阻碍着学习型社会建设的路径探索。[7]因此，有必要理解和反思我国学习型社会建设的机制和逻辑，探寻学习型社会建设过程中的矛盾和困境，并在人、教育、学习与社会之间的融通关系中提出学习型社会建设的新路径，为新时代我国建构“服务全民终身学习的教育体系”及建设“学习型大国”提供坚实基础。

二、理解与反思：教育系统助推我国学习型社会建设

（一）理解“教育系统助推我国学习型社会建设”的逻辑

基于对已有关于学习型社会建设的诸多研究的理解，可从谁来建、怎样

建、谁评估等三个方面，解析我国学习型社会建设的基本运行逻辑。

首先是“谁来建设学习型社会”的问题。不论是从政策制度来看，还是从学术研究以及实践发展的角度来谈，我国建设学习型社会的主体主要落实在教育机构上。虽然有学者提出了企业、医院、民政等社会多部门共同投入学习型社会建设的整个过程[8]，但是从学习型社会建设的具体实践来看，由于经济与权力资源分配不均、绩效考核设限、社会机构功能的逐渐分化等，教育机构之外的其他社会组织往往认为自己与建设学习型社会之间没有必然联系，也没有应尽的义务，更没有强制的制度约束。因此，作为教育与学习系统本身所具有的教育和学习功能，在当前社会结构组织难以充分发挥作用的现实情况下，学习型社会建设自然被默认是教育和学习系统的责任和义务。并且，这种所谓的责任和义务也体现在当前诸多关于学习型社会建设的政府文件当中。

其次是“怎样建设学习型社会”的问题。与“谁来建设学习型社会”类似，已有诸多研究以整体与部分相结合的思维方式，将“怎样建设学习型社会”的宏大问题分解为具体可操作的学习型的实践单位。[9][10]比如，建设学习型个体、学习型家庭、学习型街道、学习型社区、学习型企业以及各类学习型组织等。这些关于学习型的各级各类组织以其独特而不可或缺的角色，共同以局部力量构筑着作为整体意义上的学习型社会、学习型国家以及学习型世界。或许需要强调的是，上述学术研究的学科分类与立场边界大部分属于教育学科的研究成果，强调从教育和学习系统，尤其是终身教育、社区教育、老年教育、成人教育以及职业教育等角度，建构学习型社会的可能路径。虽然存在少许非教育学科关于学习型社会研究的成果，但是这些研究更倾向于关注学习型社会建设中的“社会”意蕴，更加强调学习型社会建设过程中的组织、制度、生态以及它们之间的各种复制交织关系。

最后是“如何评价学习型社会”的问题。从学习型社会建设和发展的理论逻辑和实践动向来看，“谁来建设学习型社会”以及“怎样建设学习型社会”影响甚至可以说决定着“如何评价学习型社会”这一问题。当前诸多研究者往往根据评价的一般原理，从学习主体、学习内容、学习方法、学习文化、学习氛围、学习时长以及学习收获等具有前后衔接环节的角度，评价学习型社会建设的现状、困境、原因以及可能的优化或推进举措。[11][12][13]遵循着这样的评价取向、评价逻辑、评价思维和评价方法，开放大学、老年学校、社区学校以及各类社会学习机构和组织共同构成了学习型社会评价的客体，这些参与甚至是主导学习型社会建设的各级各类教育和学习系统成为评价学习型社会建设成效的“样本”。与此同时，企业、医院、民政以及各类社会组织，究竟在何种程度、何种意义上助力学习型社会建设，成为学习型社会评价过程中难以被认识和理解的“黑箱”。因此，所谓的学习型社会的评价及其结果表达，自然也就变成了由教育和学习系统建构的学习型社会的样态。

从上述政策文件、理论研究与实践推进的实然关系来看，当前我国学习型社会建设的逻辑被框定在人、教育、学习与社会的基本关系中。或者采用更加具体且鲜明的表达是，我国目前学习型社会建设的基本逻辑遵循着“教育的社会功能”，也即“教育系统助推学习型社会建设”。

（二）反思“教育系统助推我国学习型社会建设”的不足

我国立足于教育系统助推个体的终身学习以及学习型社会建设的逻辑，具有较为深厚的传统文化基础。著名理学家朱熹曾经说过：“无一事而不学，无一时而不学，无一处而不学，成功之路也。”作为我国传统文化中崇尚终身学习的经典思想，其一方面高度强调个体对于终身学习、终身教育的人生追求，另一方面在自我、他者与社会之间的互动中营造出充满学习和教育氛围的社会文化。事实上，不论是我国传统文化中高度推崇的个体终身学习，还是当下我国学习型社会建设的实践经验，均可归纳为“教育系统助推学习型社会建设”的价值取向和基本逻辑。这种逻辑的形成充分肯定了教育及学习在建设学习型社会中的独特价值以及不可被替代的角色。

然而，目前我国学习型社会建设在资源分配、教师队伍建设等方面均存在诸多困境。就教育资源分配不均衡而言，高质量的教育资源和学习渠道往往集中在一线城市和发达地区，而以农村、乡镇甚或县城等为代表的欠发达地区则面临着教育资源稀缺、学习途径单一等问题[14]，这使得“建构服务全民终身学习的教育体系”成为一项极其艰巨的任务和工程。又如，我国学习型社会建设存在严重的教师队伍建设不足的问题。高质量及充足数量的教师队伍是学习型社会得以持续发展且日益迸发活力的重要条件。然而，我国老年学校、社区学校等目前存在严重的师资短缺问题，再加上教师培训机制等外部保障条件不完善，无疑在人力资本的立场上制约了我国学习型社会建设的进程。当然，在当下“建构服务全民终身学习的教育体系”的时代背景下影响我国学习型社会进一步发展的因素还有很多，比如教育评价指标过于功利化、教育体制创新与改革困难等。

除此之外，影响学习型社会建设的更为重要的因素是教育与社会之间关系的异化。针对当前教育与社会关系的走向，叶澜在《终身教育视界：当代中国社会教育力的聚通与提升》一文中提出：“强调了教育的社会责任，忽视了社会其他系统必须清醒意识并承担起、尽力做好教育的社会责任。合而言之，即有关教育与社会关系的理论认识，主要呈现单向片面而非双向互动生成的动态平衡关系。”[15] 教育和社会之间这一对关系的理解，同样鲜明而又直接地映射到我国当前学习型社会建设的过程中。也即，我国学习型社会建设之所以会出现效率不高、推进过程缓慢、发展难度增加等种种困境，突出的原因便是高度重视教育系统对于学习型社会建设的逻辑，与此相对应的是，忽视了民政、妇联、交通、基建、社区等其他社会系统对于学习型社会建设的重要支持力量。这就使得，单靠教育系统支撑学习型社会建设的力量是薄弱的，我国学习型社会建设需要全社会参与，包括教育系统、医疗系统、民政系统以及企业系统等若干社会子系统的协作与共促。之所以会产生当前我国学习型社会建设倾向于教育系统为主的现状，其中一个最为主要的原因在于社会分工的愈发细致化，除教育系统之外的其他若干社会子系统发挥着各自在社会运转过程中的独特功能，以至于产生学习型社会建设与这些社会子系统并无直接关联的知识误区和思维盲点。

三、聚通与重构：社会教育力与我国学习型社会建设的耦合

（一）社会教育力对我国学习型社会建设的驱动

基于上述对教育系统助推学习型社会建设逻辑之独特性与可能不足的分析，加之“构建服务全民终身学习的教育体系”以及“建设学习型大国”的教育发展战略方向，加速推进我国学习型社会建设成为当前社会发展、国民素质提高、中华民族伟大复兴以及提升国际影响力的重要构成。建设学习型社会尚需系统且清晰的思想根基与实践基础，而非零散化的断裂思维和点状实践。

叶澜于 2016 年在《社会教育力：概念、现状与未来指向》一文中正式

提出“社会教育力”的概念及运行机制。她认为：“社会教育力是指社会所具有的教育力量。在人类社会发展的不同阶段，社会教育力有不同的构成。当代的社会教育力由教育系统内正规和非正规开展的教育活动所生成的‘教育作用力’，以及教育系统外其他各类社会系统进行的活动所内含的‘教育影响力’两大部分构成。”[16]她认为，“社会教育力”问题的提出，是当代中国发展对教育更高需求的表现，是中国教育实现深度转型的必需，也是当代中国教育学之“教育与社会”关系研究的突破口。在“终身教育”视界和“当代中国”时空中，建构出具有内在构成和层次结构的“社会教育力”概念及分析框架，有助于探索当代我国社会教育力的实存状态、成因及其改进策略与路径。唯有每个人均自觉承担起“社会的教育责任”，我国教育和社会教育力才有更好的明天。

事实上，“教育系统助推学习型社会建设”的逻辑，正是叶澜对教育功能的一种阐释和表达，即作为教育系统内正规和非正规开展的教育活动所形成的“教育作用力”。当下的老年学校、社区教育、大中小学以及继续教育等，均属于教育系统对于学习型社会建设的功能表现。除此之外，“社会教育力”还有区别于教育系统内的另一种层次的存在，那就是社会系统层面的存在，包括社会各系统中存在的教育影响力与教育系统内的教育作用力。依据叶澜对“社会教育力”之“教育影响力”的解释，社会的教育责任要由社会各行各业、事业企业、专门领域和公共领域共同分担。遵循此逻辑的生成方式，全社会中的各子系统均需要在学习型社会建设的过程中承担起独具特色且功能鲜明的角色。概而言之，厘清教育与社会之间的双向关系，确认学习型社会建设的“终身教育视界”，是推动当下我国学习型社会迈向系统集成发展的重要思路。所谓的“终身教育视界”，在叶澜看来，“以能促进人的多方面终身发展和人格完善，使其有志于并有能力为创造一个更美好的世界做贡献为价值取向；以贯穿于人一生、渗透于个体生命实践各种空间的生命和活动全时空为原则；通过将各种教育力量连通、整合、汇聚，形成全整性教育系统，使全社会各项活动都自觉内含，并在实践中体现终身教育的原则为实现路径”。[17]

（二）我国学习型社会在教育与社会的融通中更新

正如叶澜提出的“社会教育力”对于社会中的教育系统与其他非教育系

统之间关系的连接那样，我国学习型社会建设同样需要在“教育系统的作用力”与“社会系统的教育影响力”的关系融通中得以设计和更新。

2019 年，党中央出台了《中共中央关于坚持和完善中国特色社会主义制度　推进国家治理体系和治理能力现代化若干重大问题的决定》，明确提出了“必须加强和创新社会治理，完善党委领导、政府负责、民主协商、社会协同、公众参与、法治保障、科技支撑的社会治理体系”[18]，这为我国社会治理的当下发展和未来探索提供了理念引领和实践导向。学习型社会建设作为我国社会治理结构中的组成部分之一，同样需要“依托政府、社会与个体的共同参与”[19]。也即，学习型社会建设融入社会治理当中，意味着其不再仅仅是教育和学习领域的“专属使命”“专属职责”和“专属任务”，它需要真正地融入整个社会建设过程中。也即是说，学习型社会的高质量发展需要与社会结构中的经济、政治、文化、生态、教育以及学习等形成密切交织的复杂关系，这是我国社会治理背景下对学习型社会建设的追求和期待。

针对“教育系统的作用”而言，学习型社会建设需要打通不同教育机构之间的壁垒，使其呈现出互联互通的交织关系。显然，这从系统、整体、联系和更高层次的联通意义上，为学习型社会建设中的教育机构关系“赋权增能”。当然，若要实现教育机构间关系的互联互通，还必须打破不同教育机构的属性差异、机构类型间的边界，处理和解决好不同机构间的利益冲突与难以调和的矛盾。[20]由此可见，从不同教育机构间的独立与关系的角度来看，学习型社会建设是一个跨越不同教育类型边界的综合化、系统性、有机感的“教育性工程”。

针对“社会系统的教育影响力”来说，学习型社会建设同样是一个综合性、复杂性与全局性的系统。这样的系统使得学习型社会建设不只是社会建设中的孤立要素，而是与社会发展中的政治、经济、社会等产生密切交织、联通融合的关系。因此，我国各地区需进一步提高对学习型社会建设重要性的认识，将学习型社会建设列入当地经济社会发展规划，明确和细化学习型社会建设的目标、任务、路径及步骤。要建立多部门共同参与的学习型社会建设领导协调机制，形成党委领导、政府统筹、行业部门联动、社会协同以及全民参与的学习型社会建设的新格局。

具体而言，教育部门要积极构建终身教育体系，统筹学校教育资源服务学习型社会建设。精神文明建设指导部门需将学习型社会建设与文明社会建设相结合。发展改革部门需将学习型社会建设纳入相关发展规划并明确阶段性和长期性目标。民政部门需将学习型社会建设与社区发展相融通。财政部门需加大学习型社会建设的支持力度。人力资源和社会保障部门需将学习型社会建设与区域人力资源开发相结合。文化部门需将学习型社会建设同公共文化服务体系建设相联系，不断满足人民群众多样化的精神文化需求。

四、展望：我国学习型社会建设任重道远

以上立足于我国社会建设中的学习维度，从理解和反思的角度探讨了"教育助推我国学习型社会建设的逻辑"。为进一步推动我国学习型社会的转型与发展，本研究基于"社会教育力"的视角，为我国学习型社会建设和发展提供了一条可能的路径。当然，也需清醒地认识到，建设学习型社会是一项长期艰巨的任务。在全面迈向共同富裕的新征程中，我国学习型社会建设面临着机遇和挑战并存的复杂局面。[21] 建设学习型社会是实现社会主义现代化和中华民族伟大复兴中国梦的重要内容和有力支撑。因此，我们需要统筹兼顾经济社会发展的各个方面，把全民终身学习作为社会发展的重要基础，以改革创新为动力，以信息技术为支撑，努力构建灵活、开放的终身教育体系，积极推进社会各类学习资源的建设与共享，创造人人皆学、时时能学、处处可学、事事为学的社会环境，促进全民学习、终身学习，助力社会的包容、繁荣与可持续发展。相信，在建设学习型社会的过程中，在"教育系统内的作用力"和"社会系统的教育影响力"的集成与协同作用下，我国将建成知识型、创新型的现代化社会，并实现经济社会可持续发展的目标。

参考文献：

[1] 教育部等七部门.关于推进学习型城市建设的意见[EB/OL].[2023-10-20]. http://www.moe.gov.cn/srcsite/A07/zcs_cxsh/201409/t20140904_174804.html.

[2] 侯怀银，尚瑞茜.学习型社会研究的现实图景与中国特色[J].现代远程教育研究，2020，32（06）：52-59，103.

[3] 田晓伟，苏骁征.知识经济发展促进学习型社会建设：理路分析与策略选择[J].清华大学教育研究，2019，40（03）：104-112.

[4] 吴峰.新领导力：基于学习型社会与信息技术社会的视角[J].中国远程教育，2012（06）：91-92.

[5] 朱成晨 . 学习型社会与终身教育体系建设：信息化时代的省思［J］. 电化教育研究，2018，39（10）：41-46.

[6] 孙立新，宋雨昕 . 我国学习型社会研究的进展与未来展望：基于 NVivo 的内容分析法［J］. 现代远距离教育，2020（06）：3-8.

[7] 高志敏，朱敏，傅蕾，等 . 中国学习型社会与终身教育体系建设："知"与"行"的重温与再探［J］. 开放教育研究，2017，23（04）：50-64.

[8] 夏海鹰 . 学习型社会建设动力机制探究［J］. 教育研究，2014，35（06）：48-52.

[9] 蒋亦璐 . 试析全球视野下学习型城市实践基本走向［J］. 比较教育研究，2017，39（08）：104-111.

[10] 王仁彧 . 学习型城市建设的国际比较与标准认定［J］. 河北师范大学学报（教育科学版），2017，19（02）：45-49.

[11] 张男星，赖立，孙继红 ."基本形成学习型社会"指标体系的实证研究［J］. 教育研究，2012，33（01）：100-109.

[12] 顾凤佳，朱益明 . 国际学习型城市评价指标比较：反思与展望［J］. 开放教育研究，2019，25（06）：112-120.

[13] 周素萍，全世海 . 学习型城市评价指标体系的建立及应用研究［J］. 开放教育研究，2014，20（04）：111-120.

[14] 杨晨 . 我国学习型社会建设应该重新审视的三个"老问题"［J］. 远程教育杂志，2011，29（03）：3-8.

[15] 叶澜 . 终身教育视界：当代中国社会教育力的聚通与提升［J］. 中国教育科学，2016（03）：41-67，40，199.

[16] 叶澜 . 社会教育力：概念、现状与未来指向［J］. 课程・教材・教法，2016，36（10）：3-10，57.

[17] 叶澜 . 终身教育视界的深刻意蕴：全时空性的全人发展——保尔・朗格朗带给我们的启示和价值［J］. 人民教育，2017（01）：13-18.

[18] 中共中央关于坚持和完善中国特色社会主义制度　推进国家治理体系和治理能力现代化若干重大问题的决定［EB/OL］.2019［2023-10-20］. http://www.gov.cn/zhengce/2019-11/05/content_5449023.htm.

[19] 国卉男 . 学习型城市治理体系和治理能力现代化建设：理论指南与行动计划［J］. 教育发展研究，2021，41（03）：20-28.

[20] 程豪，李家成，匡颖，等 . 反思与突破：学习型城市建设的高质量发展［J］. 开放教育研究，2021，27（02）：42-50.

[21] 曾文婕，漆晴，宁欢 . 我国"基本形成学习型社会"还有多远：基于我国学习型社会研究（1998—2018 年）回顾［J］. 现代远程教育研究，2019，31（03）：57-69.

乡村振兴背景下学习型乡村的内涵研究

马　莉*

摘　要：新的时代背景下，建设学习型乡村对于全面推进乡村振兴具有重要意义。但已有的研究对于学习型乡村的界定具有一定的狭隘性，影响着学习型乡村的发展。乡村振兴战略背景下充分认识学习型乡村的内涵，要从学习型乡村的提出、概念边界、构成要素、特征等理论问题上进行分析，明确内在结构和发展路径。学习型乡村的本质是“学习”，是以实现乡村的全民学习和终身学习为基本目标，满足乡村居民多样化、个性化和动态性的学习需求，通过整合各类教育资源使学习持续贯穿于全体乡民、各类学习型组织以及所有活动中，在政治、经济、文化、社会、生态等多个方面服务于乡村振兴战略。

关键词：乡村振兴；学习型乡村；学习型社会

近年来，在乡村振兴的战略背景下，“学习型乡村”逐渐成为实践领域和研究领域关注的热词。但是从目前的研究来看，人们对学习型乡村这一概念的认识众说纷纭，且具有一定的狭隘性。充分认识学习型乡村概念的内涵与外延，明确内在结构，对于开展学习型乡村建设具有重要的意义。

一、学习型乡村的提出

探讨“学习型乡村”的概念，需要追溯这一概念所产生的历史背景。

（一）学习型乡村是创建学习型社会的需要

“学习型乡村”一词的产生，缘起于国际上“学习型社会”这一理念的

---

* 作者简介：马莉，上海市嘉定区成人教育学院（上海开放大学嘉定分校）教师，主要研究方向：终身教育、社区教育。

提出。20 世纪六七十年代，人类社会正在从工业经济时代向知识经济时代过渡，人们开始重视知识和学习的重要性，在此背景下诞生了“学习型社会”的概念。1968 年，美国学者赫钦斯出版了《学习型社会》一书。该书首次阐述了学习型社会，即“除了能够为每个人在其成年以后的每个阶段提供部分时间制的成人教育外，还成功地实现了价值转换的社会。成功的价值转换即指学习、自我实现和成为真正意义上的人已经变成了社会目标，并且所有的社会制度均以这个目标为指向”。[1] 1972 年，联合国教科文组织国际教育委员会在《学会生存：教育世界的今天和明天》的报告中，正式提出了学习型社会的基本概念，将学习作为社会形态的主要特征。随后，有关学习型社会的理论研究和实践探索逐渐在全球范围内兴起。

20 世纪 80 年代，学习型社会的理念传入我国。21 世纪初期，中国开始从政策上重视学习型社会建设。2001 年 5 月，江泽民同志在亚太经合组织人力资源能力建设高峰会议上提出了“构筑终身教育体系，创建学习型社会”的口号。2002 年党的十六大报告提出“全面建设小康社会”的目标，而“形成全民学习、终身学习的学习型社会，促进人的全面发展”是建设这一目标的一个重要方面。从已有的研究文献来看，我国关于学习型乡村的探索和研究也正是从这一时期开始起步的。党的十七大报告同样强调了“建设全民学习、终身学习的学习型社会”的重要性，党的十八大报告提出了“完善终身教育体系，建设学习型社会”，党的十九大报告又对“加快建设学习型社会，大力提高国民素质”作出新的部署，2022 年党的二十大报告指出“建设全民终身学习的学习型社会、学习型大国”，将学习型社会和学习型大国并列。乡村作为社会的地域形态之一，学习型乡村是创建学习型社会不可缺少的组成部分，是实现我国建设学习型社会战略目标的重要一环。

（二）学习型乡村是中国乡村建设与发展的必然

中国是一个农业大国，自古以来一直以农耕文明为基础，农业人口占全国人口的大多数，农业、农村、农民的问题关系着国民经济和社会的发展。“农，天下之本，务莫大焉”①，中国历朝历代的统治者都十分重视发展农业。近代以来，由于西方列强入侵和封建统治腐败，中国逐渐沦为半殖民

① “农，天下之本，务莫大焉”语出汉·司马迁《史记·孝文本纪》。

地半封建社会，近百年的中国史成为一部乡村破坏史。以晏阳初、梁漱溟、黄炎培等为代表的地方乡绅和知识分子，为改善农村经济衰败、民生凋敝的局面，在 20 世纪 20 年代末，发起了一场乡村建设运动的探索。新中国成立后，党和政府将农村、农业、农民的问题作为工作的重中之重，经历了从土地改革到改革开放后的家庭联产承包责任制。进入新世纪以后，"三农"问题得到了更多的关注，开始了社会主义新农村建设的新篇章，农村改革持续不断地深化。党的十九大作出了实施乡村振兴战略的重大部署，提出了"产业兴旺、生态宜居、乡风文明、治理有效、生活富裕"的总要求，全面提升农村发展的内涵。党的二十大报告中又指出，全面推进乡村振兴，坚持农业农村优先发展。中国农村建设近年来取得了历史性的成就，全国农民消除了绝对贫困，脱贫攻坚战取得了胜利，农民的收入、消费和生活质量水平明显提高，农村的教育、医疗和养老等公共服务得到了提升。但是，中国的乡村建设与发展仍然存在着一些短板，制约着农村的发展质量，如城乡二元结构突出和农村内部差距较大、农村中有着数量较大的低收入群体、农民整体素质和教育水平的差异性等问题。

新时代的中国乡村建设已然从脱贫攻坚转入乡村振兴阶段，而推动乡村全面振兴的关键因素是人。习近平总书记曾经指出："强化农村基层党组织建设，重视农民思想道德教育，重视法治建设，健全乡村治理体系，深化村民自治实践，有效发挥村规民约、家教家风作用，培育文明乡风、良好家风、淳朴民风。"[①] 这就需要发展农村教育事业，为乡村振兴培育各类人才，提高农民的教育水平，加强农村精神文明建设和思想道德建设，激发村民自治。建设学习型乡村，能够顺应时代要求，尤其是在乡村振兴的战略背景下，有助于为乡村振兴培养人才。

二、学习型乡村的概述

从已有的文献分析来看，"学习型乡村"这一术语走进学术界开始于 21 世纪初期，可见当前学习型乡村的研究尚处于初步探索阶段，关于概念的界

① 出自 2022 年 3 月 6 日"习近平总书记看望参加全国政协十三届五次会议的农业界、社会福利和社会保障界委员时的讲话"。

定更是众说纷纭，而且概念间缺少对话与辩论。在新的时代背景下，充分理解和认识学习型乡村十分必要。

（一）学习型乡村的概念边界

研究学习型乡村，首先需要重视概念边界问题，也就是厘清学习型乡村与相近概念间的关系。在探讨学习型乡村这一术语时能够发现，存在着与其有关的几个术语，如学习型社会、学习型城市、学习型组织等。分析学习型乡村与学习型社会、学习型城市、学习型组织等术语之间的关系，有利于对学习型乡村的概念内涵和边界进行更深层的把握。

学习型乡村与学习型社会的关系。就现有的文献而言，可以发现，学者们对学习型乡村的认知有着共同之处，即学习型乡村是学习型社会的重要组成部分，是在乡村这一地域范围内构建学习型社会。如前文所述，学习型乡村正是伴随着学习型社会理念的兴起而产生的，是学习型社会理念的一种具体的实践形式。中国是一个农业大国，乡村是构成中国社会的基本单元之一，我国要加快建设学习型社会，便离不开学习型乡村的建设。而学习型社会的建设，也有助于为学习型乡村建设提供环境氛围。

学习型乡村与学习型城市的关系。乡村和城市两者相互对立，是阴与阳的关系，是树根和树冠的关系，共同构成了中国社会在地域形态上的基本单元，但彼此又是相互统一、相互依存的。同学习型乡村一样，学习型城市也是学习型社会建设的重要组成部分。十九大报告所提出的乡村振兴战略，阐述了新的城乡关系，从原来的城乡统筹改为了城乡融合。城乡统筹较为强调政府的责任，即其在促进城乡资源合理有效配置和协调发展中的统筹作用；而“融合”体现了城乡间的平等和依赖，城乡融合需要加强城市和乡村间的互联互通和共建共享，两者谁也离不开谁。党的二十大报告中指出要“坚持城乡融合发展，畅通城乡要素流动”。因而，学习型乡村和学习型城市不仅共同构成了学习型社会，而且相互影响。这就要求在学习型乡村的建设过程中，不要离开城市和乡村间的互动。

学习型乡村与学习型组织的关系。关于学习型乡村和学习型组织，有学者认为学习型乡村是一种学习型组织，学习型组织中除学习型政党、政府、学校、家庭外，还包括学习型乡村；也有学习者认为学习型乡村中存在着学习型组织，学习型组织是学习型乡村建设在微观层面上的体现。[2]可见，研究者们对于学习型乡村和学习型组织的认知和属种关系存在着偏差。从社会学的视角而言，乡村是社会的范畴，学习型组织是社会组织的范畴，社会和组织不是同一个范畴，组织是沟通人与社会的中介物[3]，因而有关学习型组织中涉及学习型乡村的论断是不严谨的。有关学习型组织的范围，比较受认同的观点是学习型组织包括了学习型的机关、企业、家庭、社区以及其他学习型组织[4]，而在乡村中，这些学习型组织的建立，共同构成了学习型乡村的组织形式，有助于促进学习型乡村的建设。

（二）已有研究的界定

目前人们对于学习型乡村的界定存在着两种思考方式，一是解字式的表述，二是基于不同的学科视角进行思考。

解字式的思考主要是对"学习型乡村"从字面上进行拆解，在"学习"和"乡村"两个词语上进行理解。关于"学习"，学者们从"学习型社会"理念中的"学习"一词中受到启发，认为不仅是获得知识和谋生的技能，还是一种"终身学习"，是具有持续性的活动。学习型社会理念强调为个人发展提供学习机会，人们在理解学习型乡村中的"学习"时，也较多关注学习机会的提供和氛围营造。此外，学习不但涉及个体学习，而且包括群体学习。有研究者认为"学习"是一种集体组织和自发交流的结合[5]，因而学习又具有着互动性的特征。关于"乡村"，在梳理文献时发现，同"学习型乡村"相近的字眼还有"学习型农村"，在 21 世纪初提出建设学习型社会政策后，"学习型农村"的研究相对较多；随着乡村振兴战略的兴起，"学习型乡村"出现的频率增加。能够发现目前的研究存在着对于"乡村"和"农村"的混同理解，这就需要我们对之进行区分。从学理的角度讲，"乡村"与城市相对应，指的是以行政区划分的乡镇所辖的地域实体，其外延是以乡镇政府所在的集镇为中心，包括所管辖的所有村庄的地域范围；"农村"本义是指相对于工、商业等自然经济社会而言的，以从事农业生产为主的农业人口居住区域。[6]因此有学者认为，相较于"农村"而言，"乡村"更能够获得全面的视角，反映非城市地区的经济、教育发展的实际状况。[7]

基于不同的学科视角表述学习型乡村，主要涉及管理学、社会学、经济学、文化学、生态学、教育学等。如从社会学的视角来看，学习型乡村是指在乡村的地域范围内推进乡村社会的和谐稳定；从经济学的视角来看，学习型乡村的重点是为了推进乡村的经济发展；从教育学的视角来看，学习型乡村旨在满足所有乡村居民的终身学习需求，提高农民的受教育程度和思想道德水平，乡村居民的学习机会、学习内容、学习资源、学习氛围等是学者们较为关注的内容。

此外，结合当下的时代背景，研究发现，学者们对学习型乡村的理解存在着认识上的不足，主要体现在以下几个方面。① 未能清晰地认识“学习型乡村”的核心内涵。学习型乡村的本质是“学习”，一些研究者将学习型乡村的概念重心放在了“乡村”。表述学习型乡村，应当对“学习型”重点强调，而不是“乡村”。② 忽略了城乡互动对于学习型乡村建设的直接价值。前文中在表述城市与乡村关系时，提到了城乡融合——学习型乡村建设离不开与城市的经验交流。③ 忽略了幼儿园、中小学、大学等教育机构在学习型乡村建设中的作用，仅重视发展职业教育、农村成人教育。发现这些认识上的缺陷，能帮助我们更加充分、全面地理解学习型乡村的内涵。

（三）学习型乡村的构成要素分析

什么是学习型乡村？在研究已有文献基础上，笔者发现，从概念的构成上来看，共提及了学习型乡村的建设目标、主体、空间和组织形式四大要素，很有必要对这些构成要素进行具体分析。

学习型乡村的建设目标。学习型乡村建设的基本目标是推动乡村的“全民学习”“终身学习”，是促进人的全面发展，这是由我国建设全民学习、终身学习的学习型社会这一政策所决定的。从长远来看，结合时代的特点，学习型乡村服务于我国的乡村振兴战略，“产业兴旺、生态宜居、乡风文明、治理有效、生活富裕”是乡村振兴战略的总要求，学习型乡村的建设目标可以理解为：经济上繁荣乡村经济，促进产业兴旺；生态上守护乡村生态，推进乡村的绿色、可持续发展；文化上保护乡村传统文化，提升乡村居民的精神文明；政治上鼓励村民当家作主，积极投身乡村治理；最终实现乡村共同富裕，提升农民的生活质量。因而，学习型乡村需要在乡村振兴的五个着力点上制定可实现的目标愿景。在具体实践中，上海学习型乡村建设指标为我们提供了经验。2019 年 12 月，上海在印发的《关于开展学习型乡村建设的实施方案》中，明确将服务乡村振兴作为一级建设指标，将农民技能培训、生态环保教育、乡风文明培育、乡村治理行动和现代生活养成等作为二级指标。这些二级指标和乡村振兴战略的五个目标要求一一对应。

学习型乡村的主体。学习型乡村始终坚持以人为本，全体乡村成员是学习型乡村的主体。把乡村建设成为一个人人、处处、时时、事事可学的乡村社区，是建设学习型乡村的应有之义，任何一位乡村成员都能在学习型乡村中获得学习的机会，实现个人的全面发展。这个主体具有多元性，包含着乡村居民、政府、乡村学校、乡镇企业、家庭等多个参与主体。有学者提出了学习型乡村主体中的操作主体[8]，也就是由谁来建设学习型乡村，具体提及了县、乡镇、村三级党组织，每一级在学习型乡村的建设上都有着各自的职责，如县委负责领导规划、组织实施，乡镇党委负责落实基础工作，村委负责做群众的基础工作。可见，在学习型乡村的主体中，有学习者，也有为学习者组织、提供学习支持服务的人。学习型乡村归根结底是促进人的全面发展，我国的乡村振兴战略主张深化和突出人民群众的主体地位，强调人民群众的主动性、积极性和创造性，因而新时代下所有学习型乡村的参与主体，人人都能做学习者，人人都能做学习型乡村的建设者。

学习型乡村的空间。学习型乡村即在乡村的范围内打造学习型社会，从空间范域来看，乡村是全体村民重要的学习空间，学习所发生的场域有乡村中小学、成人学校、社区学校等公共教育机构，乡村文化广场、农家书屋、学习点等公共文化空间。乡村的田间地头、宅基庭院、荫下路旁等也会成为村民的学习场所，一般由村民自行圈定进行群聚式学习。[9]面向城乡融合发展和全面推进乡村振兴，2023 年新一轮村庄规划编制工作中，我国乡村被分为集聚提升类、特色保护类、城郊融合类、搬迁撤并类和其他一般类，这便对乡村学习空间的有效利用、治理、功能和形态等产生了新的挑战。地理学思维中城乡要素流动的空间分析逻辑可以重塑乡村空间的运转体系[10]，乡村的学习空间不能脱离与城市学习空间的互动联系，数字技术加强了乡村和城市居民终身学习空间的联动性。在教育数字化转型的浪潮下，数字课堂、VR 教育等已逐渐成为乡村居民参与终身学习的线上学习和体验空间。

学习型乡村的组织形式。前文中辨析了学习型乡村和学习型组织的关系，在学习型乡村这一社会系统中，包含了多种组织形式，如学习型村组、学习型农民、学习型家庭、学习型企业等，这些学习型组织的产生和发展，有助于学习型乡村更高质量的建设和发展。其中，学习型村组是我国在乡村振兴、学习型乡村建设和乡村治理体系中的最小单元，在村民基层自治、乡村发展中具有重要的作用。学习型农民是紧跟着时代脚步全面发展着的现代新型农民，他们不断参与技术培训和学习提高个人技能以适应现代农业发展的需要。学习型家庭是以良好的家庭关系为纽带联结起来的学习型组织，家庭中的每一位成员都有着终身学习的理念和积极的学习态度，成员间相互交流学习，在促进家庭幸福、推进乡村和谐稳定、建设学习型乡村上作出了积极贡献。学习型企业是通过各种学习途径和方式，不断地获取、传递知识并创造新知识，以增强自身实力、提升企业创新活力和发展动力的企业组织。乡村振兴的重中之重是产业振兴，一个学习型的企业组织能够在变化中实现主动变革，推动乡村产业的高质量发展。

三、学习型乡村的特点

学习型乡村是学习化的乡村，其中心是“学习”，而不是“乡村”，这也是学习型乡村的本质。研究表明，学习型乡村的基本特点可以总结为如下几个方面。

学习主体的全民性和平等性。学习型乡村强调全民学习、终身学习，强调向全体乡村居民提供丰富多样的学习和教育机会，在乡村中形成一个人人学习、人人参与的学习型社会，进而提高乡村居民的受教育程度，提升乡村居民的整体文明素养。乡村中的每一位成员，不论年龄、职业、性别差异，均在学习型乡村的建设中享有平等的受教育权和教育选择权。

学习空间的开放性和多元化。实践表明，在学习型乡村中，乡村居民的学习空间不再局限于学校教室这种正式的学习空间，而是出现了更多的非正式学习空间，人们从教室的学习转移到了家庭、田间地头、村委会、乡村文化礼堂等。目前，互联网、人工智能等科学技术的应用和发展，不仅改变了乡村居民的生活和消费习惯，也改变了人们的学习方式，乡村居民将学习空间转移到云端，可以不受地域限制仅通过手机、电脑等工具进行在线学习，学习空间呈现出开放性和多元化的趋势。

学习时间的稳定性和持续性。随着四季的循环往复，结合工作、生活的基本节奏，乡村居民在不同时段会发生相应的学习行为，学习有着一定的常态性和稳定性。此外，学习型乡村倡导乡村全体居民的终身教育、学习，人们的学习是终身的、持续不断的，不论在哪个年龄阶段，都能根据自身需求进行持续性的学习，以适应乡村振兴和社会发展，不被时代所淘汰。

学习和教育体系的系统性和多样性。以往的乡村教育更多地重视农民技能水平的提升，重点开展农民培训和乡村的职业继续教育，因而较为关注农村成人学校、开放大学等学校教育系统，但这些显然难以满足不同乡村成员的多样化学习需求。为了满足全体乡村成员的各种教育和学习需求，学习型乡村建设还需要提供教育资源和服务的教育机构参与其中，需要构建系统性、多样化的教育体系。除农村成校、开放大学等教育机构外，还应融入乡村幼儿园、中小学、大学等教育机构，包括社会上各类优秀的社会教育机构组织，充分挖掘各个系统丰富的乡村教育资源，相互融合。

四、乡村振兴背景下学习型乡村的发展路径

新时代，在全面推进乡村振兴战略的背景下，学习型乡村的创建和发展为乡村振兴蓄势赋能。相较于传统的乡村，学习型乡村是在乡村的地域范围内以实现全民学习和终身学习为目标，整合各类教育资源使学习持续贯穿于全体乡民、各类学习型组织以及所有活动中，不断提高全体乡民的综合文化水平和精神文明，促进经济社会繁荣和可持续发展的乡村。其创建和发展路径的选择，源自科学理解学习型乡村的提出及其概念内涵、外延、内在结构、特点等问题。结合前文对学习型乡村基本理论问题的研究和当前实践，乡村振兴背景下学习型乡村的发展路径需要关注以下几个方面。

（一）优化体制机制，协同汇聚多元主体合力

我国学习型城市的探索和实践，要求巩固完善党委领导、政府统筹、行业部门联动、社会协同、全民参与的工作格局[11]，这为学习型乡村的建设和发展提供了经验借鉴。学习型乡村建设是一项长期、复杂的系统工程，需要发挥政府在规划引导、组织体系、经费投入、资源整合、政策保障、评价体系上的积极作用。要从政治、经济、文化、社会、生态等各个维度服务于乡村振兴，其“五位一体”的发展特征要求多个部门相互合作、协同发力，充分发挥全体乡村成员在学习型乡村建设中的主体作用，发挥各级各类优秀学习型组织的示范引领作用，尤其是发挥乡村中小学、社区学校、成人学校等公共教育机构在推进乡村居民终身学习上的专业领导力。

（二）关注城乡差异，共享融通教育资源要素

全面推进乡村振兴是破解城乡发展不平衡和农村发展不充分问题的重要战略决策。学习型乡村的发展不能仅仅依靠乡村自身力量，必须和学习型城市的发展建立功能互补和要素互动的关系，以推动城乡终身教育的优质均衡发展。如教育时空和主体的城乡互动、城乡教育资源流动和项目的共创共赢等。村与村之间也可以互学互鉴，发挥终身学习品牌项目的辐射作用和示范性学习型乡村的引领带动作用，让优质的终身教育资源在乡村间共享流通。此外，创新、完善的融通机制是保障城市与乡村、乡村与乡村终身教育资源融通共享的关键。资源的数字化建设和资源共享平台的数字化建设为资源的高效互动共享提供了可能。

（三）立足乡村实际，精准顺应居民学习需求

因地理位置、资源条件、产业发展等的不同，乡村之间的发展也存在差异性。如在新一轮乡村规划的类型中，集聚提升类乡村人口规模较大，是乡村振兴的重点，区位资源、基础设施、产业发展等具有一定规模基础，需要在原有优势上提档升级；城郊融合类乡村位于城市开发边界范围外的近郊区，受城市功能的辐射影响较大，农用地被大量征用，需要特别关注农民生产生计问题和乡村产业发展；特色保护类乡村有着丰富的自然历史文化资源，需要切实保护村庄的整体风貌和生态环境；搬迁撤并类乡村需要妥善解决村民的生活和生态保护。因而，学习型乡村的建设需要因地制宜、精准施策，形成具有特色化、差异化的学习型乡村品牌。乡村居民作为学习主体，受到年龄、职业、受教育程度以及时代发展的影响，会形成多层次、多样化、个性化和动态性的终身学习需求，终身教育资源开发和服务供给不能一劳永逸，需要定期深入乡村开展调研，常态化监测乡村居民的学习需求。

（四）夯实人才支撑，着力打造专业师资队伍

城市化进程加快等因素使得乡村人才流出、结构失衡、老龄化问题严重，人才留得住、用得上、干得好是推进学习型乡村建设的重要支持。改善学习型乡村建设的人才困境仅依靠城市终身教育人才资源向乡村的投入还不够，更重要的是要激励和赋能各类乡土人才，为懂技术、善经营、会治理、

有文化、爱才艺且志于从事学习型乡村建设的专兼职教师、志愿者、办学干部、乡贤、农村大学生等提供开展终身学习活动的平台。各级党组织、有关部门和公共教育机构要思考如何提高乡村终身教育人才队伍的专业水平，积极挖掘和创新培育具有高素质、专业化的学习型乡村办学干部队伍和师资队伍，探索人才激励制度，树立先进典型，增强其服务于学习型乡村建设的认可感、获得感。

参考文献：

[1] Hutchins R M. The learning society [M]. New York: Frederic A. Praeger, 1968.

[2] 陈凤仪 . 终身学习视域下学习型乡村建设研究 [D]. 上海：上海师范大学，2022.

[3] 陈兆钢，李兆光 . 组织论：组织科学与组织管理 [M]. 银川：宁夏人民出版社，1987.

[4] 郑金波 . 学习型城市理论初探 [J]. 大连大学学报，2003（03）：1-4.

[5] 上海市推进学习型社会建设指导委员会办公室 . 长三角地区创建学习型组织理论和实践探索文集 [M]. 上海：上海人民出版社，2008.

[6] 沈新坤 . 制度性规范与非制度性规范：改革开放以来乡村二元社会秩序的整合 [M]. 武汉：华中科技大学出版社，2018.

[7] 蓝统栋 . 学习型乡村视野下的职业继续教育发展研究 [D]. 福州：福建师范大学，2009.

[8] 刘长发 . 建设学习型乡村的对策研究 [J]. 中共郑州市委党校学报，2004（02）：47-48.

[9] 马颂歌，王雨 . 拓展性学习视域下的农民非正式学习发生机制：基于要素定位法的理论分析 [J]. 现代远程教育研究，2022，34（06）：82-91.

[10] 戈大专 . 新时代中国乡村空间特征及其多尺度治理 [J]. 地理学报，2023，78（08）：1849-1868.

[11] 国卉男 . 学习型城市治理体系和治理能力现代化建设：理论指南与行动计划 [J]. 教育发展研究，2021，41（03）：20-28.

学习型家庭的内涵阐释与建设路径探析

刘　茜*

摘　要： 建设学习型家庭既是时代形势所趋，也是家庭发展所需。学习型家庭具有学习终身性、家庭主体性和目的多重性的基本属性，富含独特的内涵意蕴：以家教家风为文化基因，以家庭关系为情感基础，以家庭生活为源头活水，以代际互学为典型样式，以社会单元为延展空间。建设学习型家庭是一项全民性、广泛性、长期性的工作，实践中要充分发挥家庭的主观能动作用，树立积极向上的家教家风，构建健康和睦的家庭关系，经营热爱学习的家庭生活，激发互学共学的学习行为，同时也需要各方的支持和推进，营造共创共建的社会氛围。

关键词： 学习型家庭；内涵阐释；建设路径

步入知识经济时代以来，创建学习型城市、学习型社会已然成为时代的热潮。我国也积极将推进终身教育、终身学习作为国家发展和转型的重要引擎，各省市陆续开展了学习型城市的实践探索。自 2002 年党的十六大报告提出“形成全民学习、终身学习的学习型社会，促进人的全面发展”[1]这一奋斗目标以来，党的十七大报告（2007 年）、十八大报告（2012 年）、十九大报告（2017 年）等都相继提出要“构筑完善终身教育体系”“建设学习型社会”。党的二十大报告（2022 年）提出要“推进教育数字化，建设全民终身学习的学习型社会、学习型大国”。[2]可见，“学习型”这一实践模式，既是中国现代化进程中的必由之路，也是坚定不移的目标理想，旨在营造出人人皆学、时时可学、处处能学的终身学习型社会氛围。

---

* 作者简介：刘茜，上海市普陀区业余大学教师，主要研究方向：成人学习、终身教育、家庭教育。

“天下之本在国，国之本在家”，家庭是社会的基本细胞。在全民终身学习和建设学习型社会的背景下，学习型家庭显然是其中不容忽视也不可替代的一个单元。聚焦家庭本身，学习型家庭亦是家庭发展的新趋势和新追求，是家庭的一种觉醒和突破。基于此，如何发挥学习型家庭的优势与作用，处理好学习型家庭建设与社会发展之间的关系，助力学习型大国建设，值得进一步探析和思考。

一、学习型家庭的概念厘清

“学习型家庭”这一术语由“学习型社会”“学习型组织”的兴起衍生而来，关于“何谓学习型家庭”这一问题，已有研究也呈现出几种不同的解读倾向。

一是从终身学习的角度来解读，有学者将学习型家庭定义为：“一个家庭成员终身学习的特殊组织。”[3] 1994 年，首届终身学习会议在罗马举行，并就“终身学习”的定义在世界范围内达成共识：“终身学习是通过一个不断的支持过程来发挥人的潜能，它激励并使人们有权力获得他们所需要的全部知识、价值、技能与理解，并在任何任务、情况和环境中，有信心、有创造性和愉快地应用它们。”[4]终身学习的理念揭示了学习是一个动态、长期的持续过程，贯穿人的一生。同样地，就人生而言，家庭是孩子的第一所学校，家庭生活也伴随着一个人一生的成长和发展，家庭中的教育和学习也具有终身化性质。学习型家庭则是通过家庭全体成员持续、终身的自我导向性学习、互动学习及共享学习成果，实现个体和家庭动态协调发展的一种新型的家庭形态。[5]

二是从学习型组织的角度来解读，彼得·圣吉（Peter Senge）在所著的《第五项修炼：学习型组织的艺术与实务》一书中提出“学习型组织”（Learning Organization）的概念，并提炼了“自我超越、改善心智模式、建立共同愿景、团体学习和系统思考”五项学习型组织的修炼要素。有学者基于彼得·圣吉的学习型组织理论，归纳出学习型家庭应包含的六个要素，即自我超越，责任感与爱，家庭愿景，共同时间，共同学习，反思与省察，认为“学习型家庭是具有明确的家庭愿景，通过家庭成员的不断学习来实现自我超越与自我完善，提高家庭的社会适应能力和生活质量的一种家庭形态”。[6]

而在实践层面上，一般将学习型家庭作为构建学习型社会的维度之一。有学者认为，学习型社会将通过使“个人成为学习型的个人，家庭成为学习型的家庭，组织成为学习型的组织，社区成为学习型的社区，政府成为学习型的政府”的细化步骤实现。[7]在我国的地方实践中，上海是较早探索学习型城市建设的地区之一，早在2006年印发的《关于推进上海学习型社会建设的指导意见》[8]，就将学习型家庭划定为一类学习型组织，作为推进学习型社会建设的重要抓手。北京在近年的学习型城市建设行动计划中，也一直把家教家风建设列入“十大工程”，十分重视家庭在持续推进学习型城市建设中的重要作用。[9]

三是从家庭发展的角度来解读，把学习型家庭视为一种现代家庭生活方式，是“以提高家庭的社会适应能力和生活质量为目的的家庭成员共同学习、相互学习、自我改变、自我完善、共同成长的过程”。[10]学习型家庭“更强调学习的发生，强调家庭成员之间互动沟通，强调家庭成员内心质的改变，强调家庭的健康可持续发展”。[11]我国台湾地区关于学习型家庭的研究和实践起步相对较早，提出学习型家庭应包含“学习的家庭”和“家庭的学习”两大要素[12]，前者是指能催化及有助于学习的环境，后者是指家庭的学习活动，在推出的《推展学习型家庭教育，建立祥和社会中程计划》中，明确了学习型家庭的基本内容：“愿与家人相互关心，愿与家人沟通，愿与家人分享，愿与家人共同学习，愿与家人相互承诺。”[13]

四是从家庭教育的角度来理解学习型家庭，认为“学习型家庭的实质是一种理想的家庭形态，如果父母能不断完善自己的思想观念、人格修养及思维方式，则家教偏失或可减少。因此，学习型家庭的修炼过程就是改良家教观念与方法的过程”。[14]这种观点把“学习型家庭”视为一种具有新时代特征的家庭管理和家庭发展新模式的教育。[15]家长要具有主动学习和探究的意识和能力，挖掘自身潜能，实现自我成长，将终身学习的理念贯穿于家庭教育实践当中。

以上四种不同的理解方式虽有其侧重，但也反映了学习型家庭建设的共同旨归。可以总结为以下几点：① 学习的终身性。终身学习理论为学习型家庭建设提供了理念前提和逻辑基础，不论是为适应环境变化，还是满足个体持续性的学习需求，家庭都应具备持续、长久的学习行为。② 家庭的主体性。学习型家庭中，所有家庭成员都应该具有学习自觉，积极主动地参与各种学习活动，尤其强调家庭成员之间的沟通交流、互学共学。③ 目的的多重性。学习的发生意味着需要产生行为或行为潜能的比较持久的变化，且这一变化是积极的。建设学习型家庭的目的在于实现个人的成长、家庭的增能，乃至社会的进步，最终实现个体、家庭以及社会之间的积极变化与协调发展。

至此，上文对学习型家庭的概念进行了梳理和归纳。这些概念通过对学习型家庭的价值取向、要素、目的、手段等进行列举和描述，阐释了学习型家庭的存在样态和运作方式。综上所述，学习型家庭即基于家庭生活的，以家庭成员常态化、持续性的学习为核心，表现出各种各样的学习内容与形式，并实现家庭所有成员积极变化和家庭发展的家庭模式。作为一种亲属间的社会生活组织，家庭是最亲密的群体，当其以学习型组织的形式呈现时，也应该有着更加独特的内涵意蕴。

二、学习型家庭的内涵意蕴

（一）家教家风是学习型家庭的文化基因

中华民族自古以来就有着重视家庭家教家风的传统，留下了无数家规、家训、治家格言和家教家风的历史典故，诸如《孔子家语》《诫子书》《颜氏家训》《曾国藩家书》等，也不乏“爱国主义”“崇德向善”“仁爱宽厚”“艰苦奋斗”“励志勤学”等家教文化精神，这些是中华传统文化的重要组成部分。回到当代，家教家风依旧至关重要。党的二十大报告提出要“弘扬中华传统美德，加强家庭家教家风建设”[16]，《中华人民共和国家庭教育促进法》中也指出要“培育积极健康的家庭文化，树立和传承优良家风”。[17]

中国传统家教文化底蕴深厚内涵丰富，纵贯人生的各个时期，横涉人生的各个方面，形成了规范化、系统化的家教文化。[18] 家教文化是个体接受的最早的文化教育，人自出生起就置身于特定的家教文化中，受家庭或家族的价值观念、思维方式及行为习惯的熏陶，对人格品行的形成有着深刻的影响。家风则是将家教文化内化于心。家风，看不见、摸不着，却时时体现于家庭生活方方面面，汇集着家庭成员的价值共鸣，凝结为本家庭、家族的精神内核和共同信仰。[19] 家教家风对个人成长具有启蒙性和终身性，建设学习型家庭必然要从家教家风中汲取优秀的文化基因，古为今用，传承创新。

（二）家庭关系是学习型家庭的情感基础

学习型家庭建立在良好、平衡的家庭关系基础上。家庭关系平衡是在最自然、最直接的情况下，以父母之间的良好互动为基础，并且父母双方与子女频繁互动而达到的状态。[20]充分、平等的家庭互动有助于推动个体实现社会化，也为家庭中的学习提供了土壤。

家庭成员之间要相互信任，能够开诚布公地交流谈心，这有助于个体增强对家庭的归属感。每个人除了家庭角色外，还有社会角色、工作角色等，家庭成员之间要愿意分享不同角色下的信息，真诚地表达自己的想法和感受，让对方介入自己的生活和世界，如此才会找到越来越多的共同语言和话题，加深彼此的了解。在此基础上，家庭成员要相互尊重，肯定对方的独特性和价值，尊重对方的选择，关怀对方的感受和需求，给予对方足够的爱。有了良好的家庭关系，家庭成员才能更好地理解彼此的需求和期待，协商共同的价值观和目标，对家庭的未来有共同的心愿，并愿意为之共同奋斗、共同成长。

（三）家庭生活是学习型家庭的源头活水

与杜威“从做中学”的教育观念相契合，家庭中的学习与家庭生活密不可分，具体表现为道德品质、身体素质、生活技能、文化修养、行为习惯等方面的学习。家庭生活为家庭成员提供了共处的时间空间和宝贵的学习经验。在家庭中，“如何经营夫妻关系”“如何处理亲子冲突”“如何开展家庭劳动”“如何组织家庭活动”“如何提升审美素养”等都是家庭成员学习的课题。一般来说，家长有着更为丰富的生活经验，是孩子的第一任老师，通过家庭教育对未成年人的成长施以培育、引导和影响，在此过程中，家长本身也在学习如何为人父母，不断更新自己的认知和经验，与孩子共同成长。在学习型家庭中，生活呈现学习化倾向，“哪里有生活，哪里就有学习，时时是学习之机，处处是学习之所，事事是学习之内容”。[21]

如此，学习型家庭中的学习远不止家庭成员对知识、技能的学习，更重要的是家庭成员心智模式的积极转变，是关于“如何做人”的学习，这也决定了家庭中的学习要避免功利主义倾向，追求人的自我改变与超越。

（四）代际互学是学习型家庭的典型样式

前文提到学习型家庭中的学习主体是每一个家庭成员，这就要求孩子要学习，父母也要学习。家庭成员的个人学习是学习型家庭中最基本的学习行为，同辈之间的相互学习和影响也是重要的学习行为，除此之外，很典型的一种家庭学习形式是代际互学。在我国，家庭更准确的概念应该是从社会学角度来定义，即由家庭成员共同生活、经营，以小家庭的“父—母—子”关系为基本单元，向“父系—母系—子系”的大家族延伸的紧密结合的社会团体，是典型核心家庭的扩大模式。[22]个体在家庭生活中，会潜移默化地受到上一代或者下一代的影响。代际互学的本质在于家庭成员彼此之间互为“启发性”，父母和孩子在信息获取、思维方式、习惯养成、能力提升等方面，能够相互促进，优势互补。对于祖辈也是同理，祖辈、父母和孩子之间可以形成更加广泛的互学关系，通过对话来探寻真理，致力于家庭成员间全面、开放的沟通和交流，每个人都是“学习者”，每个人也都可以成为他人的“师者”。

在学习型家庭中，每位家庭成员都“发挥着其双重性甚至多重性的角色，建立起自身既是‘学者’又是‘教者’的完整、统一、和谐与平衡的身份，‘教者’和‘学者’也就在不同主体之间相互转化、彼此成全”。[23]

（五）社会单元是学习型家庭的延展空间

学习型家庭建设与学习型社区、学习型城市、学习型社会，乃至学习型国家的建设之间并非简单的递进关系，而是共生共建的关系。家庭学习也不仅仅局限于家庭内部，社会中的各个单元——学校、社区、公园等都可能是家庭学习发生的场域。

上海学习型家庭建设指标中关于“学习活动”这一指标提到了要“积极参加社区学习活动，在获得与分享中展现学习成果”“家庭成员积极参加建设学习型机关（事业单位）、学习型企事业单位、学习型社区等各类学习型组织活动”。[24]这说明学习型家庭要融入社区，发掘外部的学习资源，利用好图书馆、文化馆、纪念馆、体育场馆、青少年宫、儿童活动中心等公共文化服务机构，参与到各类组织开展的学习活动中去。学习型家庭通过与学校、社区、企事业单位等发生互动，实现信息、资源的流动与相互作用，充分释放社会的活力与创造力，这也是实现终身学习、构建学习型社会的应有之义。

三、学习型家庭的建设路径

（一）树立积极向上的家教家风

国家层面上，多次提及要注重“家庭家教家风建设”，这与培育社会文明新风尚一脉相承。政府应继续发挥引导作用，广泛宣传科学的家庭教育理念和方法，展示优秀家庭教育案例，弘扬和传承好家风、好家训、好家教，引导全社会重视和支持家教家风建设的整体环境和舆论氛围，领导干部更要带头树立积极向上的家教家风，引领家庭成员坚持正确的家庭观、国家观和民族观，做好榜样作用。同时，要加强家庭教育资源及服务的提供和配置，予以人、财、物的支持。此外，对于获取资源较为困难、在学习型社会中处于弱势地位的家庭，要有一定的政策帮扶。

家长要主动承担起家庭教育的责任，家庭教育中最重要的是品德教育，是如何做人的教育。家长应当在家庭生活中以身作则，注重培育和践行社会主义核心价值观，弘扬中华优秀传统文化、革命文化、社会主义先进文化，用自己的言行影响孩子形成良好的思想观念、品德修养和行为习惯。家长可以和孩子共同制定家规家训，将抽象、广泛的价值观念转化为具体而切实可行的“规定”，并严格遵守、相互督促，约束家庭成员的行为，这样自然而然地就会形成一种与家规家训相辅相成的家庭风气。

（二）构建健康和睦的家庭关系

家庭是情感的寄托，是个体生存发展的小环境，其中的人际交往、相处模式影响着家庭的学习行为活动。家庭成员要做到相亲相爱、相互支持、相互包容，构建健康和睦的家庭关系，让每个人都能获得来自家庭的力量。

首先，要培养好夫妻关系，夫妻关系直接关乎家庭的稳定。夫妻之间要多沟通、善沟通，关注对方的发展，表达自己的真实情感，在家庭中做好双方的角色分工，并且能够平等地商量处理家庭事务，在价值观念、道德判断、生活目标等大的方向上保持一致，在兴趣爱好、生活细节等小的方面做到相互理解、包容差异。其次，要建立良好的亲子关系，家长既不能过于溺爱孩子，也不能过于苛责，要尊重孩子是一个独立的个体，在和孩子相处时学会换位思考，和孩子共情，倾听孩子的想法，体会孩子的感受，给予孩子高质量的陪伴。最后，还要处理好和祖辈之间的关系，弘扬尊老敬老的传统美德。老一辈是年轻一辈成长过程中的直接引路人，为后辈付出很多努力，但由于所处位置的不同、生活背景的差异、信息的快速更迭，上下两辈、三辈的观点可能会存在分歧，难免会出现矛盾、冲突，这就需要年轻一代心怀感恩，有足够的耐心帮助家中的祖辈跟上时代的步伐。同时，老一辈丰富的生活经验也是家庭独特而珍贵的学习财富，要善于发现老一辈的智慧。

（三）经营热爱学习的家庭生活

著名教育家马卡连柯在《父母必读》中写道："父母本身不读报纸不看书，不去剧院或电影院，不喜欢参观展览会，博物馆的家庭里，很难使儿童有文化修养。如果在父母本身有实际文化生活的家庭里，报纸和书籍成为生活中的必需品，那么甚至当父母没有特定去思考文化教育问题的时候，文化教育还是会存在的。当然，只有把文化教育自觉地组织起来，有了若干的计划，有了正确的方法和监督，它才是有益处的。"[25]家庭文化既由家庭成员所塑造，又会影响家庭成员的行为，特别是影响孩子的成长与发展，可以采用一些实操性强的方式，营造家庭的学习环境和氛围。

空间维度上，合理布置家庭空间。家庭中应该有专门的学习区域，卧室、书房类的独立空间可以做个人学习区，客厅可以做家庭共同学习区，阳台、玄关等处可以设阅读角，把书籍放在触手可及的地方，还可以设置一些学习成果展示区等。时间维度上，科学利用闲暇时间。闲暇是可自由支配的时间，是崇高的精神文化活动。[26]对于家庭的闲暇时间，要有目的有意识地规划和安排，组织合适的家庭活动。以家庭阅读为例，家庭成员可以共读一本书，或者同一主题的书，或是各自感兴趣的书，并相互交流阅读心得与感悟；可以参与"全民阅读"学习活动，加强与外界的交流互动；还可以结合书本内容，安排观看展演、参观旅游等文化性活动，延伸阅读渠道，丰富阅读模式。

（四）激发互学共学的学习行为

和睦的家庭关系、积极的家庭氛围、舒适的家庭环境都能够为学习的发生提供有利条件。在学习型家庭建设中，家庭成员要充分认识到终身学习的价值和意义，意识到人的持续发展性，激发和维持学习的内部驱动力。行之有效的实践方式是反思家庭生活，树立学习的目标，调动起学习的兴趣。

例如，家长可能基于家庭教育实践中的困惑，表现出知识匮乏的状态，并由此产生学习动机，激发学习行为，从而把教和学的行为统一起来，既为教者，亦为学者；家庭成员可以结合家庭生活共同协商，结合兴趣爱好，建立共同的目标愿景，并约定一些章程、制订明确的学习计划来激励学习行为；每一代人可以发挥自己的知识优势，传递经验，孩子可以教家里的老人如何使用手机和一些其他的智能化设备，向他们解释新的流行词汇，老人可以教孩子如何洗衣做饭，分享自己的人生体验，父母和孩子可以就某一话题交流彼此的看法等。家庭中的学习本就广泛、生动，家庭成员可以在家庭生活中创设各种各样的学习机会，多实践，多关联，促进知识、经验的转化与再造。

（五）营造共创共建的社会氛围

学习型家庭是个生态系统，受到来自社会、社区、学校和家庭等诸方面因素的制约，需要政府、社区、学校和家庭这几个方面相互联系相互配合。[27]

“健全学校家庭社会协同育人机制”是党的二十大提出的要求和目标，随后，教育部等十三部门发布的《关于健全学校家庭社会协同育人机制的意见》，明晰了不同的教育主体应当承担的角色和任务。教育内部的沟通与协调为学习型家庭建设提供了契机，有助于打破学习型组织之间的壁垒，形成学习共同体。为此，学校作为专门的教育机构，要广泛宣传“全面发展”“终身学习”的理念，帮助个体养成良好的学习习惯，培养孩子成为终身学习的践行者。在家校合作中，学校应根据家长需求，开展公益性的家庭教育指导服务，缓解家长的教育焦虑，摒弃“唯分数论”“唯成绩论”的教育观，以可持续发展的眼光看待孩子的成长，并让他们意识到自身需要持续学习和进步。社会要为学习型家庭的建设提供各种各样的学习资源和学习活动，构建普惠性的家庭教育指导服务体系。各类文化场馆应当加大资源建设，丰富文化产品的内容和形式，设计家庭主题的实践活动，拓展家庭的活动空间；电视、报刊、网络等新闻媒体要加强学习型家庭建设的舆论宣传，传播科学的家庭教育理念和方法，为家庭提供泛在的学习环境；村居委可以设置家庭教育指导服务站，形成直接面向家庭的基层服务点，开展就近的家庭支持与服务……社区是与家庭紧密相连的外部环境，对学习型家庭建设有着隐性、直接的影响，社区需要加大教育资源的供给，发展教育师资队伍，开发教育平台，将社区教育与社区治理结合起来，让更多的家庭以“主人翁”的角色卷入进来，参与社区、服务社区、发展社区，并在其中实现家庭的成长与发展。

学习型家庭是终身教育、终身学习理念的实践载体，是以家庭为单位的学习型组织，是支持家庭可持续发展的有效模式。在建设学习型社会、学习型大国的时代背景下，学习型家庭是其中的落脚点之一。学习型家庭建设是一项复杂而长远的系统工程，需要个人、家庭的全身心投入，以及政府、学校、社会的共同推进，在实践中，要发挥家庭优势，做到共聚共建共享，不断丰富学习型家庭的内涵，实现家庭的积极质变。

参考文献：

[1] 江泽民在中国共产党第十六次全国代表大会上的报告［EB/OL］.［2023-08-03］. https://www.gov.cn/test/2008-08/01/content_1061490.htm.

[2][16] 习近平：高举中国特色社会主义伟大旗帜　为全面建设社会主义现代化国家而团结奋斗——在中国共产党第二十次全国代表大会上的报告［EB/OL］.［2023-08-03］. https://www.12371.cn/2022/10/25/ARTI1666705047474465.shtml.

[3] 赵宏亚 . 试论学习型家庭［J］. 河南职技师院学报（职业教育版），2001（01）：55-56.

[4] 厉以贤 . 学习型社会的理念与建设［M］. 成都：四川教育出版社，2004：264.

[5] 李文敏 . 学习型家庭理论视角下初中生家庭体育参与影响因素及对策［D］. 开封：河南大学，2022.

[6][14] 高燕 . 学习型家庭的理论研究及其对家庭教育的启示［D］. 长春：东北师范大学，2006.

[7] 高志敏 . 关于终身教育与学习型社会理念的探讨［J］. 教育研究，2001（03）：52-58.

[8] 中华人民共和国教育部 . 上海积极构建“人人皆学、时时能学、处处可学”的学习型社会［EB/OL］.［2023-08-03］.http://www.moe.gov.cn/jyb_xwfb/s6192/s222/moe_1740/201004/t20100420_86003.html.

[9] 史枫 . 学习型城市建设的三个维度：生态城市、绿色社区和健康家庭［J］. 当代职业教育，2021（06）：4-6.

[10] 乐善耀 . 学习型家庭［M］. 上海：文汇出版社，2002：179.

[11] 夏燕 . 学习型家庭背景下家庭成人教育问题初探［J］. 教育学术月刊，2010（10）：

91-92.

[12] 白慧．我国台湾地区学习型家庭的发展与启示［J］. 开封教育学院学报，2018，38（07）：199-200.

[13] 罗爽．中国台湾地区家庭教育指导服务体系及其启示［J］. 首都师范大学学报（社会科学版），2015（03）：128-135.

[15] 曹亚中．学习型家庭创建与推进［M］. 上海：百家出版社，2003.

[17] 中国人大网．中华人民共和国家庭教育促进法［EB/OL］.［2023-08-03］. http://www.npc.gov.cn/npc/c30834/202110/8d266f0320b74e17b02cd43722eeb413.shtml.

[18] 安云凤．中国传统家教文化与民族精神的培育［J］. 齐鲁学刊，2005（05）：29-33.

[19] 闫平．借鉴我国传统家风家教文化创新培育和践行社会主义核心价值观的实践路径［J］. 理论学刊，2019（03）：90-97.

[20] 杨安，董华君．家庭人际关系结构对独生子女社会化的影响［J］. 重庆大学学报（社会科学版），2006（02）：136-140.

[21]［27］王丽．学习型家庭构建之研究［D］. 开封：河南大学，2006.

[22] 翟学伟．中国人际关系的特质——本土的概念及其模式［J］. 社会学研究，1993（04）：74-83.

[23] 李家成，程豪．共学互学：论终身教育体系中的主体间关系［J］. 终身教育研究，2020，31（06）：22-27.

[24] 上海教育．上海市教育委员会等五部门关于进一步推进本市学习型组织建设工作的通知［EB/OL］.［2023-08-03］. http://edu.sh.gov.cn/xxgk2_zdgz_zsjy_01/20221209/70bc25a782e9498f90cc07fd4e43f730.html.

[25]［苏］马卡连柯．父母必读［M］. 耿济安，译．北京：人民教育出版社，1957：467.

[26] 李兴洲．学习型社会的闲暇生存特质探析［J］. 两岸终身教育，2022，25（03）：1-7.

我国学习型城市评价指标设计的理论探讨与实践应用

朱　敏*

摘　要：评价指标设计是国内外学习型城市建设的一项重要内容。在全球学习型城市持续建设和我国新一轮学习型城市推进背景下，评价指标设计的持续更新和优化仍是关键之一。本研究基于国内文献考察，对我国学习型城市评价指标设计的理论论争要点予以分析，旨在发现共识、存疑之处与困难所在。再结合国内几套已投入使用的学习型城市评价指标应用情况予以对应分析，理解当下指标使用的实际状态，以期对我国新一轮学习型城市评价指标更新有所启发。

关键词：学习型城市；评价指标；终身教育；终身学习

一、问题提出

进入21世纪以来，“形成全民学习、终身学习的学习型社会，促进人的全面发展”成为关系中华民族能否持续发展、能否实现民族复兴大业的战略问题之一。学习型社会是一种社会形态，作为一个上位概念，其下衍生出许多具体的“学习型+”次级组织[①]，学习型城市就是其中的重要构成，并且已经成为一个在场域范围和目标指向上都更为明确与聚焦的子课题。其中，如何评价和监测学习型城市的建设进程和实际效果一直是研究的重难点。

从国际范围来看，对学习型城市评价指标的研究起步于世纪之交。欧盟委员会、联合国教科文组织、经济合作与发展组织、加拿大、德国、韩国

* 作者简介：朱敏，华东师范大学教育学部职成所副教授，上海终身教育研究院兼职研究员，主要研究方向：国际终身学习政策比较、可持续发展教育、成人及终身教育基本理论等。

① 或者，更准确的说法是，许多学习型组织被聚拢至其麾下，使得学习型社会成为一个多层级、多节点的组织结合体，至少在国内的学术研究和实践策略中是如此。

等都在学习型城市评价指标体系设计方面做出了探索性努力，其中尤以联合国教科文组织于 2013 年在北京首届全球学习型城市大会上所发布的《学习型城市的主要特征》受到广泛关注，先后在全球不同城市进行了试测。我国学习型城市评价指标的研究与国际社会基本同步，2004 年开始有学者对此展开理论探索且持续至今，先后在全国和地方层面出现了几套方案并在使用中不断加以完善，成为我国学习型城市建设的重要技术保障之一。但是，最近研究仍发现：我国学习型城市评价指标并没有很好地体现出学习和社会治理的关联，对学习型社会所倡导的可持续发展、包容性学习的内涵体现不充分，覆盖的对象范围也不够广。[1] 由此可见，学习型城市评价指标设计仍旧需要持续关注和深化研究。

从国内情况来看，在党的二十大关于学习型社会与学习型大国建设的背景下，教育部在 2023 年 8 月底印发《学习型社会建设重点任务》，“加强新时代学习型城市建设，以促进人的终身学习和全面发展为出发点，将学习型城市建设深度融入城市发展”成为新的建设目标。全国学习型城市建设的提质扩面，评价和监测技术仍旧是其中的重要保障，因此有必要系统回顾和分析过往我国学习型城市评价相关研究成果，并结合几个主要城市评价指标的实际运用情况予以联结反思，以期对我国新一轮学习型城市建设有所启发。

二、数据来源与研究方法

为了解和分析当前国内学习型城市评价指标开发与运用的具体情况，笔者于 2023 年 7 月 16 日在“中国期刊网”以全学科全时段范围进行搜索，先将条件设定为“主题 = 学习型城市”且“主题 = 评价”，找到 55 篇相关文献，再以“主题 = 学习型城市”且“篇名 = 评估”作为补充，检索到文献 8 篇，去除 2 篇重复文献，总计获得文献 61 篇（含 3 篇学位论文）。首篇期刊论文出现于 2004 年，最近的一篇发表于 2022 年，即在过去的 19 年间，国内学习型城市评价指标研究年均发表论文约为 3 篇。为了解学习型城市评价在学习型城市整体研究中的情况，笔者同样以全学科全时段为范围进行“主题 = 学习型城市”搜索，发现自 2000 年国内发表第一篇学习型城市文章以来，共计各类研究成果 1 970 条。由此大致推算出评价指标研究在学习型城市研究中占比为 3.0%，可见研究力度不足。通过逐篇阅读和比对，排除相关度不大的，最终选择 39 篇文献作为本文研究的分析样本。

研究拟从内容维度对国内学习型城市指标评价研究现状予以分析，同时聚焦国内已经投入使用的几套学习型城市评价指标，进行两方比较和印证，旨在对我国新一轮学习型城市评价指标建设有所启发。

三、学习型城市评价指标构建中的理论探讨

学习型城市评价指标的开发和研究会受相关理念和理论的影响。笔者在阅读样本文献的过程中，发现如下几个基本问题的辨析是关键。

（一）对学习型城市的内涵有近似认识

要对学习型城市的发展状况进行评价，首先必须明确学习型城市的内涵。在样本文献中，学者们也普遍意识到了这一工作前提的必要性和重要性。如何认识学习型城市，主要观点如下（见表 1）。

表 1　学习型城市的内涵认识

作者（时间）	对学习型城市的基本认识
陈友华（2004）	学习型城市由学习型组织演变而来。建设学习型城市是将学习型组织的理念和内容运用于城市管理和发展的一种实践。“它的核心在于通过一种组织化的学习活动，努力营造不断创新、不断进步的城市文化和精神，提高城市的综合素质、运作效率和竞争能力，推进城市经济和社会事业的快速发展。”[2]
吴耀宏、蔡兵、顾新（2007）	学习型城市是一种建立在城市范围内的有效的区域创新系统。这种城市区域创新系统通过有效的个体学习、组织学习和社会学习，提高了城市内企业、大学、科研院所的创新能力，增加了城市社会资本的积累，从而大幅度提高了城市的创新能力和发展绩效[3]
李娜、王丽艳（2011）	学习型城市是指在知识经济背景下，通过组织化的学习营造创新和进步的城市文化。它强调以学习和教育为最本质职能，以社会化的终生学习和教育体系为基础，保障和满足城市市民学习基本权利和终生学习需求，从而有效地促进城市人的发展和城市的可持续发展，最终形成一种开放、创新和发展的和谐城市[4]

续 表

作者（时间）	对学习型城市的基本认识
叶忠海（2013）	学习型城市是学习型社会高度集约的地域类型，指的是以学习求科学发展的城市，或者说以学习求城市及其成员可持续发展的过程。具体而言，学习型城市是以城市学习者为中心，以终身教育体系和终生的服务体系为构架，以学习型组织和学习共同体为基础，以形成终生学习文化为基本特征，保障和满足社会成员学习基本权利和终生学习需求，从而促进城市及其成员全面发展和社会价值得以充分实现，以及促进社会可持续发展的一种开放、创新、富有活力的新型城市[5]
赵庆年、宋永芳（2015）	学习型城市是以全民学习作为标志性特征，是创新、开放、和谐、可持续发展的知识型城市。它是学习型社会的重要组成部分和具体实践，是实现终身学习和终身教育的手段，也是促进社会向终极目标发展的重要途径[6]
李彦、黄小萍（2019）	学习型城市是在城市范围内，调动所有的人力、财力和物力来贯彻并落实终身学习的理念，从而促进个体潜能的挖掘与全面发展、提升市民的生活质量与思维品质、维护社会的融合与稳定、推动城市各方面可持续发展与繁荣的一个“学习型社会”的缩影，是以城市形态为特征的学习型社会[7]
程豪、李家成、匡颖、张伶俐（2021）	学习型城市建设需要凸显“所有人在位”的立场，……除了“以人为本”的包容性特性外，还特别强调“人的学习”，……也即，主体人通过学习、基于学习、在学习中，是学习型城市建设的内在基因和外在表现[8]

由上可见，我国学者对学习型城市的内涵认识持有近似观点，即学习型城市旨在通过城市区域范围内面向所有人、所有机构、各类学习共同体的组织化学习，营造不断创新、不断进步的城市终身学习文化，进而促进市民的潜能开发和全面发展，推动城市各方面持续发展。在理论来源上，学习型城市或者是学习型社会的城市形态缩影，或者是学习型组织在城市发展中的实践体现。简而言之，以保障全民终身学习权利和提升全民终身学习质量来促进城市的创新与可持续发展是学习型城市的基本内涵。但城市全民终身学习这个变量在多大程度上为城市的发展带来影响，是否还有其他重要的解释变量与之共线，还无法确切获知。

（二）学习型城市价值取向的两个侧重

学习型城市内涵辨析中其实已经内含了学习型城市价值取向问题，即促进人的全面发展和城市经济社会可持续发展。按照教育学基本原理，这其实是一个本质功能和派生功能，或者说直接功能与间接功能的认识问题。但是在文献研究中发现，仍旧有研究者在这个方面提出了不同侧重的思考。比如，有研究提出“建设学习型城市应该为社会的终极发展目标服务，这个出发点与我国十八大以来高度重视培育与践行的社会主义核心价值观是相吻合的。……构建以社会发展的终极目标为价值取向，即富强、公正、平等、自由、文明、诚信、法治、民主，旨在通过学习型城市建设促进人的全面发展，促进社会向终极目标发展”。[9] 四川自贡市、天津市在提出创建学习型城市的背景时，都明确地提到了各自作为成渝中心城市、环渤海地区经济中心的城市定位和发展志向，将城市发展重要性放在前面。国际学习型城市监测趋势也是“更加注重广泛效益、更加强调包容性学习、更加关注终身学习文化的营造、更加凸显推进的可持续性”。[10] 可见，突出学习对城市各方面发展的作用是学习型城市建设价值取向的一个侧重点，具有明显的社会本位取向。与此对应，有研究者提出“学习型城市应以人的全面、充分的发展为目的，其愿景是使人自身得以发展，而非培养劳动力和经济发展的工具”[11]，类似的论述成为价值取向的另一个侧重点，旨在维护教育以人为本的永恒价值。

（三）学习型城市评价应和其发展阶段相对应

学习型城市建设不可能一蹴而就，因此在为学习型城市设计评价指标时就不得不考虑学习型城市的发展阶段。既有不少研究对此问题都有提示。例如，“学习型城市建设是一项持续不断的长期的过程。在建设学习型城市的不同阶段，其工作目标与侧重点应该是不完全相同的。因此，学习型城市建设评价指标体系的构建一定要围绕目前的工作目标与工作重点而展开，也就是说，学习型城市建设的不同阶段，其评估指标体系应该是不完全相同的。只有这样，所构建的评价指标体系才具有引导、规范与激励等方面的作用。”[12] 又如，“总体目标的实现不可能一蹴而就，还必须分阶段推进。因此，在构造创建学习型城市评估指标体系时，还要注重过程的阶段性并充分考虑当前起步阶段的实际情况，既不能落后，又不能任意拔高标准，既保持先进性又现实可行，把长期目标和短期计划结合起来，分阶段组织实施，使评估标准尽可能体现出创建过程中所取得的阶段性成果”。[13] 再如，“指标体系不是亘古不变的，最初制定的指标体系，必须随着时间的推移进行拓展和修改，最终完善成为综合、全面、实现可持续发展目标的体系”。[14]

学习型城市评价的确需要对发展阶段予以考虑。比如，开始于 2001 年的韩国终身学习城市评估工作就是分三个阶段来进行的：评选阶段、中期监测和咨询阶段，以及最后的产出和绩效评估阶段。其中的第一和第三阶段都有对应的评价工具。[15] 天津市也对学习型城市指标进行了基本要求、进阶要求的设置，充分体现了学习型城市建设的阶段发展性特点。[16]

四、学习型城市评价指标构建中的技术探究

学习型城市评价指标既需要明确、清晰的理论定位，又需要技术与工具的支撑。在目前已有理论和经验性探索中发现，学习型城市评价指标设计通常需要考虑到如下具体问题。

（一）指标选择的原则

学习型城市评价指标不可能包罗万象，尤其对于学习型城市这样一个本身极具广度的领域来说，需要在理论和评价目标的指导下对指标进行谨慎选择。在这个过程中，研究者们首先都会提到指标选择的原则问题，关于这一点汇总如表 2 所示。

表 2　学习型城市评价指标原则汇总

作者（时间）	具体指标原则
陈友华（2004）	综合性与系统性、易获得、以人为本、国际可比、简明实用、独立性
阎兵、李莉（2009）	综合性与系统性、指标的易获得性、可比性、简明实用
叶忠海（2013）	科学性、先进性、特色性、现实性、简明性

续 表

作者（时间）	具体指标原则
周素萍、全世海（2014）	代表性、全面性、可操作性、评价一致性、区分重要性
郑飞（2015）	系统性、科学性、可操作性、动态性
赵庆年、宋永芳（2015）	系统性与结构性、全面性与简明性、匹配性与一致性、实用性和可操作性
林艳华、李进生（2019）	特色性、先进性、简明性、可比性

由上可见，学习型城市评价指标的选取原则比较强调的是：第一，在指标范围上突出综合性，在指标内部结构要求上强调系统性。研究认为学习型城市建设是一项系统工作，不但覆盖内容要尽可能全面，而且指标之间要形成有序、有机的联系。第二，在指标数据获取方面强调可获得、可操作、简明实用。可获得可操作意味着数据可测量，方便获取。“用尽量少的指标反映尽量多的内容，同时便于收集和计算分析，对于学习型城市建设的研究、战略规划具有实用价值”，[17]“应精选指标，突出重点，简单明确，一目了然，易被广大学习型城市建设者和城市民众所掌握和操作运用”[18]等则提示指标要精炼、明确可理解、能落到实处，即现实性。第三，在指标内容的相关性上强调科学性、匹配性和一致性，或者是独立性、区分重要性，即指标要有效度和信度，能较为稳定地反映出学习型城市的内涵与内容，因此有研究者认为不太建议直接使用现有年鉴中的指标。同时，指标之间要有区分度，相对独立，体现出设计的严谨和科学。第四，在指标共通性上强调不同城市之间的可比性，以便更好地对各地学习型城市予以横向比对，利于相互之间的经验参照。

相比较而言，指标是否反映了国内外学习型城市建设的新内涵新动态（如先进性、动态性）、是否有本地特色（特色性）、是否切实体现了以人为本等这些原则，已有研究考虑较少。

（二）指标结构与内容

确定好选择原则之后，到底需要构建哪些具体指标，如何进行指标的分级和权重分配呢？这一点既有研究中也是各有方案。综合而言有如下基本情况。

1. 指标的结构

从结构上来看，学习型城市评价的指标均为层级指标，二级或者三级是常见结构。

2. 指标的数量

从数量上来看，一级指标通常在 4～8 个之间；二级指标最少的有 13 个，最多的达 38 个，绝大多数控制在 25 个以下。三级指标既有 32 个的，也有 70 个、84 个的，差异较大。

3. 指标的内容

从内容上来看，一级指标的内容涉及较多的依次是教育（学习资源、教育培训、学习活力、学习保障、学习成效、终身教育体系、终身学习体系、终身学习文化、全民终身学习活动开展、合力机制、教育信息化）、人口素质、科技创新、社会发展、经济发展（城市发展与竞争力、全球化、绩效）、文化发展、生活质量、合作交流、资源、经费等，鲜明地体现了学习型城市建设的综合特征。

这种静态并置性的指标暂时仍旧无法说明“学习”在城市发展中的“实际力量”，即学习型城市建设中一直存在的一个最大疑问，教育和学习作用于城市发展的实际效力或者相关系数，“无法揭示学习型城市变化的因果关系”[19]。这提醒我们在指标设计上需要考虑数据来源的多样性，增加非量化数据的补充，同时加强学习型城市建设及其指标评价的基础研究，找出关键的解释变量，并研究它们和学习型城市发展水平之间的依赖关系。

（三）指标的构建方式

从评价指标构建方式来看，现有国内的探索经验主要有四种：

第一，“根据学习型城市应有的特征”[20]来构建指标体系。“评价指标体系框架的构建，应以学习型城市的内涵、基本特征、价值取向以及关键性形成要素为主要构架，来建构学习型城市评价体系框架”。[21]这种“理论框架类”[22]是现有国内有关学习型城市评价指标体系最主要的方式。第二，先在前期国内文献研究基础上学习借鉴，再根据本地城市发展实际阶段和数据可获取情况对部分指标和数据进行替换调整。实际上仍旧是第一类的具体化。第三，借鉴国外一般评价模式，如 CIPP。理由是 CIPP 模式所倡导的三点基本认识和学习型城市建设的要求一致，即评价是系统广泛的工作且把参与者放在突出地位；是对创建活动而非对结果的评价；重在对创建活动的科学性和有效性进行评价，由于地方性和阶段性对其内容评价不妥。[23] 第四，参照联合国教科文组织提出的专门针对学习型城市评价框架对学习型城市发展情况进行调查。[24]

（四）指标数据获取途径

指标体系构建好之后，接下来的一个重要而艰巨的任务就是如何根据确定、细化的指标来获得相关数据。一般来说，主要有以下三种数据获取途径：官方数据、专家评价和社会调查。对于政府部门的数据采用，有研究表示“学习型城市评价指标体系如果不能应用政府部门的统计数据，就近乎无法收集数据。虽然不能将指标体系局限于政府的社会统计指标，但也要防止脱离政府统计，使指标体系丧失应用的可能”。[25] 也有研究认为，“很多学者在构建指标体系时为了方便搜集数据，倾向于选用统计年鉴中现有的指标，然而这些指标揭示的内涵可能与评价要达到的目的不一致，因此在选取指标时需要基于评价价值取向对一些指标进行二次开发”。[26] 专家评价主要是以专家在学习型城市方面的专业知识为效度保障，通过座谈访问、查阅资料、现场勘察等形式来获得。社会调查则主要是根据评价需要自行设计具体问卷并对公众进行公开调查获得。通常几种获取方式是相互补充的，更严格的条件下还需要相互验证。

（五）数据处理方法

数据收集、整理完毕之后，需要通过一定的数理方法进行计算。目前主要使用的方法有以下几种。

1. 模糊综合评价法

“模糊综合评价是通过构造等级模糊子集把反映被评事物的模糊指标进行量化（即确定隶属度），然后利用模糊变换原理对各指标综合。”[27] 该方法有个关键环节是隶属度和权重的分配有不同方案，如使用方法不同，最终结果会有差异。例如，两个研究都使用该方法，但是对于“人口素质”这个明确指标，天津市给定的权重是 ω4=（0.450 2，0.549 8），广州市则是 ω1=（0.666 7，0.333 3），最终得出的总结果有不同，无法实现城市之间的横向比较。还有研究者提到，“对学习型城市的评价指标的评价方法主要是综合评价法，在具体的计算中，又主要通过主成分分析法、因子分析法、专家权数法、简单加权平均法、分类学方法将各个指标的信息加以综合，或是将各指标转化为指数进行学习型城市的比较和评价”。[28]

2. 指数法

应用指数法，主要是考虑到“各指标具有不同的测量单位，不能直接相加和比较。因此，需要把各项指标转换成指数，然后再根据指数的大小来进行比较。指标的加权没有统一模式和标准，完全由研究者对各指标在学习型城市建设中的地位和重要程度的主观性和偏好性决定。不同的权重分配，可以计算出不同的学习型城市建设指数，但该指数只具有相对参考意义”。[29]也有研究谈及权重分配的熵权法，或者是“依据学习型城市建设的本质特征以及各指标反映这些本质特征的程度而给予不同的权重”[30]或者是以层次分析法来确定权重系数。[31]

具体的指数法通常操作如下：“以省会城市为标准，将其各项指标的指数取作 100，用省内其他地级市的各项二级指标的实际值除以相应的省会城市各项二级指标的实际值，再把所得值乘以 100，得到被测地级市的各项二级指标指数。再分别对五个一级指标的各二级指标的指数求平均值，最后对 5 个一级指标的指数求算术平均值，得出最终的学习型城市指数。”[32]北京的学习型城市建设被作为直接参照，理由是北京的“城市各项功能比较完善，其城市的建设和发展对其他省、自治区、直辖市具有表率和示范作用。所以，以北京为基准，将其各项指标的指数取作 100，用其他省市自治区的各项二级指标的实际值除以相应的北京各项二级指标的实际值，再把所得值乘以 100，得到被测各省市区的各项二级指标指数。再分别对 5 个一级指标的各二级指标的指数求平均值，最后对 5 个一级指标的指数求算术平均值，得出最终的学习型社会指数”。[33]可见，指数法需要有一个理论参考值，而这个理想型的参考值多建议以省会城市为标准，或者直接对标北京的学习型城市发展状况。

3. 比例与实际值

例如，杭州市根据联合国教科文组织颁布的学习型城市特征进行了数据收集、调查和测算，展现的就是各数据的百分比或者平均值。例如，“为所有市民创造就业机会。杭州达到法定年龄的失业人口占总劳动力人口的百分比为 1.85%。与 2010 年（2.19%）、2011 年（1.86%）和 2012 年（1.63%）相比，相对有所递减”。[34]

（六）评价标准的设定

除了实际描述学习型城市的发展情况，相关研究还谈及学习型城市建设质量的标准问题，有研究者认为，“学习型城市建设是一个只有起点、没有终点的持续不断的长期的发展过程，具有鲜明的阶段性特点。因而学习型城市建设的评估标准不是一成不变的，而是逐步完善和提高的，其评估指标体系也只能依据学习型城市建设进展情况不断地加以修改、调整与补充，只有这样，才能符合学习型城市建设循序渐进的要求。此外，由于城市间发展不平衡，即各城市学习型城市建设的起点不同，因而适合所有城市的评估标准实际上是不存在的”。[35]不同的学习型城市、不同阶段的学习型城市建设可能需要不同的标准，但是在指定的区域范围，我们还是可以设定学习型城市分层标准（即基准问题），以监测学习型城市发展的状况。标准的设定目的在于分级，现有研究有设定为 5 级的，也有设定为 2 级的。通常的做法是：

第一，理论建议值结合全国最低值。有研究提出“将学习型城市建设标准划分为 5 级，以相关文献中对学习型城市的建议值作为五级的标准值，以全国最低值作为一级的限定值，在前者基础上向下浮动 20% 作为四级和三级的标准值，在后者基础上向上浮动 20% 作为二级和三级的标准值，对前后两次确定的三级标准值进行相互调整得到最终值”。[36]第二，平均进程绝对值。有研究者指出“学习型城市标准即达到学习型城市平均进程时，各项指标的数据相对值（即用“万人均”进行处理的各项绝对值数据）标准”。[37]这个平均进程是基于对过往某一年份的计算，进而设定为一般标准即平均水平。第三，专家等级评定结合聚类分析法，即在专家对指标重要性评定基础上的聚类分析法。“聚类分析法是常用的分类分析方法，可以直接比较各事物之间的性质，将性质相近的归为一类，将性质差别较大的归入不同的类。层次聚类分析是其中的一种，它将距离近的变量和距离远的变量分别聚成类，并持续这样的分类过程，最后每个变量总能聚到合适的类中。”聚类设为 2，就可以分出两个等级。[38]

综上所述，学习型城市建设指标评价研究在我国已有一定基础，其研究虽稍慢于国际发展情况，但近二十年的理论探究已较为充分地涉及了诸多具体问题。理论层面上，主要聚焦于学习型城市的内涵、建设的价值取向、评价与发展阶段的对应问题。技术层面，从指标选取的原则思量到指标的层级结构、数量大小、具体内容、构建方式、数据来源及其处理方法、标准设定等都有探讨。这些充分体现了我国学习型城市指标建设前期研究的整体面貌。其中也存在一些不足之处，比如对于教育学习和学习型城市发展之间的归因和相关，暂时并没有比较充分的实证证据，多半来自理论的推演。指标内容通常都比较全面但又过于庞杂，导致数据获取与科学处理存在困难。

五、我国学习型城市评价指标使用现状

在国家政策支持和指导下，我国适用于全国性的学习型城市评价指标经过了十多年探索，一些学习型城市地方实践推进较顺利的省市也在积极开发自己的评价指标框架。以下是已投入使用的国内学习型城市指标出台的基本概况[①]（见表 3）。

表 3　教育部职成司及部分省市学习型城市评价指标概况

机构或城市	使用时间	指标名称 / 文件依据
教育部职成司[②]	2019 年 10 月	《全国学习型城市建设监测指导性指标体系（试行）》/《关于进一步开展学习型城市建设监测项目工作的通知》（教职成函〔2019〕100 号）
北京市[③]	2023 年 9 月	《北京市建设学习型城市示范区评估指标体系（2023 年修订）》/ 北京市教育委员会等十部门关于开展建设学习型城市示范区评估工作的通知（京教职成〔2023〕17 号）

① 国家教育咨询委员会委员朱新均、上海明德学习型组织研究所、南京市委宣传部、中国教育发展战略学会终身教育工作委员会等不同主体也曾制定过各自版本的指标体系，大多在 2014 年以前，本文暂未纳入予以分析。特此说明。

② 2017 年 9 月已经有一版本，文件依据是《全国学习型城市建设监测指导性指标体系（试行）》/《关于开展学习型城市建设监测项目实践的通知》（教职成函〔2017〕84 号），设置了 5 个一级指标，15 个二级指标，62 个三级指标（定性指标 18 个、定量指标 44 个）。

③ 2014 年由北京教育科学院负责完成“北京学习型城市建设指标体系”编制并制定监测指标。研究成果曾在 2015 年墨西哥城举办的第二届国际学习型城市大会上分享。2019 年 11 月，北京市根据教育部印发的《全国学习型城市建设监测指导性指标体系》，结合自身情况制定了《北京市学习型城区建设监测指导性指标体系（试行）》[《关于开展学习型城区建设监测项目工作的通知》（京教函〔2019〕53 号）]。

续 表

机构或城市	使用时间	指标名称 / 文件依据
上海市[①]	2021 年 7 月	上海市学习型城区建设监测指标（2021 版）、上海市学习型城区建设监测指标数据项（2021 版）/《关于开展上海市学习型城区创建监测调研的通知》（沪教委终〔2021〕10 号）
天津市	2020 年 11 月	《天津市中心城区学习型城市建设监测与评价指标体系（试评）》/《市教委关于开展学习型城市建设监测项目工作的通知》（津教政〔2020〕12 号）
浙江省[②]	2021 年 8 月	《浙江省县级学习型城市建设评价指数报告》/ 浙江开放大学终身教育研究院、浙江省终身教育研究与评价中心

（一）各地指标的基本概况

结合上述文献分析的基本框架，再来观察已经投入使用的各学习型城市评价指标在技术设计方面的情况，发现如表 4 所示基本信息。

（二）各地指标的框架类别

从具体的指标内容来看，上述五套方案所设计的学习型城市评价指标体系从形式上来看基本可以划归为两类。

1. 纵向层次性指标框架

教育部职成司、北京市和天津市属于此类。北京市 2019 年的指标版本基本和教育部职成司相同，都采用背景性指标、基础性指标、发展性指标和特色性指标的框架，但北京在 2023 年进行了最新修订，指标设计思路一致，简化为基础性指标、发展性指标和成效性指标三大类。天津市清楚表明是以教育部 2017 年和 2019 年的指标框架为蓝本。这种四类或者三类的指标分法具有比较明显的梯度。一般而言，背景性指标属于城市发展和学习方面相关的基础数据，但不同城市也会结合当下发展问题纳入不同的具体指标，社会

① 2020 年曾发布《上海学习型城区创建监测指导标准（2020 年调研试用版）》《上海市学习型城区创建监测相关数据指标（2020 年调研试用版）》。

② 浙江省曾在 2016 年制定过一个版本，名称为“浙江省学习型城市评审标准”，根据访谈获知，此标准评审结束之后没有再继续。

表 4　教育部职成司及部分省市学习型城市评价指标的具体内容

		教育部职成司 2019 年	北京市 2023 年	上海市 2021 年	天津市 2020 年	浙江省 2021 年
指标选择原则		客观 全面 完整	特色性 动态性 现实性	科学性 客观性 引领性	简单、明确、方便、 时代性、代表性、专业性、看重成效（市民综合素质）、特色性、阶段性	科学性 全面性 便捷性 可量化
指标内容	层级	2	2	3	3	3
	具体内容	四大类： 背景性指标 11 个， 基础性指标 20 个， 发展性指标 9 个， 特色性指标 2 个	三大类： 基础性指标 7 个， 发展性指标 11 个， 成效性指标 4 个	6 个一级指标， 15 个二级指标， 30 个三级指标	四大类： 8 个一级指标； 26 个二级指标； 69 个三级指标（背景性指标 11 个、基础性指标 35 个、发展性指标 20 个、特色性指标 3 个）	4 个一级指标， 12 个二级指标， 62 个三级指标
	指标总量	42	22	30 （78 个观测点）	69	62
构建方式		结构要素 + 关键指标	结构要素 + 关键指标	监测建设过程 “工作框架式”	基于理论研究、试测、调整；以教育部指标为蓝本	理论构建：关注时间、人员、内容和效果四个维度
数据来源		政府统计数据 各地自查数据	汇报、资料、访谈、考察等	职能部门数据 现场座谈 实地察看 问卷调查 随机访问	政府统计数据 文献资料查阅 问卷调查 专家访谈 工作汇报	政府统计数据 行业权威数据 项目组自主调研数据
统计方法		定量数据 26 个 定性描述 15 个 文件实施 1 个	各区自评 专家评价 自然赋分—百分制	百分比、人均数、每万人中的实际数值、自然计数	根据指标重要程度和贡献度确定权重	德尔菲法（专家打分拟定权重）；统一标准，数字量化
评价标准		/	/	/	/	省平均水平 指数 1 为参考值

治理服务、城市绿化、城市经济发展水平都是关键指标。基础性指标主要包括各级各类教育发展水平、学习型城市建设基本管理与体制、社会资源使用与共享情况等，但个别指标分属于哪一类指标存在细微差异，比如，学前三年毛入学率、高中阶段教育入学率、高等教育毛入学率在教育部的指标体系中属于背景性指标，但天津市却把它们纳入了基础性指标中。又如，城镇化率，教育部和天津都是作为背景性指标，但在浙江却被作为学习潜力二级指标下面的内容。发展性指标明显体现了各城市发展的重点，教育部关注学习型社会建设中社会各主体的参与贡献度、国民阅读素养、基本学习制度、数字化水平、各地特色经验总结等内容。天津市的发展性指标对学习型城区建设以及国内外交流合作有关注。北京市 2023 年的修订版明显更新了最新内容，突出了社区教育对基层治理的贡献、职普融通、技能水平与创新能力、乡村人才素质、家—校—社协同育人机制、绿色学校创建、市民满意度等内容。

2. 横向平行式指标框架

上海和浙江可以大体属于这一类。比如，上海主要围绕学习型城市建设的基本要素来设置平行的一级指标，分别聚焦在领导管理制度、规划计划制定、资源提供、终身学习机会、终身学习氛围和督查评价。浙江从政府推动力、学习参与力、社会协同力、城市学习活力四个方面去瞄准所追求的学习型城市特征。其中政府推动力包括政策保障、经费保障和学习保障三方面。学习参与力包括正规教育、非正规教育和非正式学习。社会协同力纳入了资源共享、学习型组织创建、信息技术运用。城市学习活力聚焦学习文化、学习效果和学习潜力。[39]

（三）各地指标具体内容

进一步比对分析五个版本共计 273 个具体指标与观测点，发现它们在内容上并没有本质性差异，这可能与学界对学习型城市内涵的共识增多有关，也可能和指标设计工作的相互学习有关。共同关注的重点有：第一，学习型城市建设的各种保障尤为重视，比如政策出台、专门的组织管理机构与相应的工作制度、是否纳入当地经济社会发展规划、基础经费的提供等。第二，对“学习”的理解体现了终身教育的基本思想，关注各年龄段群体的终身学习权利保障和机会提供（其中参与率是常用指标），涵盖普通与职业，正规、非正规、非正式等不同类型，但主要以社区教育、老年教育、非正规的职业培训等为主（其中学习型社区、学习型组织、全民阅读、培训人次等是重点），并一直坚持对弱势与特殊群体的重视。第三，社会资源的开放与使用情况是考核重点，旨在形成全社会加入学习型城市建设的治理格局。第四，重视终身教育队伍建设，并为他们尽量搭建职业生涯通道。第五，重视对本土经验与亮点的自我提炼与分析，关注通过对工作的研究来为学习型城市实践提供助力。第六，通过品牌、特色、高层次获奖、社会影响力、居民满意度等来强化对各地学习型城市建设质量的要求。

普遍欠缺的地方主要是：微观关注不足，对具体个体和组织的评价尚不能进一步细化；指标求全，目前尚无法明确哪一类指标和城市发展具有高度的依赖性；指标内容需要更新，对技能证书获取、绿色低碳、数字化学习、国内外合作交流、治理实效等方面的监测不足；数据获取和数理统计方法有局限，相关分析和回归分析等方法尚运用有限；学习型城市的等级标准不清晰，无法完成分级、横向比对等工作；评价成果的反馈与再改进关注不够，不方便形成定期自我评价与反思机制。

相比于教育部的指标体系，各地的差异主要体现在：第一，北京市的2023年最新指标基本放弃了对学校教育在入学率、辍学率等方面的关注，将重点转向了北京学习型城市建设的现实基础、发展要求和成效评估，这方面主要通过示范性学习型城区的评比获得，尤其关注社区教育的治理效能、北京特色、高素质技术技能人才、乡村人才、家校社协同、绿色生态文明素养、社会满意度等现实指标内容。第二，天津市的指标除了包含教育部全部指标内容，还纳入了城市污水处理率、空气质量、万人专利数、市民低碳生活方式与行动情况等背景性指标，并关注到了强化社区教育机构建设、交流与合作等指标。第三，上海市的指标不考虑背景性指标，也没有关注职业教育经费占教育费附加比例、职业院校和普通高校面向社会提供的教育服务情况、国家级及以上的高级别获奖情况的信息，其他与教育部的关注点类似。第四，浙江省的指标对养老服务机构、社会组织及其队伍、社区教育网络建设等没有太多关注，但对信息技术运用、国际合作等有明确考虑。

综上所述，目前国内学习型城市指标设计与应用既有较大程度的一致性考虑，也有出于不同层级和地方需要的细节性差异。教育强国建设背景下，终身教育、终身学习和学习型社会、学习型城市的理念需要进一步落实和转化为有效的本土实践。城市作为各类资本、资源的聚集空间，在产—城进一步融合发展，现代化生产力和智能化水平逐步提高的要求下，势必要求更有质量的城市终身学习系统的支持。建议未来我国学习型城市指标设计加强地方合作，进一步研究与确定关键性的基础指标，夯实全国学习型城市建设的评价基础；倡导各地依据城市发展水平和发展需求研发个性化的特色性指标，提高指标设计的针对性和丰富性（教育部最近一轮的学习型城市重点建设任务对此有所考虑）；构建与经济社会数字化转型趋势匹配的新指标，充分展现教育和学习的新形态。

参考文献：

[1][10]国卉男，秦一鸣，游赛红，等.学习型城市监测：从国际实践到本土重构[J].职教论坛，2022，38（02）：97-107.

[2][12][17][35]陈友华.学习型城市建设评价指标体系研究[J].南京社会科学，2004（09）：81-86.

[3]吴耀宏，蔡兵，顾新.西部学习型城市建设绩效评价研究[J].科技管理研究，2007（09）：112-114.

[4][27]李娜，王丽艳.学习型城市创建的模糊综合评价研究：以天津为例[J].科技管理研究，2011，31（03）：60-63.

[5]叶忠海.构建学习型城市评价指标体系框架的探讨[J].高等继续教育学报，2013，26（03）：2-5，19.

[6][9][26][38]赵庆年，宋永芳.学习型城市标准体系研究[J].现代教育论丛，2015（06）：5-12.

[7][16]李彦，黄小萍.学习型城区建设测评指标体系的设计思考[J].天津职业院校联合学报，2019，24（06）：3-14.

[8]程豪，李家成，匡颖，等.反思与突破：学习型城市建设的高质量发展[J].开放教育研究，27（02）：42-50.

[11][14]顾凤佳，朱益明.国际学习型城市评价指标比较：反思与展望[J].开放教育研究，2019，25（06）：112-120.

[13]苗丽静.创建学习型城市的评估与认证[J].社会科学辑刊，2005（01）：48-50.

[15][22]谢浩.学习型城市评价工具的国际比较研究[J].开放学习研究，2017，22（03）：12-17.

[18][21]叶忠海.构建学习型城市评价指标体系应把握的问题[J].成才与就业，2013（11）：28.

[19][20][25] 阎兵，李莉．学习型城市建设绩效评价指标及其体系构建的思考［J］．继续教育研究，2009（09）：162-164.

[23] 段安斌．运用CIPP模式对学习型城市创建水平的评价［J］．新乡师范高等专科学校学报，2007（01）：151-153.

[24][34] 张敏，叶映华．杭州学习型城市发展评价：基于UNESCO的框架分析［J］．浙江社会科学，2015（09）：91-97，84，159.

[28] 王彬．学习型城市指标体系的构建与评估研究［D］．大连：东北财经大学，2013.

[29][32][33] 吴耀宏，蔡兵，顾新．区域学习型社会建设绩效评价研究［J］．科技进步与对策，2008（02）：135-138.

[30] 陈友华．学习型城市建设评价指标体系研究［J］．南京社会科学，2004（09）：81-86.

[31] 李娜，王丽艳．学习型城市创建的模糊综合评价研究——以天津为例［J］．科技管理研究，2011，31（03）：60-63.

[36] 石娟．湖南省学习型城市建设绩效评价研究［J］．经贸实践，2018（07）：41-42.

[37] 周素萍，全世海．学习型城市评价指标体系的建立及应用研究［J］．开放教育研究，2014，20（04）：111-120.

[39] 杨淑珺，吴思孝，夏文菁．县级学习型城市建设指标体系构建与应用：以浙江为例［J］．中国职业技术教育，2021（28）：60-67.

终身教育思想的本土化演进*

——基于终身教育体系和学习型社会构建研究综述

王淑芳　毕　滢**

摘　要：终身教育作为阐述教育问题及指导教育改革与发展的基本理论依据，自20世纪70年代相关思想理论引进我国之后，经历了起步、发展、深化和延伸四个阶段，并逐渐从理论层面走向实践层面。终身教育思想的本土化发展为我国学习型社会与终身教育体系的构建奠定了深厚的基础。在未来的发展中，需进一步在国外终身教育相关理念的传播下，立足于中国具体实践，确立中国教育理论的自主性；搭建终身教育"立交桥"，构建本土化终身教育体系；建立健全终身教育的政策法规，保障与落实终身教育和学习权；推动全民终身学习，创建学习型城市和学习型社会。

关键词：终身教育；终身学习；学习型社会；本土化

随着科学技术和社会经济的迅速发展，以及知识、技能和人力资本价值的提高，传统的学校教育已难以满足个人全面发展与社会持续健康发展的需要。为适应急剧变化的社会发展需求，"终身教育"思想登上历史舞台，并在有关国际组织的推动下，在世界各地蓬勃发展，并逐渐构建有关终身教育的理论体系。终身教育成为一种超越国界地域、意识形态、社会形态和种族民族等范畴的教育思想和指导原则，也是现代教育改革的必然趋势。20世纪70年代，我国开始引入"终身教育"思想理论，学术界相关的研究层出不穷，从探究概念内涵到研究理论本身，再延展至相关政策和实践层面，终

* 基金项目：国家社会科学基金2022年度教育学一般课题"'职继融通'服务老龄社会的路径与机制研究"（BJA220248）的阶段性成果。

** 作者简介：王淑芳，华东师范大学职业教育与成人教育研究所硕士生，主要研究方向：终身教育、老年教育；毕滢，华东师范大学职业教育与成人教育研究所硕士生，主要研究方向：终身教育、老年教育。

身教育理论发展的中国本土化路径越来越明晰，为我国学习型社会的建设奠定了雄厚的基础。

一、“终身教育”思想的理论推衍

（一）概念初生：“终身教育”的提出

1965 年，联合国教科文组织在巴黎召开第三届国际成人教育促进会议，法国著名成人教育学家保罗·朗格朗（Paul Langrand）向大会提交了“关于终身教育”的提案，他指出“终身教育是一系列很具体的思想、实验和成就，是完全意义上的教育，它包括了教育的各个方面、各项内容，从一个人出生的那一刻起一直到生命终结时为止的不间断的发展，包括了教育各发展阶段的各个关头之间的有机联系”[1]。时隔近 60 年，这一概念的阐述至今仍具有很强的影响力和现实意义。此后，联合国教科文组织发表了一系列有关终身教育的报告文件，《学会生存：教育世界的今天与明天》《教育——财富蕴藏其中》《学习权宣言》《成人学习汉堡宣言》《终身学习政策比较研究》等，推动了终身教育理念在全球范围内传播和推广。

基于保罗·朗格朗的终身教育思想，终身教育强调要优先考虑成人教育的地位，将成人教育作为终身教育发展的“火车头”，可以发现终身教育虽然是在成人教育的基础上发展而成的，但并非等同于成人教育。[2]从纵向而言，它是社会中的每个个体从摇篮到坟墓的教育；从横向而言，终身教育是包含了学校、家庭和社会三方面教育的大教育。联合国教科文组织将终身教育视为解决现有教育制度各种问题的良方[3]，这使其正式成为一种国际教育思潮，并逐渐成为各国阐述教育问题及指导教育改革与发展的基本理论依据。“终身教育”打破了传统的仅限于“前端”学校正规教育的沿袭，将接受教育与学习视为可贯穿人的一生的内容。

（二）理论衍生：“终身学习”的提倡

20 世纪 70 年代初，埃德加·富尔（Edgar Faure）等提交的研究报告——《学会生存：教育世界的今天和明天》阐述了有关终身教育的内涵、目的，以及与民主社会相关的一系列观念与见解，强调“终身教育这个概念，从个人和社会的观点来看，已经包括整个教育过程了”[4]，指明了“教育应该扩展到一个人的整个一生”[5]，将终身教育确定为学习型社会的“基石”，并指出“虽然一个人正在不断地接受教育，但他越来不成为对象，而越来越成为主体”。因此，“应当把重点放在教育与学习过程的‘自学’原则上，而不是放在传统教育学的教学原则上”，突出“每个人必须终身不断地学习”[6]，这使终身教育思想获得了更深层次的发展。1996 年，OECD 在《面向所有人的终身学习》（*Lifelong Learning for All*）报告中又明确定义了“终身学习”概念，主张其是“从摇篮到坟墓”的“学习”。

1979 年，联合国教科文组织刊发科林 · J. 泰特缪斯（Colin J. Titmus）等编著的《成人教育用语汇编》，将终身教育界定为贯通于人一生的、继续性的教育，其包含着个人的有意识的学习经验和偶发性的学习经验这两方面的内容。[7]这个定义引发了后人对朗格朗观点的争议，并促使人们加强对超越组织化教育过程的“偶发性”（incidental）学习的关注，使得终身教育开始向包容日常性、经验性等多种学习形态的学习观扩充和变革，这一转变促使学界对“终身教育”“终身学习”产生了概念、关系之间的辨析。有研究者指出，终身教育是从教育与社会的关系即教育适应社会、教育服务社会的角度阐释教育观念与教育体制问题的，而终身学习则是从人与社会的关系即人如何不断地适应社会、如何不断地生存发展的角度阐释人与社会的关系问题的。[8]终身教育为人的培养和价值实现提供了必要的外在保障，为终身学习提供了支持系统，并且终身学习的开展一定程度上依托于终身教育体系的运作。对于社会成员来说，要大力倡导终身学习理念；而对于政府而言，应积极推进终身教育体系的建立，为社会成员的终身学习提供机会，给予终身学习系统以支持，促进学习型社会的形成。

（三）思想深化：“学习型社会”的孕育

20 世纪 60 年代后期，美国著名教育家罗伯特 · 赫钦斯（Robert Hutchins）在其著作《学习型社会》中首次提出“学习型社会”概念，他认为在这个学习型社会中，每个处于人生不同发展阶段的成年男女们提供可供其空余时间参与的成人教育，最终在社会所有部门的帮助下，通过学习、自我实现和完善人性这些目标来促进社会本身的价值转换。学习型社会的目的是学习，是自我实现。正如彼得 · 贾维斯（Peter Jarvis）所理解的学习型社会是一个学习共同体，是依附终身教育而来的一种理想，能够为每个人提供学习、自我实现和充分挖掘自身潜能的机会。在学习型社会与终身教育体系构建发展的理念中，研究者们寻求两者的共性之处，将学习型社会指向人人都能终身学习、活到老学到老的一种社会，构建学习型社会的目标在于向任何人提供任何人生发展阶段的任何学习机会。

从“终身教育”的提出到“终身学习”的提倡再至“学习型社会”，凸显了教育与学习的全纳性。就这三大理念的关系而言，高志敏认为：终身教育是从社会角度出发的战略选择，是一种自上而下的过程；终身学习是从个人角度出发的战略选择，是一种自下而上的过程；而学习型社会的战略选择则是前两者的集结过程。只有在社会和个人这两个层面上相互配合、同步发展，终身教育和终身学习才有可能变为现实，学习型社会的理想才有可能实现。[9]

二、“终身教育”思想的本土化发展

20 世纪 70 年代末，终身教育思想进入中国，经过 40 多年的发展，该思想在我国已经从理论层面逐渐走进普通公民的学习与生活，从国家的教育决策层面转变为地方和社区学习型社会建设的实际行动并不断深化。笔者通过对以往的研究与实践进行解读，将“终身教育”思想本土化发展过程总结并概括为四个阶段，分别是起步阶段（1978—1993 年）、发展阶段（1994—2000 年）、深化阶段（2001—2018 年）和延伸阶段（2019 年至今）。

（一）起步阶段：终身教育思想的引入与探索实践（1978—1993 年）

终身教育思想作为 20 世纪最重要的思想之一，在联合国教科文组织、亚太经合组织、欧盟等的推广下在全球范围内获得了大力发展。1978 年，中国开始实施改革开放，在教育上，推行教育与生产劳动相结合，对教育进行“拨乱反正”，同时西方各种思潮先后涌入我国，国内对于终身教育思想的研究在成人教育领域和职业教育领域内拉开了序幕，也由此进入了起步阶段。

在这一阶段，与西方国家推动终身教育思想主要依托国家行政机关及学术团体相比，国内对于该思想的引入与研究则主要是以学者个体的引介和传播为主[10]，且以翻译和介绍性论文为主要方式。如由上海师范大学外国教育研究室翻译、上海译文出版社 1979 年出版的《学会生存：教育世界的今天和明天》，张人杰发表的论文《终身教育：一个值得关注的国际教育思潮》，钟启泉译著《终身教育的战略》等，对终身教育进行了详细介绍，开启了我国终身教育研究之先河。

随着学界对国外终身教育理念的引介，我国学者开始不断关注终身教育思想对我国教育领域的影响，尤其是在成人教育领域推动产生的重要影响。在这一阶段，引介的深入，也带动了我国终身教育政策的发展。如 1988 年，国务院出台了《扫除文盲工作条例》，提出了扫盲工作的目标、任务和政策措施，为我国扫盲工作提供了法律保障[11]；1993 年颁布的《中国教育改革和发展纲要》，首次将“终身教育”写入相关的教育政策，这标志着终身教育被认定为国家发展的基本方针。[12] 在理论与政策的共同推进下，我国终身教育实践也初步开展，1983 年 6 月，山东省济南市创建了全国第一所老年大学——山东老年大学；1988 年 12 月，我国第一个民间性的老年教育组织——“全国老年大学协会”成立。[13]

（二）发展阶段：终身教育稳步推进与建立终身教育体系（1994—2000 年）

随着改革开放的进一步深入，社会主义市场经济体制逐步确立，我国经济社会获得了快速发展，人民的物质生活得到极大改善，对精神文化生活方面的需求愈加强烈，更加迫切需要推进终身教育，这一时期，学术界稳步推进终身教育的研究，并尝试建立适用于中国国情的终身教育体系。

这一时期，在理论上，学者对于终身教育的研究更加成熟，不再仅仅关注理论本身，而是将理论与中国国情相结合，将理论不断内化。1999 年，巨瑛梅发表的博士论文《终身教育的理论与实践：渊源、演变及现状》[14] 对终身教育理论进行了系统的研究；此外，有关终身教育理论的专著也陆续出版，如乔冰、张德祥著《终身教育论》（1992），吴遵民著《现代国际终身教育论》（1999），沈蕙帼、陆养涛主编《终身教育理论与实践》（2000）。[15] 这使终身教育的理论研究获得了稳步推进。与此同时，我国学者还注重对不同国家的终身教育理论进行引进和本土化发展，对终身教育理论进行了反思。

终身教育理念研究稳步推进助力我国终身教育体系的构建，1993 年“终身教育”首次出现在国家发布的教育政策文件上，之后，1995 年的《中华人民共和国教育法》（下文简称《教育法》），对终身教育体系的构建做出更为明确的规定，指出要“建立和完善终身教育体系”“使公民接受适当形式的终身教育”和“为公民接受终身教育创造条件”。[16]将终身教育写入国家《教育法》中，也意味着终身教育成为我国的一项基本国策，这直接确立了终身教育在国家教育发展中的根本性地位，也拉开了政府从关注终身教育跨入推进并保障终身教育健全发展的新阶段。1998年，教育部颁布《面向21世纪教育振兴行动计划》，再次提出要“开展社区教育的实验工作，逐步建立和完善终身教育体系，努力提高全民素养”，并明确提出下一步的行动纲领“到2010年，基本建立起终身学习体系”。这一阶段终身教育理论研究不仅更加独立化，也被确定为国家基本政策，终身教育也从一种理念引进逐步转向政策化、立法化的发展阶段[17]，终身教育也实现从初步实践到探索如何构建终身教育体系的飞速发展。

（三）深化阶段：终身教育深入发展与探索全民终身学习的学习型社会（2001—2018年）

自进入21世纪以来，国内对于终身教育的研究有了更加深入的探讨，更加注重终身教育思想的系统性。在理论研究上，研究者开始超越教育学视角，从社会学和哲学多维的视角解读终身教育。其中，2005年，高志敏等人在《终身教育、终身学习与学习型社会》一书中就终身教育、终身学习、学习型社会等理论进行了详细梳理，从多学科视域展开了学理支撑分析，并进行了实践运作策略研究。[18]随后，叶世雄编著《终身教育研究现状与趋势》（2006）、高志敏、蔡宝田主编《社会转型期成人教育、终身教育研究》（2007）、朱永新等学者共同编著《中国教育改革大系·终身教育卷》（2016）、潘懋元著《现代终身教育理论与中国教育发展》（2017）等都对我国终身教育的理论进行了更为深度的探讨。

随着终身教育相关理论的推进，终身教育所要达成的目标也更为明确——构建学习型社会。这一时期，国内学者对“学习型社会”的理论与实践研究如雨后春笋般开展起来。有学者对“学习型社会”的概念进行分析，认为学习型社会是要创造一个全民学习和终身学习的社会，其实质就是一个“以学习求发展”的社会。[19]还有学者对学习型社会的体系框架和基本制度进行了探索和分析。[20]此外，在这一阶段从国家政策文件中也能深刻反映我国终身教育内涵的深化，如2002年党的十六大报告正式提出建设“全民学习、终身学习的学习型社会，促进人的全面发展”；2004 年《关于加强党的执政能力建设的决定》一文中，明确要求“营造全民学习、终身学习的浓厚氛围，推动建立学习型社会”；2007 年党的十七大报告再次强调，“发展远程教育和继续教育，建设全民学习、终身学习的学习型社会”，这一精神最终被写入 2010 年的《国家中长期教育改革和发展规划纲要（2010—2020 年）》中。在这一阶段，受到国际上对“学习权”和“受教育权”大力提倡的影响，我国也开始了终身教育专门法的探索，以实现保障公民的“学习权”和“受教育权”。我国经济和政治条件已经成熟的地区开始制定和颁布终身教育法规条例。如福建省通过了《福建省终身教育促进条例》（2005），这是中国大陆第一部地方性终身教育法规。2011 年上海市颁布了《上海市终身教育促进条例》，2012 年山西太原颁布了《太原市终身教育促进条例》，随后河北省、浙江省宁波市也陆续颁布了终身教育促进条例，在一定程度上为“学习权”和“受教育权”提供了政策保障。

总体来看，这一阶段是我国终身教育不断向纵深发展的阶段，除了继续从理论上和政策上要求完善终身教育体系、构建学习型社会以外，还拓展到了具体实践层面，如开放大学、社区学院等各级各类的教育实践，同时关注具体的“实践载体”，例如学习型城市、学习型乡村、学习型组织等的发展。

（四）延伸阶段：终身教育拓展延伸与探索构建服务全民终身学习的教育体系（2019 年至今）

在终身教育、终身学习、学习型社会的研究不断深化过程中，面对日益复杂的时代背景，这一时期，我国进一步加强了终身教育领域的国际交流与合作，在理论研究上，更加注重终身教育理论的本土化研究的进程。如林良章著《终身教育学》（2019）、叶忠海著《终身教育学通论》（2020）等，将终身教育理论与我国社会发展实践、教育实践相结合，并提出终身教育学科体系建设，不断思考我国终身教育的未来发展。

终身教育政策也开始进入新的发展阶段，2019 年 2 月，《中国教育现代化 2035》提出“构建服务全民的终身学习体系”，将“更加注重终身学习”作为推进教育现代化发展的重要理念，将“建成服务全民终身学习的现代教育体系”作为教育现代化发展的重要标志，凸显了终身教育在促进教育现代化发展中的重要地位。[21] 同年 11 月，党的十九届四中全会通过《中共中央关于坚持和完善中国特色社会主义制度、推进国家治理体系和治理能力现代化若干重大问题的决定》，提出“构建服务全民终身学习的教育体系”的战略计划。[22]党的二十大报告中提出，推进教育数字化，建设全民终身学习的学习型社会、学习型大国。[23]诸如此类政策文件的颁布，从国家战略层面上将终身学习提升到前所未有的高度。终身教育相关政策也对具体实践层面的指导作用明显加强，要求通过建设学分银行、设立开放大学、构建终身教育“立交桥”等措施，将终身教育体系的构建不断向纵深发展。有研究者提出需要对“全民终身学习”进行深入的学理分析；探索服务全民终身学习教育体系构建的原则、路径、策略。[24]以此来围绕全民终身学习的需求，不断探索和构建具有中国特色的教育体系。

三、“终身教育”思想的未来展望

进入新世纪，伴随着社会快速变革，构建终身教育体系、建设学习型社会成为我国教育改革和发展的基本目标。在“十四五”规划期间，我国教育事业的发展重心将逐渐从构建终身教育体系向构建服务全民终身学习的教育体系转移。在未来发展中，需进一步在国外终身教育相关理念传播下，以立足于中国具体实践，探索我国学习型社会与终身教育体系构建策略，逐渐从外部的终身教育体制机制的建设与完善，转向内部终身学习需求的满足与质量提升，从战略决策到实践行动，逐渐向着整体性和开放性、制度化和有序化的态势推进。

（一）立足中国教育实践，确立中国教育理论的自主性

在中国的教育发展中，教育理论和实践的形成和发展既受到国内外教育思想的影响，也根据本国的国情和文化传统，积极探索适合自身需求的教育模式和方法，具有独立的、自主创新的特点。终身教育从古老的理念走向了现代实践，从单一概念走向了理论的体系化。我国在引进国外教育理论的过程中，要发挥“移植优势”，基于主体意识去审视国外教育理论，对其做出自主选择、客观批判，既不“固步自封”，也不“盲目崇拜”。[25]

当下正值我国构建服务全民终身学习的教育体系之际，应首先对照中国教育实践现状，引进国内教育实践迫切需要的教育理论，并以国外教育理论

为启蒙点，找寻中国教育实践问题的突破所在。[26]再从本土的实践话语出发，将国外有关终身教育先进理论与本土需要和实际结合，从而进一步为中国特色学习型社会和终身教育体系奠定丰富的理论基础。

（二）搭建终身教育“立交桥”，构建本土化终身教育体系

构建本土化的终身教育体系，满足不同人群在不同生命阶段的学习需求，应构建本土化的终身教育体系，搭建终身教育“立交桥”，使终身教育成为每个人生活的一部分，为他们提供持续学习和成长的机会。我国终身教育体系建设实现从无到有的突破，但在构建人才培养“立交桥”方面仍困境重重。[27]终身教育的内容复杂多样，搭建终身教育“立交桥”是对打通各级各类教育间的壁垒，实现纵向衔接、横向沟通、提供多样性和自由性选择的形象性说法。研究表明，在数字化时代，在面对纷繁复杂的学习需求与教育资源之际，构建一体化与数字化的全民终身学习组织体系显得尤为必要，需要加快完善终身学习体系的协作系统。[28]推动终身教育体系本土化发展，需要不断探索并建立“学分积累、承认和转移”制度，大力发展开放教育，利用互联网技术以及丰富的互联网资源，实现终身教育“立交桥”的实体化运行。

构建终身教育立交桥，需要整合各类教育资源，包括高校、职校、线上学习平台，将它们统筹协调，建立统一的信息交流和资源共享体系，并为学习者提供全日制、非全日制、正式、非正式的学习形式与方式，鼓励学习者积极参与社区学习活动，共同分享彼此见解。

（三）建立健全终身教育的政策法规，保障与落实终身教育和学习权

我国国情决定了终身教育保障的机制建立需要从法律法规保障、教育制度保障、资金支持保障和资源建设保障等方面入手，逐步建立健全终身教育保障机制。建立健全终身教育的政策法规是确保终身教育和学习权得以保障和落实的重要举措，应该为各个年龄段的人们提供平等的学习机会，并明确政府和教育机构的责任，以确保终身学习的普及和可持续发展。

构建学习型社会和终身教育体系，亟须出台并完善国家与地方终身教育法、制定国家与地方的终身教育行动计划。[29]通过具体的规范性的制度保障终身教育领域内的秩序性与公正性，如建立与终身教育体系和学习型社

会相适应的公共管理机构、教育培训投入和学习资助体制、评估鉴定体系等。[30]同时，国家和地方政府仍要加大对终身教育的资金投入，并不断整合社区各类教育资源，创新教育载体和学习模式，加强不同区域之间教育资源的共享转化。

（四）推动全民终身学习，创建学习型城市和学习型社会

现代社会和经济环境的迅速变化，要求个体不断适应变化，学习、获取新的知识和技能。学习型社会和学习型城市能够提供一个不断学习和更新知识的环境，使人具备相应的条件来应对新的挑战。

终身教育、终身学习与学习型城市、学习型社会相辅相成，是实现全社会可持续发展、个体全面发展和社会进步的重要举措。伴随着终身教育思想的深化，终身教育与终身学习也成为构建学习型城市、学习型社会的内生动力。创建学习型城市是以学习、互嵌、联通和融合的复杂思维方式，让教育深入城市建设的每一空间，让学习走进每一个体、每个家庭、每个社区。[31]在学习型社会中，人们更能够认识到学习的价值和作用，更需要不断地创新和思考，更愿意参与终身教育和终身学习；创建学习型城市和学习型社会，教育资源将覆盖得更加全面，更加多元、便捷，从而推动市民获得更多的、平等的学习机会，以促进他们的职业和个人发展。

总之，学习型社会、学习型城市与终身教育关系密切，可以共同促进知识社会和创新社会的建设以及服务全民终身教育的体系构建，政府、教育界和社会各界应当共同努力，推动学习型社会、学习型城市的建设，为终身教育提供更多的机会，让每个人都能够继续学习、不断成长、为社会做贡献，以达到实现不断凝聚人心、完善人格、开发人力、培育人才、造福人民的美好愿景。

参考文献：

[1]［法］保尔·朗格朗.终身教育引论［M］.周南照，陈树清，译.北京：中国对外翻译出版公司，1985：15-16.

[2] 吴遵民.走出对终身教育的理解误区［J］.教育发展研究，2008（21）：114-115.

[3] UNESCO: Recommendation on the development of adult education［EB/OL］［2023-10-20］.shttp://www.unesco.org/education/pdf/NAIROB-E.PDF.

［4］［5］［6］联合国教科文组织国际教育发展委员会．学会生存：教育世界的今天和明天［M］．华东师范大学比较教育研究所，译．北京：教育科学出版社，1996：180，240–241，200–201.

［7］Titmus C J, et al. Terminology of adult education［M］. Paris: UNESCO, 1979：29.

［8］宋永泽．终身教育、终身学习和学习型社会的社会基础与逻辑关系［J］．教育理论与实践，2007，251（06）：7–9.

［9］高志敏．关于终身教育、终身学习与学习型社会理念的思考［J］．教育研究，2003（1）：79–85.

［10］蒋华，何光全．终身教育思潮及其在我国的传播与实践［J］．四川师范大学学报（社会科学版），2008（01）：29–32.

［11］中国政府网．扫除文盲工作条例［EB/OL］．［2020–12–25］. http://www.gov.cn/zhengce/2020-12/25/content_5573970.htm.

［12］吴遵民．改革开放 40 年中国终身教育的历史回顾与展望［J］．复旦教育论坛，2018：16（06）：12–19.

［13］吴遵民．现代中国终身教育论［M］．上海：上海教育出版社，2003.

［14］巨瑛梅．终身教育的理论与实践：渊源、演变及现状［D］．北京：北京师范大学，1999.

［15］［26］侯怀银，王晓丹．终身教育理论在中国的引进及其影响［J］．教育科学，2021，37（05）：2–11.

［16］中国政府网．中华人民共和国教育法［EB/OL］［2015–12–28］. http://www.moe.gov.cn/s78/A02/zfs__left/s5911/moe_619/201512/t20151228_226193.html.

［17］吴遵民，国卉男，赵华．我国终身教育政策的回顾与分析［J］．教育发展研究，2012，32（17）：53–58.

［18］高志敏，等．终身教育、终身学习与学习型社会［M］．上海：华东师范大学出版社，2005.

［19］顾明远，石中英．学习型社会：以学习求发展［J］．北京师范大学学报（社会科学版），2006（01）：5–14.

［20］高书国．建立学习型社会的体系框架和基本制度［J］．教育科学研究，2008，65（12）：13–16.

［21］中国政府网．中国教育现代化 2035［EB/OL］［2019–02–23］. http://www.moe.gov.cn/jyb_xwfb/s6052/moe_838/201902/t20190223_370857.html.

［22］中共中央关于坚持和完善中国特色社会主义制度　推进国家治理体系和治理能力现代化若干重大问题的决定［N］．人民日报，2019–11–06（01）.

［23］人民网．推动终身学习，建设学习型大国［EB/OL］．［2022–12–14］. http://edu.people.com.cn/n1/2022/1213/c1006-32586195.html.

［24］侯怀银．论构建服务全民终身学习教育体系的研究［J］．教育科学，2022，38（05）：23-30.

［25］侯怀银．20 世纪上半叶教育学在中国引进的回顾与反思［J］．教育研究，2001（12）：64-69.

［27］高志敏，朱敏，傅蕾，等．中国学习型社会与终身教育体系建设："知"与"行"的重温与再探［J］．开放教育研究，2017，23（04）：50-64.

［28］吴遵民，蒋贵友．数字化时代终身学习体系的现实挑战与生态构建［J］．远程教育杂志，2022，40（05）：3-11.

［29］韩民．加快构建服务全民的终身学习体系［J］．终身教育研究，2020，31（03）：3-6.

［30］国家重点课题"构建学习型社会和终身学习体系的研究"成果公报［J］．当代教育论坛（宏观教育研究），2007（06）：5-7.

［31］程豪，李家成，匡颖，等．反思与突破：学习型城市建设的高质量发展［J］．开放教育研究，2021，27（02）：42-50.

▶▶ 专题二 实践与政策研究

- 中国学习型社会的制度建构：基于制度匹配的视角
- 新中国成立以来全民终身学习的实践历程、成效及启示
- 学习型乡村家庭建设的实践机制与未来展望
  ——以 D 村李同学家庭为中心的考察
- 学习型社会背景下老年教育地方立法的文本考察与优化路径
- 社区学校支持中小学的现状、问题与改进
  ——基于上海市社区学校的案例研究

中国学习型社会的制度建构：基于制度匹配的视角

张 永 谢启政*

摘 要：具体制度是制度体系或制度包的组成部分。制度匹配理论揭示了制度匹配的动态生成性以及制度替代性与制度互补性等不同制度匹配状态。本文基于北大法宝法律数据库，以法律法规为制度样本勾勒了中国学习型社会制度建构与制度匹配状态，呈现了中国学习型社会制度建构中的制度替代性与制度互补性。本文研究建议强化学习型社会制度匹配研究，开展有关学习型社会的制度建构个案研究、扩展学习型社会制度建构研究视野以及着力提升学习型社会立法支持。

关键词：学习型社会；制度建构；制度匹配；制度替代性；制度互补性

学习型社会的制度建构体现在直面和应对不同层面制度协调问题的过程之中，包括不同类型教育资源之间的协调问题、教育责任相关者之间的策略互动问题和教育制度与其他相关制度的匹配问题。相对而言，不同类型教育资源之间的协调问题因处在教育系统的前台，得到了大量关注，而教育责任相关者之间的策略互动问题因处在教育系统的后台，较少得到关注。最少得到关注的是教育制度与其他相关制度的匹配问题，这主要是因为其作为教育系统的背景在发挥作用。

一、制度匹配理论

美国西北大学研究者凯瑟琳·西伦（Kathleen Thelen）于 2004 年出版

---

* 作者简介：张永，华东师范大学职业教育与成人教育研究所研究员，上海终身教育研究院兼职研究员，主要研究方向：终身教育政策、数字化工作场所学习；谢启政，北京冠领（上海）律师事务所，律师。

了专著《制度是如何演化的：德国、英国、美国和日本的技能政治经济学》（*How Institutions Evolve: The Political Economy of Skills in Germany, Britain, the United States, and Japan*），聚焦技能密集型产业尤其是机械制造和金属加工业蓝领工人的技能培训问题，对四个国家的技能形成和厂内培训制度进行了比较研究。作者基于资本主义多样性的分析视角指出："资本主义政治经济制度或多或少地是一种综合体系，其中各种各样的制度安排（劳资关系制度、金融制度、职业教育和培训体系以及企业治理体系等）通过种种途径密切粘合在一起，这就是政治经济学家所定义的'制度匹配'（institutional complementarities）。"[1] 当然，"任何一个国家的政策体系或者政治经济制度都是由各种各样的制度安排构成的，这些制度安排不可能是一次'大爆炸'所瞬间创造的。每一种组成制度都产生于不同的历史时刻，并且不同政治行动者和政治联盟的行动形塑了它们的形态。……多样制度安排不同的'时空基础'将会带来矛盾与冲突，因为制度本身正体现了不同政治'逻辑'之间的碰撞，……是'冲突与摩擦'的体现"[2]。西伦的研究揭示了制度匹配的动态生成性，以及宏观层面的制度匹配与微观层面的策略互动之间的交互作用。

教育系统、技能类型、产品市场战略与福利制度等不同方面之间相互依赖。"如果企业采取的产品市场战略严重依赖于企业专用性技能和行业专用性技能，那么就业保障和失业保障的承诺就可以为企业在国际市场中提高竞争地位提供一条性价比很高的路径。……如果就业体系和失业体系中没有建立保护制度，那么工人面对劳动市场风险的最佳保险就是投资于通用技能或者可移植技能。"[3] 相对而言，就业保障增强了工人投资于企业专用性技能的倾向，而失业保护有利于工人投资于行业专用性技能；企业专用性技能更加依赖厂内培训，而行业专用性技能更加依赖双元的职业教育与培训。无论是企业专用性技能还是行业专用性技能，都需要从学校到工作的结构化设计，而由于缺乏清晰的职业发展轨迹，以通用技能为基础的教育体系往往不利于那些学习能力分布中最弱的三分之一左右的人，但有利于性别平等[4]。

比较政治经济学区分了自由市场经济制度和协调市场经济制度，并认为"很多重要的制度结构（尤其是劳动市场管理制度、教育和培训制度以及公司治理制度）都取决于管制体制，而这属于国家政府的权限"[5]。因此，"在不同的社会政治结构中，在成人教育试图做什么和能够做什么方面存在着重大差别”[6]。例如，在协调市场经济制度中，企业更多地依靠非市场的关系来协调它们与其他参与者之间的行为，构建它们的核心竞争力。由于这一制度依赖协调方式，合适的制度就是那些能够给所有的相关者带来更高回报的制度。一般而言，这些制度能够降低参与者有关他人行为的不确定性，并且使得彼此可以做出可置信的承诺。这些制度具备的功能包括：参与者之间的信息交换，对行为的监督，对背叛行为的制裁；相关制度通常包括行业协会或雇主协会、工会、广泛的交叉持股网络、促进信息共享和合作的法律制度或管制系统。[7]

协调市场经济制度有利于渐进创新和培育行业或企业专用性技能的职业教育与培训制度。因此，“在德国，职业培训制度通常被认为是一个大的‘制度包’的组成部分，这个‘制度包’包括集中化集体协商制度，银行与产业间强联盟关系，以及促成雇主协会和工会合作的制度”[8]。从这个意义上说，德国有关学徒合同是教育合同还是雇佣合同、师徒关系是教育关系还是工作关系的争论是这一制度包复杂性的映照。不同类型的制度包会产生具有系统性差异的不同职业教育与培训制度。例如，在西方国家发展历史上，在德国企业中作为一种稳定的技能自我培训形式的学徒制，在其他国家通常会迅速沦为一种剥削廉价童工的工具。因此，在德国和英国，“师傅”的含义是完全不同的：在德国，“师傅”是指修完全部培训课程，且通过师傅技能资格认证的工匠；在英国，“师傅”根本无须是所在行业的从业人员，他负责的是管理和寻找资本投资[9]。由此可见，职业教育与培训是否具有吸引力同相关制度包设计直接相关。

制度匹配包含了制度互补性和制度替代性。前者是指一种政治经济制度的存在（或效率）可以增加（或提高）另一种制度的收益（或效率）；后者是指一种政治经济制度的缺失（或非效率）可以增加（或提高）另一种制度的收益（或效率）。[10]在学习型社会制度建构过程中，就成人学习与教育制度而言，如果其他相关制度同其具有制度互补性，显然有助于形成先进的成人学习系统；如果其他相关制度同其具有制度替代性，则难以形成先进的成人学习系统，甚至是否存在该系统都是一个问题。例如，养老金制度就同老年教育制度具有互补性，没有养老金这一政治经济制度支撑，老年教育制度就难以见效。在西方国家，英国所有地方政府于1898年建立了教师养老金制度[11]，但是直到第二次世界大战时，退休仍是一个相当罕见的现象。[12]

“二战是养老金发展的分水岭。它需要并且创造了国家团结的气氛，把工人运动导入国家决策的核心”[13]，而公共与私人养老金的最初动机通常出于削弱工人运动的愿望，包括分化受雇者、美化控制和赢得工人的忠诚。[14]虽然在养老金的最初制度设计中不包含老年教育的意图，但是该制度在发展过程中却形成了同老年教育制度的互补性。当然，现实社会中往往不存在单纯的制度互补性或制度替代性，而是这两种制度匹配状态之间交织和错综，由此就会带来成人学习系统的多头管理、目的多样、教育责任相关者多元、缺少共同语言或理解以及面对各种现实挑战时的脆弱性等问题。[15]

二、中国学习型社会的制度建构与制度匹配状况

（一）中国学习型社会的制度建构状况

这里以法律法规为制度样本说明中国学习型社会的制度建构状况。在中国，按照宪法和立法法规定的立法体制，法律效力位阶共分六级，它们从高到低依次是：宪法、法律、行政法规、地方性法规、部门规章、规范性文件。所谓法律效力位阶，是指每一部规范性法律文本在法律体系中的纵向等级。下位阶的法律必须服从上位阶的法律，所有的法律必须服从最高位阶的法。此外，还存在着立法解释和司法解释。根据《中华人民共和国立法法》第五十三条的规定，全国人民代表大会常务委员会的法律解释同法律具有同等效力，而司法解释虽然没有明确规定其效力和位阶，但在现实中往往作为补充性裁判依据的规范性法律文件。

“北大法宝”是国内法律信息行业著名品牌，1985 年诞生于北京大学法律系“计算机辅助法律研究课题组”，是由北京大学法律人工智能研究中心与北京北大英华科技有限公司联合推出的智能型法律大数据检索系统，目前已升级为V 6.0 智能版本。根据地域属性不同，北大法宝法律法规子库的检索目录可具体分为中央法规、地方法规、外国法规、中国香港法规、中国澳门法规、中国台湾地区法规等。2023 年 7 月 28 日通过华东师范大学图书馆检索北大法宝法律数据库，使用高级检索功能在全文中精确检索“学习化社会”“学习型社会”“继续教育”和“成人教育”。把“学习化社会”和“学习型社会”作为检索词，可以从整体上观察中国学习型社会的制度建构状况；把“继续教育”和“成人教育”作为检索词，可以观察中国学习型社会

制度建构中整体与部分之间的互动关系。更重要的是，“成人学习与教育是学习型社会的重要基石，而且成人学习与教育有助于营造终身学习的风气，在家庭、社区、其他学习空间及工作场所激发学习热情，因而也是创建学习型社区、城市和地区的重要基石”[16]。之所以把“学习化社会”“学习型社会”并列起来，是因为两者均为英文“learning society”的中文译名加以使用；之所以把“继续教育”“成人教育”并列起来，是因为两者在法律法规中经常是“异名而同义”，可以相互替换。

在中央法规中，共计检索到 4 条包含“学习型社会”的部门规章；310 条包含“学习型社会”的法律法规，包括全国人民代表大会和全国人大教育科学文化卫生委员会的工作文件（14），行政法规（17），最高法工作文件（2），部门规章（222），党内法规制度（37），团体规定（18）；4 817 条包含“继续教育”的法规，包括法律及全国人大工作性文件（62），行政法规（188），司法解释性质文件和“两高”工作文件（13），部门规章（3 569），党内法规制度（139），团体规定（91），行业规定（709）；1 185 条包含“成人教育”的法规，包括法律及全国人大工作性文件（39），行政法规（75），司法解释性质文件和“两高”工作文件（3），部门规章（971），军事法规规章（1），党内法规制度（56），团体规定（31），行业规定（9）。

在地方法规中，共计检索到 29 条包含“学习型社会”的法规，包括地方规范性文件（5），地方工作文件（24），涉及 13 个省、自治区和直辖市；3 203 条包含“学习型社会”的法规，包括地方性法规（10），地方政府规章（2），地方规范性文件（833），地方工作文件（2 353），行政许可批复（5），涉及 31 个省、自治区和直辖市；54 324 条包含“继续教育”的法规，包括地方性法规（822），地方政府规章（337），地方规范性文件（14 713），地方司法文件（28），地方工作文件（38 195），行政许可批复（229），涉及 31 个省、自治区和直辖市；11 761 条包含“成人教育”的法规，包括地方性法规（531），地方政府规章（109），地方规范性文件（2 815），地方司法文件（1），地方工作文件（8 243），行政许可批复（62），涉及 31 个省、自治区和直辖市。

表 1 为基于不同发布年份在北大法宝法律数据库中检索相关主题词的结果。带有发布年份的检索结果同前述检索结果并不一致，但是大致可以呈现出中国学习型社会制度建构的年度变化轨迹。例如从 2006 年开始，中央

法规中不再使用“学习型社会”一词，而地方法规直至2016年才不再使用。对比“继续教育”和“成人教育”，无论是中央法规还是地方法规，都存在着厚此薄彼的情况，后者在使用率上相当于前者六分之一。除去包含“学习型社会”的法规数量，其他主题词法规数量从高到低依次为“继续教育-地方法规”“成人教育-地方法规”“继续教育-中央法规”“学习型社会-地方法规”“成人教育-中央法规”和“学习型社会-中央法规”。

表1　北大法宝法律数据库中相关主题词检索结果年度分布（单位：条）

发布年份	学习型社会-中央法规	学习型社会-中央法规	学习型社会-地方法规	学习型社会-地方法规	继续教育-中央法规	成人教育-中央法规	继续教育-地方法规	成人教育-地方法规
2000	1	0	0	0	0	0	0	0
2001	1	0	7	0	0	0	0	0
2002	1	4	4	0	0	0	0	0
2003	0	17	5	0	0	0	0	0
2004	0	19	0	0	0	0	0	0
2005	1	12	1	0	0	0	0	0
2006	0	21	0	0	0	0	0	0
2007	0	13	4	0	0	0	0	0
2008	0	16	2	100	153	40	1 604	447
2009	0	11	2	101	169	42	1 977	491
2010	0	25	1	157	171	57	2 552	582
2011	0	23	0	240	253	52	3 094	700
2012	0	22	0	231	237	54	3 369	720
2013	0	7	1	137	242	44	2 932	607
2014	0	11	1	127	218	32	2 920	616
2015	0	12	1	152	269	38	3 301	683
2016	0	20	0	229	324	47	3 652	795

续　表

发布年份	学习型社会-中央法规	学习型社会-中央法规	学习型社会-地方法规	学习型社会-地方法规	继续教育-中央法规	成人教育-中央法规	继续教育-地方法规	成人教育-地方法规
2017	0	14	0	248	250	34	4 053	730
2018	0	17	0	219	275	32	3 392	568
2019	0	14	0	147	241	29	2 836	420
2020	0	5	0	160	274	19	3 194	437
2021	0	14	0	182	246	45	3 437	438
2022	0	6	0	138	237	17	3 465	475
2023	0	5	0	63	85	15	1 094	138
共计	4	308	29	2 631	3 644	597	46 872	8 847

由于法规中不再使用“学习型社会”一词，根据表 1 制作的图 1 中删除了相关数据。对照表 1 和图 1，有以下发现：① 各主题词地方法规数量均远远多于中央法规数量；② 包含“学习型社会”和“成人教育”的中央法规数量变动趋势一致，后者是前者的两倍左右；③ 包含“学习型社会”的地方法规和包含“继续教育”的中央法规数量变动趋势相对接近，后者在有些年份略高于前者；④ 包含“继续教育”和“成人教育”的地方法规数量明显高于其他主题词法规数量，尤其是前者遥遥领先；⑤ 包含“学习型社会”和“成人教育”的中央法规均在 2010 年达到峰值，以后年份虽有波动，但均低于峰值；⑥ 包含“学习型社会”和“成人教育”的地方法规以及包含“继续教育”的中央与地方法规在 2008 年以来均呈“山”字形波形，2011—2012 年是第一个波峰，2016—2017 年是第二个波峰并达到峰值，2021—2022 年达到第三个波峰（包含“继续教育”的中央法规分别在 2018 年和 2020 年出现波峰，是个例外）。

（二）中国学习型社会的制度匹配状况

基于北大法宝法律数据库，以包含“学习型社会”的中央法规为例来观察中国学习型社会的制度匹配状况。在 310 条法律法规中，现行有效 303

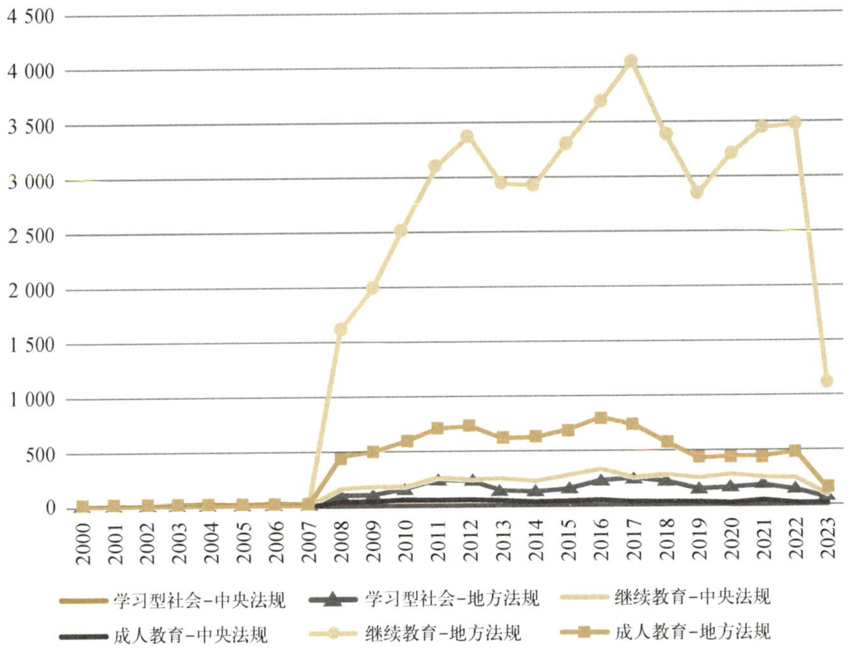

图 1　北大法宝法律数据库中相关主题词检索结果年度分布（单位：条）

条，失效 7 条。就现行有效的中央法规而言，包含全国人民代表大会和全国人大教育科学文化卫生委员会的工作文件（14），行政法规（15），最高法工作文件（2），部门规章（218），党内法规制度（36），团体规定（18）。

在包含“学习型社会”的法规中，10 条是第十一至十三届全国人大代表提出的议案和相关审议报告，4 条为国家五年规划纲要。《中华人民共和国国民经济和社会发展第十一个五年规划纲要》（2006）提出：“全面实施素质教育，着力完成‘普及、发展、提高’三大任务，加快教育结构调整，促进教育全面协调发展，建设学习型社会。”这一规划纲要把学习型社会建设作为整个教育事业发展的落脚点，显然是从整体上来看待学习型社会。《中华人民共和国国民经济和社会发展第十二个五年规划纲要》（2011）提出：“加快发展继续教育，建设全民学习、终身学习的学习型社会。”相对于之前的规划纲要，该规划纲要把继续教育作为学习型社会建设的支点，出现了学习型社会建设的重心偏移，即从整体性概念转向局部性概念。《中华人民共和国国民经济和社会发展第十三个五年规划纲要》（2016）第五十九章“推进教育现代化”第四节为“加快学习型社会建设”。该节具体内容为“大力发展继续教育，构建惠及全民的终身教育培训体系。推动各类学习资源开放共享，办好开放大学，发展在线教育和远程教育，整合各类数字教育资源向全社会提供服务。建立个人学习账号和学分累计制度，畅通继续教育、终身学习通道，制定国家资历框架，推进非学历教育学习成果、职业技能等级学分转换互认。发展老年教育。”显然，这里的学习型社会概念是前述局部性概念的具体展开。《中华人民共和国国民经济和社会发展第十四个五年规划和2035年远景目标纲要》(2021)提出：“发挥在线教育优势，完善终身学习体系，建设学习型社会。”相对于局部性学习型社会概念的领域指向性，最新的规划纲要又增添了议题指向性。

在包含“学习型社会”的行政法规中，15条均为国务院规范性文件。参照以上五年规划纲要，这些规范性文件所包含的学习型社会概念可以区分为整体性、局部性和议题性三类。关于整体性的学习型社会概念，均是从整个教育事业的角度来看待学习型社会的，如《关于建立对县级人民政府教育工作进行督导评估制度的意见》(2004)提出：“努力做到县域内义务教育、幼儿教育、普通高中教育、职业教育和成人教育协调发展，公办教育与民办教育共同发展，形成基础教育、职业教育和成人教育‘三教统筹’以及经济、科技和教育相结合的教育改革与发展格局，逐步建设学习型社会。”《人口发展“十一五”和2020年规划》(2006)提出：“构建中国特色社会主义现代化教育体系，推进学习型社会建设。依法加大政府对教育的投入力度，鼓励和引导社会、企业和公民出资办学，积极构建学习型社会的保障体系。”《国家教育事业发展“十三五”规划》(2017)提出：“优先发展教育，构建现代教育体系，建设学习型社会，培养大批创新人才，已成为人类共同面临的重大课题和应对诸多复杂挑战、实现可持续发展的关键。”《“十四五”就业促进规划》(2021)提出：“建设学习型社会，构建服务全民终身学习的教育体系。”

关于局部性的学习型社会概念，均是从特定教育领域来看待学习型社会，涉及农村教育、老年教育、民办教育和职业教育等不同具体领域。如《国务院关于进一步加强农村教育工作的决定》(2003)提出：“农村教育在构建具有中国特色的现代国民教育体系和建设学习型社会中具有十分重要的地位。”《老年教育发展规划(2016—2020年)》(2016)提出：“发展老年教育，是积极应对人口老龄化、实现教育现代化、建设学习型社会的重要举措，是满足老年人多样化学习需求、提升老年人生活品质、促进社会和谐的必然要求。”《国务院关于鼓励社会力量兴办教育促进民办教育健康发展的若干意见》（2016）提出：“充分发挥民办教育在完善终身教育体系、构建学习型社会中的积极作用。”《国务院关于大力发展职业教育的决定》（2005）提出：“建立职业教育与其他教育相互沟通和衔接的‘立交桥’，使职业教育成为终身教育体系的重要环节，促进学习型社会建立。”《国务院关于进一步推进长江三角洲地区改革开放和经济社会发展的指导意见》（2008）提出：“大力发展职业教育，加快建立完善的区域职业教育培训体系。建立更加完善的现代国民教育体系和终身教育体系，加快学习型社会建设。”《国务院关于职业教育改革与发展情况的报告》（2009）提出：“坚持学历教育和短期培训并举，职前教育和继续教育结合，积极推进终身教育体系建设和学习型社会建设”；“实施扩大就业的发展战略，促进以创业带动就业，进一步改善民生，迫切需要加快健全覆盖城乡的职业教育培训网络，为建立全民学习、终身学习的学习型社会服务”；“进一步明确职业教育在建设人力资源强国和构建终身教育体系、建设学习型社会中的地位和作用”。《国务院关于加快发展现代职业教育的决定》（2014）提出：“建立有利于全体劳动者接受职业教育和培训的灵活学习制度，服务全民学习、终身学习，推进学习型社会建设。”

关于议题性的学习型社会概念，均是从特定教育议题来看待学习型社会，涉及信息化、全民阅读和全民科学素质等。如《“十三五”国家信息化规划》（2016）提出：“利用信息化手段不断扩大优质教育资源覆盖面，构建网络化、数字化、个性化、终身化的教育体系，建设学习型社会。”《国务院关于落实〈政府工作报告〉重点工作部门分工的意见》（2015）提出：“提供更多优秀文艺作品，倡导全民阅读，建设学习型社会，提高国民素质。”《国务院关于落实〈政府工作报告〉重点工作部门分工的意见》（2018）提出：“倡导全民阅读，建设学习型社会。”《全民科学素质行动计划纲要（2006—2010—2020年）》（2006）提出：“通过实施《科学素质纲要》，推动形成全民学习、终身学习的学习型社会，促进人的全面发展。”

包含“学习型社会”的2条最高人民法院印发的工作文件分别是《关于进一步加强和改进人民法院教育培训工作的意见》（2009）和《关于进一步加强人民法院文化建设的意见》（2010）。前者的依据是《中华人民共和国法官法》《干部教育培训工作条例（试行）》和《法官培训条例》以及党的十七大报告中“优先发展教育，建设人力资源强国”“建设全民学习、终身学习的学习型社会”的要求；后者提出：“要认真贯彻落实中央关于建设学习型社会和学习型政党的精神和要求，大力加强学习型法院建设。”

包含“学习型社会”的部门规章 218 条，涉及部门规范性文件（57）、部门工作文件（157）和行政许可批复（4）。这些部门规章均具有较强的问题意识和领域或议题指向性，如《全国青少年学生读书行动实施方案》（2023）提出：“充分发挥教育系统优势，推进学校家庭社会协同开展，强化示范引领带动，助力深化全民阅读活动，更好服务学习型社会、学习型大国建设。”《教育部关于推进新时代普通高等学校学历继续教育改革的实施意见》（2022）提出：“近年来，普通高等学校举办的学历继续教育快速发展，为促进高等教育大众化、普及化和教育公平，推动经济社会发展和学习型社会建设作出了重要贡献，但也存在办学定位不够明确、制度标准不够完善、治理体系不够健全、人才培养质量不高等突出问题，不能很好适应教育高质量发展要求。”

包含“学习型社会”的党内法规制度有 36 条，同样具有较强的问题意识和领域或议题指向性，如《深化新时代教育评价改革总体方案》（2020）提出：“探索开展高校服务全民终身学习情况评价，促进学习型社会建设。”《中共中央、国务院关于支持浙江高质量发展建设共同富裕示范区的意见》（2021）提出：“推动义务教育优质均衡发展，建成覆盖城乡的学前教育公共服务体系，探索建立覆盖全省中小学的新时代城乡教育共同体，共享‘互联网＋教育’优质内容，探索终身学习型社会的浙江示范，提高人口平均受教育年限和综合能力素质。”《中共中央关于坚持和完善中国特色社会主义制度　推进国家治理体系和治理能力现代化若干重大问题的决定》（2019）提出：“发挥网络教育和人工智能优势，创新教育和学习方式，加快发展面向每个人、适合每个人、更加开放灵活的教育体系，建设学习型社会。”党的二十大报告（2022）提出：“推进教育数字化，建设全民终身学习的学习型社会、学习型大国。”《中共教育部党组关于在教育系统大兴调查研究之风的意见》（2018）提出：“围绕促进教育公平、提高教育质量开展调研，着力解决学前教育‘入园难、入园贵、监管弱’等问题，推动城乡义务教育一体化发展和破解‘控辍保学’‘择校热’‘大班额’、中小学生课外负担重等问题，加快普及高中阶段教育，完善职业教育和培训体系，加快一流大学和一流学科建设，实现高等教育内涵式发展，加快发展民族教育，办好特殊教育、网络教育和继续教育，支持和规范社会力量兴办教育，做好随迁子女教育工作，健全留守儿童关爱和教育体系，打好教育精准脱贫攻坚战，加快建设学习型社会。”《中共教育部党组关于认真学习贯彻习近平总书记在庆祝改革开放 40 周年大会上重要讲话精神的通知》（2018）提出：“提升教育服务经济社会发展能力，大力促进产教融合、校企合作、科教协同，全面提高职业教育质量，促进高等教育内涵发展，支持和规范社会力量兴办教育，推进教育现代化创新实验，加快建设学习型社会。”

包含“学习型社会”的团体规定 18 条，均为响应学习型社会建设的工作规定或研究指南。《共青团中央、中国科协、教育部等关于组织开展第十六届“挑战杯”全国大学生课外学术科技作品竞赛的通知》（2019）把“建设学习型社会、完善终身教育实践的调查研究”作为哲学社会科学类中教育类参赛作品参考题。

三、研究发现与建议

（一）研究发现

1. 中国学习型社会制度建构中的制度替代性

首先，在中央法规中，虽然没有专门的学习型社会法律法规，但存在着包含“学习化社会”和“学习型社会”的法律法规，共计 303 条现行有效。大量非专门的学习型社会法律法规在一定程度上弥补了专门的学习型社会法律法规的缺失。

其次，前述相关法律法规存在着历时性的制度替代性。例如，在包含“学习型社会”的国家五年规划纲要中，从“十一五”的整体性学习型社会概念，到“十二五”的局部性学习型社会概念，再到“十四五”的议题性学习型社会概念，呈现出了不同时空基础所带来的制度演替。

最后，制度替代并非一个非此即彼的过程，而是呈现出一定的制度冲突与摩擦。以上三种学习型社会概念虽然内涵有差异，但是均出现于现行有效的法律法规中，从而在概念解释上呈现出中国学习型社会制度建构中的冲突与摩擦。同时，“继续教育”和“成人教育”概念之间的相互缠绕也带来了一定程度上的冲突与摩擦。这些概念解释上的冲突与摩擦既存在于中央法规与地方法规两者之间，也存在于中央法规与地方法规各自内部。

2. 中国学习型社会制度建构中的制度互补性

首先，具有不同法律效力位阶的法律法规之间存在着互补性。一方面体现为中央法规与地方法规之间的互补性，另一方面体现为具体法律法规之间的互补性。例如，在中央法规中，包含“学习型社会”的法规，包括法律、行政法规、司法解释、部门规章、党内法规制度和团体规定等；在地方法规中，包含“学习型社会”的法规，包括地方性法规、地方政府规章、地方规范性文件、地方工作文件和行政许可批复等，涉及 31 个省、自治区和直辖市。

其次，包含整体性、局部性或议题性学习型社会概念的法律法规之间具有互补性。整体性上的互补性如国家“十二五”规划纲要与“十三五”规划纲要之间的互补性，局部性学习型社会概念涉及农村教育、老年教育、民办教育和职业教育等不同具体领域之间的互补性，议题互补性涉及信息化、全民阅读和全民科学素质等不同议题。

最后，前述制度冲突与摩擦既是制度替代性也是制度互补性的表征。在包含“继续教育”和“成人教育”的法律法规之间尤其显著，两者之间既存在着制度替代性，如在中央法规中，“成人教育”法律法规数量在 2010 年达到峰值并进入下行通道，而“继续教育”法律法规数量则进入上行通道并处在高端稳定状态中。与此同时，又存在着制度互补性，如在图 1 中，包含“成人教育”与包含“继续教育”的地方法规数量均呈近似波形，2011 年是第一个波峰，2016—2017 年是第二个波峰并达到峰值，2022 年达到第三个波峰。这种法律法规之间的交错纵横状态表明，制度替代性与制度互补性并非泾渭分明，而是处在交叠交织与动态生成过程中。

（二）研究建议

一是强化学习型社会制度匹配研究。制度匹配状态是一个连续体，可以区分为不匹配、匹配及两者之间的过渡状态。不同的制度匹配状态有利有弊，例如制度不匹配会导致制度冲突和执行难度提升，同时也蕴藏着制度整合和创新的需要，而制度匹配虽然可以使得制度协同度提升、执行难度下降，但也蕴藏着制度创新不足和僵化的风险。因此，制度匹配并没有一个理想的状态，而是处在一个动态调整过程中，需要的是趋向社会正义的持续制度协商。

二是开展有关学习型社会的制度建构个案研究。本研究基于制度匹配理论呈现了有关中国学习型社会制度建构的总体状态，勾勒了中国学习型社会制度建构研究的潜力。通过制度建构个案研究，可以聚焦特定领域或议题，揭示时空基础和生成逻辑。如果说现行制度总体是一个制度网络，那么制度个案就是该网络中的一个节点。这个制度网络也是特定制度生成的土壤，而特定的节点就如一粒种子，只有通过制度建构个案研究才能加以把握。

三是扩展学习型社会制度建构研究视野。有关学习型社会的制度建构研究不只是关注专门的学习型社会法律法规，而是关注有关学习型社会的法律法规之间的互动生成和关联状态。与此同时，在关注有形的或刚性的法律法规之外，还应关注社会规范、文化观念等隐形的或软性制度。只有通过立体的、多层次的制度建构研究，才能够把握制度的兴衰演替和现实效应。

四是在以上研究基础上着力提升学习型社会立法支持。现存的法律法规中，涉及直接规定学习型社会的法律数量较少，更多的是以纲领性、指导性、意见性为代表的行政法规、部门规章、规范性文件、工作文件、许可批复等。法律来源于全国人大，而法规可由中央政府、地区政府、各行政部门、机关团体出具。学习型社会的刚性制度由法律和法规两者共同构建，但基础应是源自法律，法律能够保障学习型社会的稳定秩序与坚实的权利基础。法律与各法规之间虽有效力位阶上的差异性，但并不影响两者的实践效力，后者在一定程度上更有其领域及地区的适配性、灵活性。但从现实情况来讲，学习型社会终究还是缺少配套的法律带来的稳定性、缺少贯彻学习型社会的法律支撑。

参考文献：

[1][2][8][9][美]西伦．制度是如何演化的：德国、英国、美国和日本的技能政治经济学［M］．王星，译．上海：上海人民出版社，2010：252，253，5，128.

[3][4][美]玛格丽塔·伊斯特维兹-亚伯，托本·伊韦尔森，戴维·索斯凯斯．社会保障与技能形成：重新解释福利制度［C］//［美］彼得·A. 霍尔，戴维·索斯凯斯，等．资本主义的多样性：比较优势的制度基础．王新荣，译．北京：中国人民大学出版社，2018：134，138-139.

[5][7][10][美]彼得·A. 霍尔，戴维·索斯凯斯，等．绪论［C］//［美］彼得·A. 霍尔，戴维·索斯凯斯，等．资本主义的多样性：比较优势的制度基础．王

新荣，译 . 北京：中国人民大学出版社，2018：6，11，17.

[6][15] Desjardins R. Political economy of adult learning systems: comparative study of strategies, policies and constraints [M]. London: Bloomsbury, 2017：24, 21.

[11][12][13][14][丹麦] 考斯塔・艾斯平-安德森 . 福利资本主义的三个世界 [M]. 郑秉文，译 . 北京：法律出版社，2003：107，100，113，106.

[16] UNESCO. Recommendation on adult learning and education [EB/OL]. [2015-10-29]. https://unesdoc.unesco.org/ark:/48223/pf0000245179.

新中国成立以来全民终身学习的实践历程、成效及启示*

叶长胜**

摘　要：新中国成立70余年来，我国全民终身学习实践经历了以扫盲为主、职工学习向全民学习、终身学习体系构建的重心转向，呈现出较为明晰的阶段性发展特征。这一整体性的实践历程包括以识字为主的扫盲学习阶段、以“双补”和职工发展为主的成人学习阶段、全民终身学习的多维展开阶段、服务全民终身学习的教育体系构建阶段。此中，终身学习理念深入人心，学习参与群体不断拓展，学习形式愈加多元；学习系统性增强，终身学习法治建设得以开展，逐渐构建具有中国特色的终身学习体系；科学研究不断推进，形成了一批全民终身学习研究成果，创造了丰富的终身学习文化。今后，推进全民终身学习，应注重政府的高位引领，建立健全政策法规体系；关注公众需求，积极优化推进机制；重视创新性发展，提升全民学习质量。

关键词：全民终身学习；成人学习与教育；全民学习；终身学习

一、新中国成立以来全民终身学习的实践历程

新中国成立70余年来，我国全民终身学习实践经历了以扫盲为主、职工学习向全民学习、终身学习体系构建的重心转向，呈现出较为明晰的阶段性发展特征。根据我国的重大事件和重要政策文件来划分相关阶段，其中重大事件指向对我国社会发展、教育事业、学习理念等产生重大影响的历史事

* 基金项目：国家社会科学基金教育学重点课题“服务全民终身学习视域下社区教育体系研究”（项目编号：AKA210019）的阶段性成果。

** 作者简介：叶长胜，华东师范大学职业教育与成人教育研究所博士研究生，主要研究方向：终身教育、教师发展。

件，如新中国成立、党的十一届三中全会的召开（改革开放）；重要政策文件是指对我国全民终身学习理念、实践产生重要影响的教育政策，如1999年的《面向21世纪教育振兴行动计划》、2019年的《中国教育现代化2035》等。基于此，本文将我国全民终身学习实践的发展划分为四个阶段：1949—1977年以扫盲为主的成人学习与教育阶段，1978—1998年以“双补”和职工发展为主的成人学习阶段，1999—2018年全民终身学习的多维展开阶段，2019年至今的构建服务全民终身学习的教育体系阶段。

（一）1949—1977年：以识字为主的扫盲教育阶段

新中国成立初期，我国关于全民学习、终身学习的理念与表述并未出现，此间，政府重视以扫盲学习为主的群众教育活动。在全国5.4亿人中，文盲率高达80%，小学实际入学率不到20%，高等教育在校生人数只有11.7万人。[1]为提高国民的识字水平和文化素质，国家颁发一系列政策文件，促成了具有全民终身学习特征的“扫盲运动”。而这一主题直到今天，依然是全球成人学习与教育的重要构成。

新中国成立初期，扫盲教育上升为国家意志，国家进行了一定的制度化建设，由国家成立专门的领导机构统一推进扫盲工作。此外，扫盲教材、扫盲形式、扫盲教法等方面都形成了常态化的体系和制度。[2]如1949年11月，教育部成立了“识字运动委员会”，专门领导农民、工人、干部的扫盲教育。[3]1949年12月5日，教育部颁布了《关于开展今年冬学工作的指示》。同年，教育部在北京召开第一次全国教育工作会议，确定了“教育必须为国家建设服务、学校必须向工农开门”的总方针，提出了创办人民大学、工农速成中学、大办工人补习教育等主张，确定争取从1951年开始进行全国规模的识字运动。1950年，我国在北京召开了全国工农教育会议，这是新中国成立后的首次成人与教育专门会议。该会议通过了六份草案，包括《关于举办工农速成中学和工农文化补习学校的指示》《关于开展农民业余教育的指示》《工农文化补习学校暂行实施办法》等[4]，极大推进了国内成人学习与教育实践活动。1956年颁布的《关于扫除文盲的决定》强调，应在全国范围内逐步开展扫除文盲的运动，要使广大国民摆脱文盲状态，并逐步掌握现代文化和知识。[5]这都极好地推进了国内成人学习（扫盲）活动。1959年5月，国家继续强调逐步实行普及业余初等教育，扫除文盲。

1962 年，教育部《关于农村业余教育工作的通知》强调，扫盲需要多种学校结合起来，教学内容与组织形式应灵活多样。1966 年至 1976 年间，由于“文革”的影响，我国扫盲学习实践虽然受到阻滞，但是依然有所推进。例如，1970 年，国家进入“四五”计划，在国务院总理周恩来的主持下，文教工作有所恢复，提出“要大力发展业余教育和成人扫盲教育”。[6]

新中国成立以来的 30 年，我国成人学习的主要形式包括工农业余教育、冬学运动、干部教育等，举办了各类成人学习机构，如业余学校、夜大学、函授学校、速成学校、扫盲班等，掀起了三次扫盲高潮。① 从终身学习角度看，该时期无论是政策实践还是活动实践，都侧重于成人的扫盲学习，参与面、受益面广。这一阶段的扫盲取得了良好成绩，文盲率大幅度降低。结合国际背景来看，1976 年联合国教科文组织第十九届会议上通过的《关于发展成人教育的建议书》(《内罗毕建议书》) 中，明确将成人扫盲和成人教育作为优先事项。我国这一阶段的探索不仅具有重大历史意义，也为全球成人学习与教育事业发展作出了重要贡献。

（二）1978—1998 年：以“双补”和职工发展为主的成人学习阶段

与新中国成立初期以扫盲为主的学习实践相比，在 1978 年至 1998 年间，全民终身学习的重心转移至职工学习和岗位培训。党的十一届三中全会提出了改革开放的政策方针，强调“要把经济建设当作中心”，这对国民学习的层次、水平提出了更高要求。国家和社会意识到不仅要强调“扫盲识字”，更要强调综合素质尤其是岗位素养的提高。因此，全民终身学习活动呈现出“双补”和职工学习为主的趋向。

1978 年 10 月，邓小平指出：“为了提高经济发展速度，就必须大大加强企业的专业化，大大提高全体职工的技术水平并且认真实行培训和考核。”[7] 全国总工会和教育部先后召开了全国职工教育会议，各地的职工教育蓬勃开展。1980 年 4 月正式成立了全国职工教育委员会，我国企事业单位职工入学人数不断增加。1981 年，中共中央、国务院下发了《关于加强职工教育工作的决定》，要求对青壮年职工进行政治思想教育和文化、技术补课（即

---

① 第一次高潮是 1952 年推行“速成识字法”；1956 年全国掀起了第二次扫盲运动的高潮；1958 年，随着“大跃进”运动的兴起，扫盲教育也掀起了第三次高潮。

“双补”教育），标志着我国职工教育进入有计划地实行全员培训和建立比较正规的职工教育制度的新阶段，是职工教育发展史上的纲领性文件。[8] 同年 3 月，国家召开全国职工教育工作会议。这些都推动了职工学习与教育的发展。与此同时，青壮年职工补习初中文化和初级技术的“双补”教育在全国范围内展开，中央及有关部门下达了一系列指导性文件，如《关于职工初中文化补课工作若干问题的通知》《关于开展岗位培训若干问题的意见》等，掀起了全民学习文化技术的高潮。1993 年 2 月，中共中央、国务院印发了《中国教育改革与发展纲要》，基本目标是以岗位培训学习和继续学习为基本实施策略，以促进经济社会发展。

这一时期，我国的职工教育办学形式多样，职工大学、职工业余大学、职工高等学校、广播电视大学等在全国范围内举办；在办学渠道上，既有国家支持建设的各类职工学校，也有企业创建的企业大学、职工学习中心，以及社会组织创办的其他各类型国民教育与学习机构等。其中，尤其成人教育的发展，发挥了重要作用。成人教育多形式、多规格、多渠道的办学体系的形成，为学习者提供了较多可选择的学习机会和学习方式，满足了成人学习的需求[9]，极大地推动了全民终身学习的进程。

在职工教育与学习实践之外，社区教育、老年教育也在此间得以发展，一大批老年大学、社区学校、成人学校不断创建。我国成人学习与教育的发展，进一步推动更广泛人群的持续学习，不断适应经济社会发展的需要。在全球视野下，1997 年第五届世界成人教育大会及所发布成果之一《汉堡宣言》重申成年人享有基本受教育和获得技能的权利，并强调各国或地区应将成人学习和教育列为优先事项。在这一阶段，也伴随着国际盛行的终身教育、终身学习以及学习型社会理念传入我国，全民终身学习的实践内涵更加凸显。从实质意义上的全民终身学习角度看，这 20 年或是我国全民终身学习实践的勃兴期。

总体来看，改革开放前 20 年，我国主要开展了以青工“双补”、职工学习与岗位培训等为主的成人学习与教育实践，内含全民学习、终身学习意义的社区教育、老年教育实践等也有所开展，这都有效提升了国民素养，为社会主义现代化建设注入了强大动力。同时，该阶段的全民终身学习实践契合国际教育发展趋势，逐渐与国际教育实践与理念接轨，为我国终身教育、终身学习以及学习型社会发展奠定了相应的理念基础和实践基础。

（三）1999—2018年：全民终身学习的多维展开阶段

在新中国成立后的50年里，我国在扫盲、职工学习、“双补”等方面取得了极大成绩，并创造了中国特色的自学考试制度，突出了成人学习的自主性。2011年11月，中华人民共和国用事实向世界宣告：中国全面完成普及九年义务教育和扫除青壮年文盲的战略任务。[10] 在新世纪，国家在推进全民终身学习方面提出了新战略、新构想。

1999年1月国务院批转了由教育部制定的《面向21世纪教育振兴行动计划》，提出“到2010年，基本建立起终身学习体系”[11]，这是我国官方文件第一次使用“终身学习体系”的概念，且前后四次提到“终身学习”。1999年6月，国务院颁布了《关于深化教育改革，全面推进素质教育的决定》，强调“逐渐完善终身学习体系”“运用现代远程教育网络为社会成员提供终身学习的机会”[12]。2002年，党的十六大报告提出，“形成全民学习、终身学习的学习型社会，促进人的全面发展”[13]。“全民学习”“终身学习”“学习型社会”首次以连用的形式在党领导人的工作报告中出现。2004年9月，《关于加强党的执政能力建设的决定》要求，“营造全民学习、终身学习的浓厚氛围，推动建立学习型社会”[14]。2007年党的十七大报告再次强调，“发展远程教育和继续教育，建设全民学习、终身学习的学习型社会”[15]。这一时期，从党和国家的政策文件来看，“终身学习”“全民学习”“学习型社会”等理念备受国家重视，成为21世纪以来我国教育改革发展的基本指导思想之一，并且认识到信息技术是推动全民终身学习的重要手段。在地方政策实践中，我国福建省（2005年）、上海市（2011年）、太原市（2012年）、河北省（2014年）、宁波市（2014年）相继制定了地方性的终身教育促进条例，为推进区域全民终身学习提供了法律与制度保障。

这一时期我国终身学习呈现出多维发展的样态。在“终身学习”“学习型社会”等先进理念的引导下，远程学习、社区学习、老年学习、工作场所学习、代际学习等多样的学习形式及其组织在不断发展，从服务对象和学习场所等方面拓展、丰富了全民终身学习实践活动。2013年10月，国际学习型城市大会在北京举办，发表《建设学习型城市北京宣言》，促使终身学习、全民学习的理念在我国进一步发展。此外，我国持续支持、推进“全民终身学习活动周”，在公众学习中产生了良好效应，也有力促动了各级各类组织参与全民终身学习活动，创新学习项目，挖掘学习资源，拓展学习群体，促进人与社会的持续发展。

在全球成人学习与教育的发展进程中，从《贝伦行动框架》（2009 年）到历届世界成人教育大会、系列《成人学习与教育全球报告》都强调“成人学习与教育是终身学习的核心内容”。2015 年修订的《关于成人学习与教育的建议书》明确将“成人”界定为成人学习与教育的所有参与者，扩大了“成人”的范围。这一阶段，我国全民终身学习的发展理念、实践形态有了更加明确的全球背景和贡献，并持续至今。

（四）2019 年至今：服务全民终身学习的教育体系构建阶段

2019 年 2 月国务院发布的《中国教育现代化 2035》提出，“构建服务全民的终身学习体系”[16]。同年 10 月，党的十九届四中全会把“建立全民终身学习制度环境”作为教育改革新要求，直接提出“构建服务全民终身学习的教育体系”，“加快发展面向每个人、适合每个人、更加开放灵活的教育体系，建设学习型社会。”[17]尤其是“构建服务全民终身学习的教育体系”的提出，将之前“终身教育体系”“终身学习体系”等融为一体，以一种新的话语方式表达着党和政府对全民终身学习、教育发展的理解，为今后全民终身学习实践指明了方向。2021 年修订的《教育法》强调，“促进不同类型学习成果的互认和衔接，推动全民终身学习”。2022 年 10 月，党的二十大报告强调，“推进教育数字化，建设全民终身学习的学习型社会、学习型大国”。[18]可见，国家日益关注全民终身学习体系的整体性建设，并从学习成果认定制度上寻求突破，希望构建起服务全民终身学习的教育“立交桥”，同时加大数字化在其中的作用发挥。

新中国成立之初，我国人均受教育年限仅有 1.6 年[19]；当前，我国劳动年龄人口平均受教育年限 10.9 年，新增劳动力 54.3% 接受过高等教育、平均受教育年限 13.9 年。[20]据统计，2022 年全国共有各级各类学校 51.85 万所，学历教育在校生 2.93 亿人。我国学前教育毛入学率达 89.7%（学前教育在园幼儿 4 627.55 万人），九年义务教育巩固率达 95.5%（义务教育阶段招生 3 432.77 万人，在校生 1.59 亿人），高中阶段毛入学率达 91.6%，高等教育毛入学率达 59.6%。各种形式的高等教育在学总规模 4 655 万人，其中，成人本专科在校生 933.65 万人，网络本专科在校生 844.65 万人。[21]此外，公众还积极参与各类非正规、非正式学习活动，人数更是难以估计。这都意味着全民终身学习实践在新时代取得了实质性的发展与跃迁。

此外，地方实践也极为丰富。例如，上海是我国首先提出建设学习型城市的地区，并自 2019 年起持续作为全球学习型城市网络中规模最大、影响力最大的“可持续发展教育”（ESD）项目的领衔城市之一，发展迅速；我国北京、杭州、成都、上海等先后获得联合国教科文组织学习型城市奖。2023 年 1 月，苏州市颁布了国内首部《苏州市终身学习促进条例》，规定了在职人员培训制度、终身学习激励机制、学分积累和转换制度、带薪学习制度、奖励和督导评估制度等内容。[22] 概言之，地方开展的公民学习活动、制定的学习政策等与国家同步，都服务于全民终身学习体系的构建，旨在提升全体国民的综合素养和精神品性。

国际层面，联合国教科文组织所发布的系列报告和相关文件也进一步阐明了将成人学习与教育纳入终身学习系统框架并作为优先事项的重要性。2022 年第七届世界成人教育大会发布的《马拉喀什行动框架》则将其作为首要的原则和优先事项，并在行动建议中提出致力于将以成人学习与教育为核心的终身学习权的愿景变为现实。[23] 由此，凸显作为终身学习核心构成的成人学习与教育应致力于创造更具包容性的终身学习环境与构建学习型社会。

在本阶段，教育数字化转型以及“世纪疫情”促动着全民终身学习变革，逐渐趋向数字化。无论是个体学习、非正规学习还是团体学习、正规学习，愈加依赖网络学习设备，学习空间也逐渐转向物理空间与虚拟空间并重，在线学习成为国民学习的重要途径。“ChatGPT”等新兴智能技术的发展，或将深刻影响甚至变革我国全民终身学习的现实样态。因应以上教育发展、技术变革的诉求，我国着力构建全民终身学习体系，以系统性、集成性、整体性、协同性、数字化理念指引未来终身学习发展。

二、新中国成立以来全民终身学习实践的基本成效

（一）终身学习理念深入人心，学习参与群体不断拓展，学习形式愈加多元

我国推进全民终身学习的最重要成效之一是使终身学习的思想广为人知，并被人们践行。“终身学习”的话语表达在改革开放前未见诸国内，但

彼时我国所开展的一系列学习活动蕴含着终身学习理念。终身学习思潮自20世纪七八十年代传入我国，随后广泛传播，“人人皆学、时时能学、处处可学”深入人心。同时，学习型社会、学习型城市、学习型大国等蕴藏着全民终身学习之义的经典表达也逐渐被每个人理解与体悟。因此，参与学习的群体也在终身学习理念的传播中得以拓展。在上述第一阶段、第二阶段，我国开展的终身学习多指向成人学习层面，尤其是农民、工人、干部三大群体，注重成人“成年期”的文化学习、技能学习等，学习群体及内容较为有限。进入新世纪以后，我国国民文化基础、学习水平以及教育实力等的整体提升，全民学习、终身学习大势所趋，社会各类群体（青少年群体、中青年群体、老年群体）以正规、非正规、非正式等形式参与各类学习活动。

全民终身学习的形式在新中国成立初期就呈现出多样化的特点，包括正规学习、非正规学习和非正式学习。在初期的扫盲阶段，既有学校学习，也有业余大学、扫盲班、识字组、函授学习、夜校、冬学等。在第二阶段的职工学习与教育方面，岗位培训、职工大学、夜大学、广播电视大学也不断发展，自学考试等新形式出现。进入新世纪以后，从学习组织来看，有针对社区居民的社区学院、社区学校、社区学习点等，针对老年人的老年大学、老年学校及学习点，针对在职人员学习的工作场所学习组织、企业大学（学院），针对特殊群体学习的特殊教育学校等；从学习空间来看，既有基于物理空间的学习，也有基于虚拟空间的学习，如远程学习（含视听学习）、在线学习等。其中，尤其随着信息技术的发展，以学习软件、直播平台、学习网站等基础的在线学习成为全民学习的“新宠”，个性化、终身化、数字化成为全民终身学习的主要趋势和重要特征。

（二）学习系统性增强，学习制度建设得以开展，构建终身学习体系

从新中国成立初期以扫盲为主的成人学习到以人的全面发展为目标的全民终身学习，其系统性、集成性、协同性不断增强。初始期，很多学习活动及其学习形式缺乏系统规划，呈现出零散性、片段化、割裂性、非持续性等，制约了全民终身学习的质量。随着发展理念与教育观念的转变，国家日益注重其发展的体系化、集成化和协同性，我国终身学习发生了质的变革，逐步朝向全民终身学习体系迈进。《中华人民共和国教育法》强调，“促进不同类型学习成果的互认和衔接，推动全民终身学习”。《关于改革和发展成人

教育的决定》《关于进一步改革和发展成人高等教育的意见》《中国教育现代化 2035》等均对成人学习、终身学习发展有所规定。相关省市的地方立法从《终身教育促进条例》拓展到《老年教育条例》《社区教育促进条例》等，进一步呈现出地方创造性。

教育部是推进终身学习体系构建的牵头部门，其他相关部门协同配合。在地方层面，一般由当地的教育厅及所属职成教处等部门统筹负责。从办学网络来看，社区教育、老年教育等形成了多层级办学网络。从终身学习体系涉及的领域看，职工工作场所学习（岗位培训）、干部教育、社区教育、老年教育、高等继续教育、职业农民教育、开放教育等得以发展。从学习成果认证与转换看，以学分银行建设试点为例，学习成果认证制度形成了市民学分银行、高等继续教育学分银行、开放大学学分银行、终身教育学分银行等多种模式，构建互联互通的终身教育（学习）“立交桥”正在实现。[24]

（三）科学研究不断推进，研究成果迭出，创造了丰富的终身学习文化

全民终身学习实践的开展不仅在学习理念、学习形式、学习制度、学习体系等方面获得多维性发展，也积极影响了科学研究活动，产生了一系列研究成果，极大地丰富了我国的学习文化。70 余年来，专家、学者围绕扫盲、职工学习（教育）、成人学习（教育）、终身学习（教育）、社区学习（教育）等，出版发表了数以万计的文献资料（期刊论文、著作、报纸）等，这些研究成果为进一步推进终身学习实践奠定了扎实的理论基础。基于全民终身学习的理论研究、实践研究、应用研究、历史研究等也进一步丰富着我国哲学社会科学，为促进教育学的整全性发展贡献了理论，也积极助力中国自主知识体系建设。此外，基于科学研究，我国也积极参与国际对话，一些国际组织、国外出版社出版、发表的中国终身教育研究成果越来越多，中国终身教育工作者和研究者正在进一步参与成人学习与教育的全球治理，使得中国公众的终身学习“形象”在国际社会上得以展示与传播。

终身学习文化的形成得益于多重因素的助益，其中，科学研究无论如何也难以忽视。基于全民终身学习实践而开展的科学研究，是创生新知识的必要路径，也在这一过程中含蕴、更新乃至生成着新的学习文化。全民终身学习文化的形成具有很强的溢出效应。它不仅仅生成着人人学习的文化氛围，也潜移默化地影响着各类人的生存与发展，为提升人的生存质量而积淀着力

量。从历时性的发展趋势看，这种终身学习文化的形成将注入已有的文化体系之中，为后人提供重要的文化滋养。因此，基于科研等创生的知识、生成的终身学习文化，存有“泽被后世”的时代意义与历史价值。

三、新中国成立以来全民终身学习实践的当代启示

（一）注重政府引领，高位推进全民终身学习

新中国成立以来，我国从以识字为主的全民扫盲教育、以职工教育与技能学习为主的成人学习与教育、以多维类型推进的全民学习到当下全民终身学习体系的构建，不同阶段的发展过程有其复杂的综合性因素和多重力量的作用，内含着深刻的生成逻辑和发展背景。其中，政府政策的有力推动是关键性举措。政府作为推进全民终身学习实践的重要主体，不仅是前 70 余年的关键力量，亦深刻影响着此后全民终身学习实践的广度、深度、高度，也关系着社会公众的共识度、参与度和支持度。此外，推进全民终身学习不仅是公众主体性发展的现实需要，也是党和国家全心全意服务人民的意志体现。但是，全民终身学习涉及的阶层、民族、区域、群体多种多样，复杂性强，难以在短时间内得到有效发展。因此，从历史视角来看，注重政府的高位引领，是持续推进去全民终身学习的必然路径。国家应保持长程思维，在政策完善与法治建设中发挥高位引领作用，在国家层面出台鼓励全民终身学习的法律规章，尤其是“终身学习法”应纳入计划之中，为全民终身学习的多维开展奠定法治基础。

从 70 多年的全民终身学习政策历程来看，政策和法治规章是促动各个阶段学习成效显著提升的重要工具和外部动力。新中国成立后 17 年的扫盲政策法规、改革开放后的职工教育与成人学习政策法规、新世纪后的各级各类关于全民学习与终身学习的政策规章等，都适时推动着学习实践的发展，如形式更新、路径拓展、群体扩大、成效提升，等等。

一是要坚持理念先行，将全民终身学习理念持续注入政策规章的制定中。理念问题是全民终身学习政策行动的前提性问题，以何种理念和立场认识全民终身学习影响着其向何处发展、样态如何等。因此，相关部门应深刻领会全民终身学习理念，把握全民学习、终身学习思想，以促进人的终身发展、全面发展为基本遵循制定相关政策。

二是维护公众学习权，出台国家“终身学习法”。公民的学习权利保障问题是国际高度关注的问题，尤其是公民终身学习权的维护，成为当下学习实践的重要议题。公民终身学习权是指公民终身都应享有学习并能自由支配其学习过程的权利，具有奠基性、发展性、全面性的特性。公民终身学习权作为每个公民都应享有的基本权利，是一项需要国家施以保障的权利……[25]而实现公民终身学习权的维护，需要完善的法律制度。当下，我国虽然有地方性终身学习（教育）促进条例的出台，但是不能发挥极好的引导与统领作用，因此国家层面应积极研判，出台与地方相互勾连的“终身学习法”，以法律、政策的形式保证全民终身学习实践的持续推进。

三是完善现有各类学习政策、补充缺乏政策，形成政策聚合力。当下关于全民终身学习的政策要么处于其他教育政策之中，要么是效力较低的地方性政策，要么缺乏相关政策，这都难以实现全民学习力量的聚集。因此，要积极完善相关政策，制定相应的配套政策，有纲有目，以实现全民终身学习政策工具的集成，提升政策综合效力。

（二）关注公众需求，积极优化推进机制

促进全民终身学习，需要以公民的学习需求为基本导向。无论是以识字需求为主的扫盲教育，以职业技能为主的职工教育，还是以知识、技能、精神等多维发展的全民学习、终身学习，都要适时适应社会大众的生活需求、学习需求、发展需求。例如，当下的数字化学习是全民关注的焦点，因此各学习倡导/管理主体应关注社会公众的数字化应用需求，适需更新、优化全民终身学习的推进机制。

在学习参与主体、学习场域、学习形式、学习途径等都具备多元性特征的现实背景下，多主体、多场域、多形式、多途径学习的时代特色，呼吁推进全民终身学习应具备开放性思维，关注灵活性、应变性学习机制的建立。尤其是在线学习的发生，改变了全民终身学习的样态，学习空间拓展、学习时间可逆、学习关系离场、学习资源数字化等，需要学习倡导主体创新学习推进模式，以线上＋线下等多模态式的学习管理形态促动社会公众的学习实践。在新形势、新需求的背景下，完善全民终身学习的推进机制并非易事，这既需要遵循灵活多变、创新应对的基本原则，也需要多元并举，共同发力。

一是鼓励多主体参与，构建政府、社会、社区、家庭、个体等多面联动

促进机制。全民终身学习实践不是政府单一主体的感召性行动，而是需要多主体参与和支持的联合性行动。也即，发挥政府、社会、社区、家庭等的共同作用，促使个体在学习型社会、学习型社区、学习型家庭的构建与联结中汇聚学习力量，实现个体成长。

二是拓展学习场域，打造“微学习空间”和“在线学习空间”。当下，学习不仅仅是在教室里进行，学习场域逐渐超越“教室”的范围而具有广泛性意义。图书馆、博物馆、文化馆、“学习角”、“读书廊”、社区学校等“微空间”都成为全民学习的主要空间。此外，随着信息技术的快速发展，在线学习空间逐渐拓展，成为全民开展终身学习的新场域。学习软件、网站、直播间等为公众学习提供了有别于物理空间的数字化学习空间，为公众提供了丰富的学习机会。

三是大力推进公众学习资历框架和“学分银行”，显化公民学习成果。推进全民终身学习实践需要完善的记录、转换、评价机制，以增强公众学习的持续性，提高他们的学习积极性。这需要建立健全完善的学分累积制度和国家资历框架制度，维护学习者的学习成果。

（三）重视革新与发展，关注学习质量提升

从全民终身学习的实践历程来看，每一阶段的学习样态、学习形式、学习手段的形成与革新都体现出鲜明的创新性特征。这一特征或内含于社会变迁之中，或外显为学习技术的应用与更迭。无论如何，推进全民终身学习的创新性发展是其历史必然和实践基因。与此同时，还应该关注学习质量的提升。受制于各个阶段的社会经济条件、学习环境与技术水平等多维因素，全民学习的质量与成效如何，难以估计。但是，在今后的全民终身学习实践中，必须树立质量意识，实现创新发展与质量发展相统一。只顾发展，不顾创新，学习实践将陷入低水平重复的“陷阱”；只顾发展，不顾质量，学习实践将落入低效化发展的“窠臼”。因此，在质量意识导向下，不断实现其创新性发展，是我国全民终身学习实践的必然趋向。这需要始终坚持创新理念，创新性配置学习资源，创新技术支持，把握国际前沿动向。

一是坚持创新发展理念。理念是行动的先导，没有创新理念的树立，全民终身学习行动将丧失持续开展的“动力”。因此，各相关主体应始终以学习理念的创新为依托，鼓励公众以新的学习理念指导学习实践。当下，自我

导向学习理念、质变学习理念、人机协同学习理念、生成式人工智能学习等成为学习领域的重要趋向，学习者应积极接纳，顺势“为学”，不断以学习理念的创新赋能自身发展。

二是创新性配置学习资源。如何有效利用、配置可及的学习资源，是服务全民终身学习的关键举措。公众获取学习资源的难易程度、方便程度以及水平将影响着他们的学习兴趣、学习机会乃至学习成效。因此，需要创新性配置学习资源，提供优质的学习资源供给，满足公众的学习需求，并实现学习供给与学习需求的有机平衡。从具体实践层面来看，社区是学习资源的聚集地，也是社会公众赖以生存的基本组织，因此秉持创新性思维，将社区开发为集生活、管理、学习为一体的多样性空间，是创新利用学习资源的可资路径。

三是创新学习的技术支持。学习技术在当下发展迅速，以人工智能为主的学习技术服务覆盖各类、各年龄层次的群体，成为推进全民终身学习的重要“推手”。因此，要根据各群体的适需性、独特性提供针对性的学习技术支持。例如，老年群体逐渐成为社区学习的主力军，但如何创新性地提供学习技术支持，或许要根据老年人的身体特征、行为特征、认知特征和心理特征进行针对性调适、选择相应的学习技术产品，助力他们的学习行动。

四是把握国际前沿动向。全民终身学习实践不仅需要立足本土，还要兼具世界眼光，向国际组织、各国学习、引介先进的学习理念、模式等，有益于实现国内学习行动的创新性发展、质量化发展。这需要及时关注国际组织、各国的学习政策、实施报告、学习实践、理论研究等。实现这样的学习追求，需要加强政府、学校、社会组织等同国际的交流、对话、沟通，乃至形成学习共同体。“只有构建出相互倾听的关系，才能为对话奠定基础，才能衍生出对话性沟通，才能使学习共同体的构建变为可能。”[26] 总之，推进全民终身学习，离不开国内外的力量交互，要在“走出去”“引进来”“融一起”的过程中实现创新与高质量发展。

参考文献：

［1］科学网. 教育事业 70 年：从文盲率 80% 到义务教育巩固率 94.2%［EB/OL］.［2019-10-30］. https://paper.sciencenet.cn/htmlnews/2019/10/431909.shtm.

［2］王哲文，吴洪成. 中国共产党领导扫盲教育的百年历程、意义与经验［J］. 学术探

索，2022（12）：139-146.

[3] 欧阳璋 . 成人教育大事记（1949—1986）[M]. 北京：北京出版社，1987：7.

[4] 共产党员网 . 中国共产党大事记・1950 年 [EB/OL] . [2012-06-12]. https://fuwu.12371.cn/2012/06/12/ARTI1339502878344110_4.shtml.

[5] 中国共产党中央委员会、国务院关于扫除文盲的决定 [M]// 顾明远 . 教育大辞典 . 上海：上海教育出版社，1998：474.

[6] 王哲文，吴洪成 . 中国共产党领导扫盲教育的百年历程、意义与经验 [J]. 学术探索，2022（12）：139-146.

[7] 邓小平 . 邓小平文选（第二卷）[M]. 北京：人民出版社，1983.

[8][9] 中国成人教育协会组 . 中国成人教育改革发展三十年 [M]. 北京：高等教育出版社，2008：序言 .

[10] 教育部 . 人类教育史上的奇迹——来自中国普及九年义务教育和扫除青壮年文盲的报告 [EB/OL] . [2012-09-10]. http://www.moe.gov.cn/jyb_xwfb/s5147/201209/t20120910_142013.html.

[11] 国务院 . 国务院批转教育部面向 21 世纪教育振兴行动计划的通知（国发〔1999〕4 号），1998.

[12] 中共中央、国务院关于深化教育改革，全面推进素质教育的决定（中发〔1999〕9 号），1999.

[13] 江泽民 . 全面建设小康社会，开创中国特色社会主义事业新局面 [R]. 2002.

[14] 中国共产党中央委员会 . 中共中央关于加强党的执政能力建设的决定 [R]. 2004.

[15] 胡锦涛 . 高举中国特色社会主义伟大旗帜，为夺取全面建设小康社会新胜利而奋斗 [EB/OL] . [2007-11-02]. http://www.cnr.cn/2007zt/sqdjs/wj/200711/t20071102_504610399.html.

[16] 中国政府网 . 中共中央、国务院印发《中国教育现代化 2035》[EB/OL] . [2019-02-23]. https://www.gov.cn/zhengce/2019-02/23/content_5367987.htm.

[17] 人民网 . 聚焦党的十九届四中全会 [EB/OL] . [2022-10-22]. http://politics.people.com.cn/GB/8198/430710/index.html.

[18] 习近平 . 高举中国特色社会主义伟大旗帜　为全面建设社会主义现代化国家而团结奋斗 [EB/OL] . [2022-10-25]. https://www.gov.cn/xinwen/2022-10/25/content_5721685.htm.

[19] 教育部 . 夯实千秋基业　聚力学有所教——新中国 70 年基础教育改革发展历程 [EB/OL] . [2019-09-26]. http://www.moe.gov.cn/jyb_xwfb/s5147/201909/t20190926401046.html.

[20] 北青网 . 教育部：我国劳动年龄人口平均受教育年限 10.9 年 [EB/OL] . [2022-09-09]. http://edu.ynet.com/2022/09/09/3518742t3294.html.

［21］教育部 . 2022 年全国教育事业发展统计公报［EB/OL］.［2023-07-05］. http://www.moe.gov.cn/jyb_sjzl/sjzl_fztjgb/202307/t20230705_1067278.html.

［22］苏州日报 .《苏州市终身学习促进条例》正式施行［EB/OL］.［2023-06-30］. http://www.suzhou.gov.cn/szsrmzf/szyw/202306/3b0e5c9cb6d74f88a4aa877ae6a311b1.shtml.

［23］上海终身教育研究院（译）. 马拉喀什行动框架：利用成人学习与教育的变革力量［J］. 终身教育研究，2022，33（04）：3-8.

［24］孟思宇，丁学森，孙绵涛，等 . 我国服务全民终身学习的规模、特点与改进策略［J］. 中国教育科学（中英文），2021，4（03）：28-37.

［25］祁占勇 . 公民终身学习权保障的国家义务及实现路径［J］. 国家教育行政学院学报，2022（01）：32-42.

［26］［日］佐藤学 . 学校改革：学习共同体的构想与实践［M］. 于莉莉，译 . 北京：北京师范大学出版社，2021：16.

学习型乡村家庭建设的实践机制与未来展望*

——以D村李同学家庭为中心的考察

吴陈兵　刘　茜　孙孝国**

摘　要：学习型乡村家庭建设是实现乡村振兴的重要基础。当前我国学习型乡村家庭建设不容乐观，存在部分乡村家庭学习力不足，家庭学习氛围不高以及家庭学习形式单一等问题，这严重影响我国学习型乡村家庭建设。基于霍邱县乌龙镇D村李同学的家庭进行研究发现，学习型乡村家庭是以"终身学习""自主学习""共学互学"为家庭学习建设的内在机理，学习型乡村家庭建设需要以家庭合理安排作息时间为学习基础、构建和谐家庭关系为学习前提以及家庭成员"在一起"为学习契机。在未来，学习型乡村家庭建设需要乡村家庭树立终身学习理念，加强自主学习能力以及营造共学互学氛围以增强乡村家庭学习的能力。

关键词：乡村振兴；学习型乡村家庭；学习型乡村；终身学习

一、问题提出

党的二十大指出要"建设全民终身学习的学习型社会、学习型大国"[1]。学习型乡村家庭作为学习型社会一个重要组成部分，在建设学习型大国中具有重要的价值。学习型乡村家庭建设作为乡村社会建设的重要实践形态，不

* 基金项目：贵州省2023年度哲学社会科学规划重点课题"全面推进乡村振兴背景下贵州学习型乡村建设机制研究"（课题编号：23GZZD26）的阶段性成果。

** 作者简介：吴陈兵，贵州师范大学教育学院教师，主要研究方向：教育基本理论，学习型乡村建设；刘茜，霍邱县乌龙镇中心学校教师，主要研究方向：学习型乡村家庭建设；孙孝国，霍邱县乌龙镇中心学校教师，主要研究方向：学习型乡村家庭建设。

仅有助于提升乡村家庭人口的技能资本，促进乡村家庭人力资源的合理配置，还能够提升乡村家庭人口的文化资本和健康资本，从而增强乡村劳动生产率的贡献，实现乡村人口生活质量和工作质量双提升，为持续推进乡村振兴打开关键突破口。[2] 加强学习型乡村家庭建设，对我国建好建强乡村社会，实现我国乡村产业兴旺、生态宜居、乡风文明、治理有效、生活富裕具有重要的现实意义。然而，当前我国学习型乡村家庭建设并不尽如人意。首先是乡村家庭儿童教育不足，在暑假走访中，我们发现 85% 以上的儿童都沉迷于手机、游戏和电视，缺乏家长有效的学习指导。其次，是乡村家庭学习支持不足，据 2018 年“乡村儿童阅读报告”，有超过七成的乡村家庭藏书不足十本，一本课外书都没有的乡村家庭竟超过 20%，其中 89.9% 的受访儿童父母平时基本不读书或只是偶尔读书，并未养成读书习惯。[3] 再次，是乡村家庭学习环境相对较差，受不良氛围影响，很多乡村家长有空就是玩牌、打麻将，陪孩子玩游戏、刷抖音等，缺乏学习的动力和积极性。最后，是乡村家庭学习形式单一，当前乡村家庭成员主要是通过与人沟通或看电视、手机进行学习，缺乏系统而深入的学习方式，其中只有乡村儿童通过学校正规教育进行学习，可见当前乡村家庭学习形式比较单一，学习结构比较松散。

二、文献综述

近代学习型乡村家庭的产生首先是受到了知识产业化的影响，从第二次世界大战以来至 20 世纪 50 年代末，国际社会生产发展和产业结构发生了巨大变化，知识经济受到空前重视，教育事业、研究开发等都得到了快速发展[4]，面对知识经济的到来，乡村家庭需要以知识进行家庭的生产方式的变革，以提高家庭生产力和生活水平；其次是学习终身化，1968 年，美国芝加哥大学校长赫钦斯在《学习型社会》一书中首次提出我们要构建学习型社会模式后，终身学习被作为知识经济成功之本[5]，深刻地影响着乡村家庭的学习理念；最后是学习组织化，20 世纪七八十年代后，人们开始从早期重视组织中的个人学习，转移到组织中个人学习与组织学习的连接上，并崇尚组织内个体与团队的五项修炼，即自我超越、改善心智模式、建立共同愿景、团体学习和系统思考[6]，学习型组织的发展为学习型乡村家庭的构建提供了直接的经验与借鉴，使乡村家庭成员学习力、创新力和竞争力得到有力提升。[7] 目前学界对学习型乡村家庭概念的界定尚未统一，笔者通过对已有文献进行梳理发现，学习型乡村家庭的内涵主要表现在如下几个方面。

首先，学习型乡村家庭作为一种终身学习的新形态。有学者指出学习型乡村家庭建设是以终身学习、终身教育思想为指导，以现代家庭学习理念为基础，通过乡村家庭全体成员持续的、终身的自我导向性学习、互动学习及共享学习成果，实现个体和家庭动态协调发展的一种新型的乡村家庭形态。[8]也有学者指出学习型乡村家庭是家庭成员把人的终身学习作为基本需求，家庭成员以终身学习的理念和学习的愿景为目标，相互创造浓郁学习氛围的过程，每个成员都显示出持续、明显的学习能力，保持延续、明确的学习状态，并能促进家庭成员共同成长。[9]根据学习型乡村家庭的定义，学习型乡村家庭建设强调家庭成员的终身学习，家庭每个成员都具有强烈的学习需求、学习愿景，并不断提升学习能力，以促进家庭成员共同进步的一种状态。总之，学习并不是乡村家庭和社会特有的活动，而是人终身发展的永恒主题，乡村家庭成员只有通过终身学习培养良好的社会适应能力，才能跟上社会变迁和时代变化的潮流，才能真正在乡村获得生存和发展的空间。[10]

其次，学习型乡村家庭作为一种个体自主学习的精神家园。有学者指出学习型乡村家庭是指家庭成员和谐持续发展，树立终身学习理念，有固定的时间进行自学、共学、互学，培养家庭成员成为和谐发展的人。[13]也有学者指出学习型乡村家庭应该是家庭成员以轻松的心情在任何场所学习感悟自己感兴趣的内容，学习行为不是被他人逼迫的，也较少附带功利主义色彩。[14]还有学者强调随着社会的不断进步，我国有相当一部分人群在物质生活的需要上基本得到满足，但他们精神层次的需要还局限于一般的消遣娱乐，如打麻将、唱歌、跳舞等，这些与人的全面发展的时代要求极不相称，新时代学习型乡村家庭以学习的需要作为家庭的基础，充分发展学习者的潜能和积极向上的自我概念、价值观和态度的体系，从而使学习者成为人格充分发挥的人[15]，让乡村家庭成为他们自主学习的精神乐园。

最后，学习型乡村家庭作为一种共学互学的组织形式。有学者指出学习型家庭是指家庭中的成员都能以一种积极的态度或进行自我学习或通过与家人分享知识，拓展提升家庭成员的个体知识经验，从而使得整个家庭朝气蓬勃、与时俱进。也有学者强调学习型家庭是指在家庭中营造一种良好的学习氛围，家庭成员可以积极、坦诚地相互沟通，相互学习，共同创造新知识，并且通过知识的运用及转化，促进整个家庭的健康成长与发展。[11] 如上所述，学习型乡村家庭是指家庭成员进行自我学习或通过与家人自觉分享知识，积极坦诚地相互沟通、相互学习，共同创造新知识，实现整个家庭健康成长与发展。学习型乡村家庭还可以进一步表述为，以提高家庭的社会适应能力和生活质量为目的，家庭成员共同学习、相互学习、自我改变、自我完善、共同成长，形成学习共同体的过程。[12]

三、田野点概况与资料收集

（一）田野点概况

本研究通过多方调研，结合研究主题，最终选择霍邱县乌龙镇 D 村李同学的家庭作为田野点。首先乌龙镇 D 村是霍邱县第一个党支部所在地。该村位于乌龙镇西北部，与唐岗店村、乌龙村、铜佛村、尹老庄村紧邻，南与叶集试验区接壤，距镇政府大楼 3 公里，地理位置优越，村村通水泥路穿村而过，各村民组均通砂石路，交通便利。该村是由原 D 村与相邻的 F 村合并而成，全村共有 701 户，共计 2 889 人，耕地面积 8 432 亩，下辖 15 个村民组，现设村党支部 1 个，有党员 94 名，其中大专学历以上 8 名。目前 D 村党群服务中心大厅涵盖阳光村务、财政涉农补贴、社会保障、城乡居民医疗保险、宅基地审批、农经统计等服务，设四个窗口，配备了 4 名工作人员，要求每个窗口工作人员必须按时到岗到位，统一着装，持证上岗，不在岗必须在窗口张贴离岗说明，方便群众办事。随着互联网 + 政务服务在全省推广，为民服务中心同时开展线上线下服务，尤其是对在外务工的村民，通过微信群、QQ 群、安徽政务服务网、皖事通 App 等方式提供咨询、引导、帮办代办等服务。

2022 年 7 月，走进李同学的家，庭院干净整洁，院子里的花花草草搭建有致，客厅陈设风格别样，秩序井然、很有文化氛围。12 岁的李同学就读于乌龙镇中心小学五年级一班，家有六口人，如图 1 所示。李同学的弟弟也在李同学同一所学校的三年级三班就读。李同学的爷爷 61 岁，小学毕业；奶奶也是 61 岁，中学毕业。目前李同学的爷爷奶奶都在上海打工，爷爷做门卫工作，奶奶则是一名食堂工作人员。李同学的爸爸 35 岁，系大专文凭，毕业于新华电脑学院，长期在外打工，但因不想错过孩子的成长，于

2016 年 5 月 16 日返乡，扎根乡村建设，现在在村里当民兵营营长。李同学的妈妈 33 岁，因李同学外婆家贫困未能完成学业，只读到初中毕业，虽然李同学的妈妈离开了学校，却一直未放弃学习。李同学的舅舅是外婆家里是最小的，又是家中唯一的男孩，因娇生惯养荒废学业，直到现在还需要家人帮衬。李同学的妈妈从其弟弟身上看到了父母教育的短板，所以李同学的父母才特别重视孩子的教育问题，放弃在外打拼的机会，回乡发展。

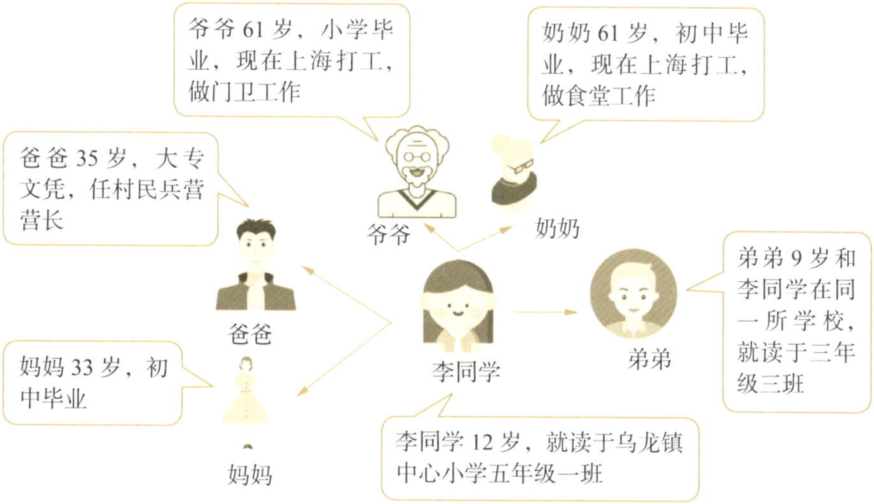

爷爷 61 岁，小学毕业，现在上海打工，做门卫工作
奶奶 61 岁，初中毕业，现在上海打工，做食堂工作
爸爸 35 岁，大专文凭，任村民兵营营长
爷爷
奶奶
爸爸
李同学
弟弟
弟弟 9 岁和李同学在同一所学校，就读于三年级三班
妈妈 33 岁，初中毕业
妈妈
李同学 12 岁，就读于乌龙镇中心小学五年级一班

图 1　李同学家庭成员关系（2022 年 7 月）

在李同学姐弟心目中，无论是爷爷奶奶、外公外婆，还是爸爸妈妈，都特别重视家庭学习，比如李同学爷爷教姐弟俩认时钟，检查姐弟俩作业等，谈及爸爸妈妈，姐弟俩几乎是异口同声地说，爸爸是优秀的共产党员，而且是电脑高手；李同学的妈妈有绘画天赋，在学习方面也令姐弟俩佩服。李同学的妈妈现在和姐弟俩都热爱学习，李同学的爸妈也比较热心学校活动，比如学校家委会如果有需要，李同学的爸妈总会挤出时间去参加。总之，李同学的爸妈都是孩子心中的偶像，其中李同学的爸爸被镇里评为“脱贫攻坚工作先进个人”，李同学的妈妈则被镇里评为“最美媳妇”。

（二）资料收集

第一轮调研：初次访谈，了解家庭状况。笔者于 2022 年 7 月 14 日上午，在乌龙镇 D 村对部分学生家庭进行走访活动，主要是宣传暑期防溺水教育；了解孩子在家的假期生活和学习情况，并落实乌龙镇“小手拉大手工作”人居环境整治活动。借此契机，笔者将这次走访活动当成重要的深度调研。刚开始调研时，笔者并未把李同学的家庭作为中心考察的对象。费孝通认为，对一个小的社会单位进行深入研究而得出的结论并不一定适用于其他单位。但是，这样的结论却可以用作假设，也可以作为在其他地方进行调查时的比较材料。[16]戚务念等人认为，在探究性研究不充分之际，开展大规模量化研究的条件尚不成熟。[17]所以在走访中，笔者发现李同学的家庭在乡村有其特殊性。首先是其父母专门为了陪伴孩子成长而放弃了在外务工的机会；其次，该同学的父亲是基层村干，在村里有一定的影响力和示范作用；最后，其家庭建设是乌龙镇仅有的被六安市妇联、六安市农业农村局、六安市文明办、六安市乡村振兴局表彰的两个“美丽庭院”的获得者之一。

第二轮调研：深入调研，收集研究资料。笔者确定了调研对象之后，又于 2022 年 7 月 15 日至 17 日，分别走访了李同学家、部分村民家庭和村委会，并通过电话和微信联系了李同学的语文老师和李同学弟弟的班主任。此次调研，笔者主要用访谈法和观察法收集资料。通过对研究对象（李同学的家庭成员）及周围相关人员如邻居、李同学授课老师、李同学弟弟班主任、村书记等，开展开放闲聊式访谈，从多角度了解研究对象的行为表现和他人眼中的研究对象；通过访谈法和现场参与式观察，了解研究对象家庭学习观念的产生、家庭的日常学习情况、家庭建设成效、家庭成员对未来的期待等，并梳理出可供学习型乡村家庭建设参考的经验。

四、学习型乡村家庭建设的实践机制

学习型社会倡导“人人皆学、时时能学、处处可学”，学习型乡村家庭建设也主张家庭成员通过持续的自我导向性学习、互动学习等，提升乡村家庭的知识水平、加强乡村家庭的育人能力、增强乡村家庭的文明程度等，从而实现乡村振兴。[18]李同学家住 D 村，同属一个镇或一个村，同样的经济状况，同样的文化背景，同样的产业结构，同样的思想观念，为什么会出现李同学家这样与众不同的学习型家庭呢？笔者带着疑问，开启了学习型乡村家庭建设的探寻之路。受时代背景和社会环境的影响，李同学的家庭非常重视学习型家庭建设，李同学的祖辈通过强化终身学习理念引领家庭不断学习，提升家庭学习意识；李同学的父辈通过自主学习，引领家庭呈现良好的学习氛围；李同学姐弟俩则受家庭共学互学氛围的影响，形成良好的学习习惯，养成积极向上的品格。学习型乡村家庭建设需要家庭合理安排作息时间，构建和谐的家庭关系，并具有在一起的时空。

（一）学习型乡村家庭建设的内在机理

1. 终身学习：祖辈引领家庭学习的原动力

终身学习从其内涵来看，是以个体生命成长为主旨，一生自觉自愿进行的各种学习理念与实践的总和。从其外延来看，终身学习是指所有对个体持续一生的学习具有正面精神引领作用的理念和具体的实践。[19] 作为李同学的祖辈，李同学的爷爷奶奶从小因家庭贫困很早就辍学，一直深受读书少之苦，再加上他们一直在外面打工，没文化带给他们社会生活的各种困扰更为凸显，在他们心中一直都把终身学习看成实现家庭富有的重要出路。李同学的爸爸说道：因为疫情，这两年父母都没回来。但家人经常通过微信聊天，父亲和母亲常说社会发展快，总是要不断学习，才不会被社会淘汰，他们就是因为文化少才一直在外面打工。在外打工，他们总能感觉到没有文化带来的各种困难。每次李同学的爷爷奶奶跟孩子们打电话或视频聊天时，都会把自己的生活经历说给孩子们听，让孩子们借鉴自己的经验，少走弯路，但是说得最多的还是不断学习的好处。

祖辈认为因为读书少，家庭才不富有，并对读书少的问题进行了反思，不想这种事情再次发生在自己的子孙身上，便对自己儿女的学习非常重视。李同学的爸爸说：虽然父母识字不多，但对孩子们要求很高，比如小时候懒惰，不做作业，父亲就会严厉批评，要求把作业做完后才能吃饭。李同学也说：小时候放学回家，爷爷总会第一个检查作业。祖辈这种基于自身学习缺憾的思想便形成家庭终身学习的原动力，推动着家庭成员重视学习、学会学习和不断学习，以实现家庭生活的富裕。

2. 自主学习：父辈构建家庭学习的实践路径

叶澜指出人对自身的发展要求，主要表现在两方面，一是人在认识自己与周边环境实现关系前，会不断地为自己的发展创造条件，而不是消极地期待客观条件的成熟；二是人具有自我意识，会主动勾勒出自己未来的前景，选择自己的发展目标，为实现自己的理想、才能和价值目标而奋斗。[20] 李同学的爸爸作为一名村干部，平时自觉学习村务、党务，有时也主动学习政府发的书籍，也喜欢看新闻，关注国家大事，他认为这样有助于拓展他的知识面，能够很好地帮助村里人。闲暇时他也喜欢刷刷抖音，尤其爱看关于电脑和手机维修方面的视频，他还利用业余时间，发挥自己会电脑知识的长处，自学了电脑、电视和手机常见故障的维修技术，比如村里的大爷大妈，大哥大姐，只要有人手机、电视、电脑坏了，总是第一个想到找他维修。有时遇到一个维修难题，他研究到凌晨一两点钟，也是常有的事，因为他自己喜欢挑战，乐于钻研！

李同学的妈妈从小就学习优异，后因家贫辍学，喜欢画画，养花种草。虽然李同学的妈妈离开了学校，但她从未放弃过学习，无论工作中还是生活中，都具有自觉学习的习惯，她认为不断学习能够让自己变得更加自信，也能让家庭发展得更好。例如，现在李同学的妈妈辞职回家，全心带娃，还不忘学习，积极参加李同学班级开展的学习活动，主动学习育儿知识，科学带娃；学习花草养护知识，建设乡村美丽庭院；研究小吃新品，丰富乡村美食文化等。李同学的爸爸说道：娃他妈闲不住就自己开了一个小吃部，最开始是为了带孩子上学顺带找个事做补贴点家用，刚开始做时，小吃的品类也很单一，只有包子、手抓饼，那时生意也不太好。后来通过自主学习做早餐，又慢慢地增添了很多新品，比如肉夹馍、寿司饭卷、点心之类的，尤其是自己研发的海苔＋八宝米饭＋肉松的寿司饭卷，特别受家长和孩子们的喜爱。

3. 共学互学：孙辈获得家庭学习的积极影响

共学互学是指不同主体在具体学习时段、不同学习时段或不同学习类型间进行共同学习、相互学习，从而促进主体间的思想交流、文化互鉴和价值提升等。[21] 换而言之，共学互学是不同主体间为提升知识、技能或改变思想观念所进行的共同学习或相互学习的一种学习形式，比如隔代学习、亲子共学互学等。受家庭学习情境的影响，李同学和她的弟弟都比较喜欢学习，学习也很主动和自觉，比如李同学姐弟俩都喜欢向妈妈学习做早点、学习画画等，向爸爸学习电脑拆卸，组装，学习一些种植技术，了解古董知识等。而李同学的爸爸和妈妈则受其爷爷奶奶的思想观念的影响，无论在生活中还是在工作中都始终坚持学习，比如李同学的妈妈积极参加育儿知识学习、花草养护知识学习等。空闲时李同学的爸爸妈妈、爷爷奶奶也会教他们农作物种植、收拾家务、烹饪美食等方面的知识。此外，李同学有时也会给他们的爷爷奶奶讲解一些电子产品的使用方法，比如微信的下载和使用、安康码的下载和使用、网络购物的技能等，如此也就形成了家庭共学互学的良好氛围，孙辈在家庭学习过程中也获得了积极的影响。

（二）学习型乡村家庭建设的实践模式

1. 家庭学习的基础：合理安排作息时间

家庭学习活动是指家庭活动中一切具有学习意义和学习价值的活动，例如家务劳动等。[22] 合理安排作息时间则是家庭学习活动开展的基础，科学合理地安排好家庭成员的作息时间，能够有效提高家庭成员的学习效率，促进家庭成员高质量发展。李同学的家庭作息时间很有规律，夏天的上学日，李同学的妈妈每天都是早晨 3:30 起床，冬天则是 4:00 起床到小吃部做早点，李同学和弟弟则是夏天 5:50 起床，冬天 6:30 起床，起床后李同学的爸爸带着他们去妈妈的小吃店吃早餐并帮助妈妈做或卖早餐，上午的生意一般是 8:30 结束，然后李同学的爸爸去村里上班，李同学的妈妈则回家忙家务并且看管家里的农资店。早晚李同学妈妈特别忙的时候，只要李同学与弟弟有空，都会去帮妈妈，学习做早餐；不忙的时候，姐弟俩就做老师留下的家庭作业或阅读课外书。周末或是假期，可以稍微“奢侈”一下，与平时相比，李同学与弟弟可以稍微晚点起床，但正常是夏天 6:00，冬天 7:00 起床，每天起床后，姐弟俩有半小时的朗读时间，晚上也有固定的家庭阅读时间，父母有空时就和孩子一起读书，没空时，孩子们自己读，这已经养成了习惯。白天的时间，李同学的爸爸一般忙村里的公务，李同学的妈妈则与孩子们一起学习，一起劳动，一起游戏，李同学的爸爸只要有时间，也会积极参与陪伴孩子的学习。

2. 家庭学习的前提：构建和谐的家庭关系

家庭关系对儿童学业成绩、社会技能、语言能力以及情绪问题行为等产生重要影响，是儿童成长环境的重要组成部分[23]，也是学习型乡村建设的前提条件。在李同学的家里，家庭成员间关系十分和谐，比如李同学的爸爸妈妈几乎从不吵架，李同学爸爸妈妈也与爷爷奶奶相处很好，一家人关系非常和睦。在李同学家中，也非常民主，每个人都可以发表意见，谁说得有道理就听谁的，即使是李同学和她弟弟，只要他们有自己的想法和意见，爸爸妈妈也会耐心倾听。李同学的家庭也非常重视家庭学习氛围的营造，比如在家风家教方面，李同学的父母在衣、食、住方面很朴实，生活上也从不铺张浪费，孩子们在衣食方面也没有特别的要求，衣服只要干净整洁，穿着舒服就行。同时，李同学的妈妈也非常注重孩子的膳食平衡，两个孩子也从不挑食。在学习条件营造方面，两个孩子都有自己独立的房间，父母还特别强调一定要有书橱和独立学习的环境。在李同学弟弟的房间，笔者在访谈中还看到了家规家训和成长公约。此外，李同学爸爸妈妈也经常陪他们一起读书、打球等。据李同学的爸爸说，父母就是孩子的第一任老师，孩子就像一张白纸，出生后他们第一个模仿的对象就是父母，有样学样，家风家训和成长公约不仅仅是贴在那里，也一定会按章执行的。他说在孩子的教育问题上，他非常感谢妻子的付出。可见，李同学的家庭非常重视家庭学习环境的营造，使得李同学和她弟弟特别懂事、省心、学习成绩也都很优秀。

3. 家庭学习的契机：家庭成员“在一起”的时光

在终身学习的背景下，家庭成员、邻居以及其他社会人士之间可以形成共同学习、相互学习的共学互学新样态。[24] 在李同学家里，家庭成员“在一起”的时光成为家庭学习的契机。李同学的家里有一间棋类游戏和玩具房，李同学的爸爸妈妈通常一有时间就会陪孩子们一起玩，比如下象棋、下五子棋、蛇棋、飞行棋、拼乐高等。亲子一起玩游戏，既能增加交流机会，也能增进感情。除了棋类游戏、乐高以外，由于李同学和她弟弟都随她爸爸，是易胖体质，全家人也注重体育运动，常常是爸爸陪弟弟打篮球，妈妈陪姐姐打羽毛球。有时他们也会一起散步和骑自行车。此外，李同学姐弟俩有空时也跟妈妈学做小吃、做家务、养护绿植，李同学的妈妈有画画天赋，她们通常也会跟妈妈学画画。为了能给姐弟俩做榜样和辅导姐弟俩学习，从姐弟俩上学开始，李同学的妈妈就重拾课本，跟孩子们一起学习。李同学的爸爸还会和孩子们一起练习书法、教孩子们一些电脑知识和篮球技术。李同学的爷爷奶奶在外打工，经常也会和他们视频讲讲外面世界的见闻，有时也会讲讲过去的生活和故事，给孙子孙女一些正向的影响。

五、学习型乡村家庭建设的未来展望

（一）树立家庭终身学习理念，为学习型乡村家庭建设保值

心理学家哈里森说：“帮助儿童的最佳途径是帮助父母。”[25] 父母改变

了认知，树立了终身学习的理念，营造了良好的家庭学习氛围，孩子自然就能养成主动学习的好习惯。例如，李同学的妈妈喜欢种植花草和画画，当笔者谈到学习爱好时，两个孩子连忙找来妈妈自制的画册，特别骄傲地说妈妈如果有机会读书，一定能当个画家。而且还告诉笔者家里的装饰画都是妈妈亲手制作的。当笔者问李同学的妈妈眼中的爸爸是如何自学电子产品维修技术时，李同学的妈妈说只要跟电脑、电视、手机有关系的事，爸爸都如痴如醉。如果遇到不会的新问题，他就会找“度娘”，查资料，不把问题解决，他吃不好、睡不好。对于学习这件事，他是不达目的决不罢休！在这个日新月异的时代，每天都有新事物产生，如果我们自己故步自封，停滞不前，则很难与孩子有共同语言，更别提教育孩子了。所以家长需要面对真实、具体且处于快速发展中的孩子，需要研究社会的发展与教育体系的新变化，需要关注当下与未来。家长如果不具有终身学习理念，则是无法胜任这一角色的。[26]同时，我们需要明白，人永远不会变成一个成人，他的生存是一个无止境的完善过程和学习过程。在学习型社会背景下，家庭每个人都应是一名终身学习者。[27]

（二）加强家庭自主学习能力，为学习型乡村家庭建设护航

在调研中发现，很多乡村家庭自主学习能力非常差，比如乡村儿童在寒暑假、周末等整天处于“躺平”或放任自流的状态，对待学习要么不学、要么纯粹应付，整天除了玩手机、看电视、打游戏，就是睡懒觉，自主学习能力很差，而乡村家庭的其他成员也缺乏自主学习的能力，比如在春节期间，很多乡村家庭都是通过打牌、闲聊等方式度过春节。因此，学习型乡村家庭建设，乡村家庭首先要加强自主学习能力，要具有“能学”“想学”“会学”以及“坚持学习”的精神[28]，主动挖掘乡村学习资源，比如充分利用乡村图书馆、乡村培训活动等方式，加强自主学习能力。其次，乡村政府应加强对乡村家庭自主学习的引导。例如，在学生假期，可以以村为单位，由政府组织，村干部和学校牵头，发动祖辈和假期返乡的大学生力量，在村委会设立假期留守儿童活动中心，开展手工、厨艺、农活、种植技术等学习活动，加强乡村家庭自主学习能力。最后是社会应积极开展学习帮扶，增强乡村家庭自主学习能力，比如相关社会机构或个人可以组织乡村家庭开展有关农业知识与技能的培训，同时也可以给乡村家庭捐赠农业生产、育儿、经营管理

等方面的图书，以加强乡村家庭自主学习能力。

（三）营造家庭共学互学氛围，为学习型乡村家庭建设增效

李同学家庭之所以能够形成一个典型的学习型乡村家庭，一个重要的原因就是非常注重家庭共学互学氛围的营造。营造共学互学的乡村家庭氛围，首先乡村学校要注重乡村学生共学互学意识的培养，增强乡村学生共学互学的意识和能力，并积极引导乡村家庭开展共学互学活动，比如可以组织乡村家庭开展亲子阅读、隔代学习、家庭读书会等，实现乡村家庭共学互学；其次，乡村社区也可以开展共学互学主题活动，比如乡村医院可以组织乡村家庭学习健康医疗保健知识，乡村银行可以组织乡村家庭学习理财、存储等相关知识，乡村村委会可以组织乡村家庭学习国家政策文件、法律法规以及村规民约等方面的知识，从而形成乡村家庭共学互学的良好氛围；最后是政府、相关企业或慈善机构等可以组织乡村家庭开展共学互学活动，比如组织乡村家庭学习乡村传统文化、开展乡村家庭学习项目、举办乡村家庭学习研究等，从而激发乡村家庭共学互学的积极性，提升学习型乡村家庭建设成效。

参考文献：

[1] 习近平．高举中国特色社会主义伟大旗帜　为全面建设社会主义现代化国家而团结奋斗［EB/OL］.（2022-10-16）［2022-10-24］. http://cpc.people.com.cn/20th/GB/448350/448415/index.html.

[2] 李维，许佳宾，史秋衡．把学习型乡村建设作为乡村振兴的着力点和突破口［N］. 中国社会科学报，2021-09-01（05 版）.

[3] 北京师范大学中国公益研究院．“乡村儿童阅读报告”发布：七成乡村家庭藏书不足 10 本［EB/OL］.（2018-05-04）［2022-11-18］. https://m.gmw.cn/baijia/2018-05/04/28632591.html#verision=b400967d.

[4]［6］［9］朱文彪．创建学习型家庭理论与实践探索［D］. 上海：上海师范大学，2005：16，21，12.

[5] 李啸虎．知识经济：背景与前景［J］. 东方经济，1998（09）：59.

[7] 张声雄．学习型组织的创建［M］. 上海：上海科学普及出版社，2000：36-37.

[8] 叶忠海．学习型社会建设研究与探索［M］. 上海：同济大学出版社，2013：200-211.

[10] 袁玲俊，马静．关于创建学习型家庭的思考［J］. 绍兴文理学院学报（哲学社会科

学），2003（02）：107-109.

［11］杨雯珺．论学习型家庭的创建［J］．成人教育，2013，33（08）：78-79.

［12］乐善耀．学习型家庭［M］．上海：文汇出版社，2002：3.

［13］王丽，王玉芝．试论和谐社会背景下学习型家庭的创建［J］．当代教育论坛，2006（06）：42-43.

［14］赵宏亚．试论学习型家庭［J］．河南职业技术师范学院学报，2001（01）：55-56.

［15］夏雅君．学习型家庭的营造与创建［J］．景德镇高专学报，2009，24（01）：97-98.

［16］费孝通．江村经济［M］．上海：上海人民出版社，2007：25.

［17］戚务念，刘莉，王欣欣．农村留守女童：她们的日常生活与教育支持——以草山小学五（2）班为中心的考察［J］．当代教育科学，2019（1）：3-14.

［18］吴陈兵，孙婧．学习型乡村家庭助力乡村振兴［N］．中国社会科学报，2023-08-25（08 版）.

［19］张慧萍，侯怀银．“终身学习”解析［J］．职教论坛，2022，38（09）：88-95.

［20］伍红林，侯怀银．理论基石：叶澜教育思想的概念生成研究［M］．北京：人民教育出版社，2022：186-187.

［21］［24］李家成，程豪．共学互学：论终身教育体系中的主体间关系［J］．终身教育研究，2020，31（06）：22-27.

［22］蒋广宇，高洁．“双减”政策下家庭活动的学习价值再认识［J］．中华家教，2021（05）：87-89.

［23］杜屏，张言平．亲子关系和家庭学习环境对初中生复原力的影响研究［J］．教育学报，2020，16（04）：82-94.

［25］［美］托马斯·哈里森．我好！你好！［M］．陈朴，等译．北京：中国轻工业出版社，1988：158.

［26］李家成．关注终身学习视角下的家长学习［J］．教育视界，2019（1）：33-34.

［27］联合国教科文组织．学会生存：教育世界的今天和明天［M］．北京：教育科学出版社，2005：196.

［28］庞维国．论学生的自主学习［J］．华东师范大学学报（教育科学版），2001（02）：78-83.

学习型社会背景下老年教育地方立法的文本考察与优化路径*

武　珍　张　飞**

摘　要： 老年教育立法的发展对学习型社会的建设和完善有重要意义，我国现有的老年教育立法以地方立法为主体，主要有《天津市老年人教育条例》《徐州市老年教育条例》《安徽省老年教育条例》《山东省老年教育条例》《贵州省老年教育条例》。本文通过考察五部老年教育地方立法文本，分析我国当前老年教育地方立法概况，发现我国老年教育地方立法存在一些问题，包括：部分法规修改迟缓，法律文本结构有待构建；可操作性不足，行政部门职责有待细化；激励政策有限，社会参与度有待提高；法律责任规范较少，法律后果有待明确。针对老年教育地方立法存在的问题，本文建议采取以下措施不断优化老年教育地方立法：及时修订立法，完善体例结构；细化部门管理职责，实现地方立法价值；丰富完善激励机制，发挥社会参与效能；完善法律责任体系，实现立法效果等。

关键词： 学习型社会；老年教育；地方立法；文本考察；优化路径

党的二十大报告指出，要“建设全民终身学习的学习型社会、学习型大国”。[1] 从教育战略上要求构建服务全民终身学习的教育体系，形成全民学习、终身学习的学习型社会，促进人的全面发展。而在此过程中，社区教育、老年教育是其中重要的一环，是全民终身教育体系构建过程中的重要组成部分。学习型社会（learning society）这一理念自 1968 年由美国学者赫钦

* 基金项目：全国教育科学规划课题教育部重点项目“社区老年学习共同体构建研究”（DKA220347）、安徽开放大学老年教育研究一般课题“老年教育地方法规实践研究”（LNJY2022YB04）阶段性成果。

** 作者简介：武珍，安徽开放大学安徽老年教育研究院讲师，法学硕士，主要研究方向：老年教育政策与法规；张飞，安徽开放大学安徽老年教育研究院副教授，博士，主要研究方向：老年教育、社区教育。

斯在其著作《学习型社会》中提出以来，发展至今已经成为世界各国普遍的共识。建设学习型社会，必须要有相应的法律体系作为保障条件，近年来，全国部分省市陆续颁布出台了终身教育、社区教育、老年教育等相关法律法规，有效地保障了老年人的学习权、受教育权等各项基本权利，有力地促进了老年教育事业健康发展。

2002 年，天津市出台了我国第一部老年教育条例——《天津市老年人教育条例》，开启了我国老年教育法治化发展之路。2004 年，江苏省徐州市出台了《徐州市老年教育条例》。随着我国人口老龄化不断加深、人口结构的调整，国务院办公厅于 2016 年制定并印发《老年教育发展规划（2016—2020 年）》（下文简称《发展规划》）。在这种宏观背景下，安徽省、山东省和贵州省先后于 2020 年、2021 年和 2022 年出台了《安徽省老年教育条例》《山东省老年教育条例》和《贵州省老年教育条例》，我国老年教育地方立法逐步完善，老年教育的法治化之路继续往前推进。截至 2023 年 8 月，全国共有 5 个省市先后出台了老年教育地方性法规条例。除此之外，当前正在研究制定地方性法规条例的还有福建等省市。

现行的五部地方老年教育立法是地方老年教育发展理念的具体体现，是地方老年教育实践的总结，是我国老年教育地方立法发展的重要成果。本文从“立法技术”视角检视老年教育地方立法，从立法内容上考察五部地方立法文本，分析我国当前老年教育地方立法概况，总结现阶段我国老年教育立法存在的问题，探索我国老年教育地方立法的优化路径。

一、老年教育地方立法的名称与结构

法律名称是法律文本的重要组成部分，是立法技术重要内容，具有识别、区分和系统集成的重要功能。法律文本结构反映的是法律文本的逻辑，通过文本目录可以窥探整部法律的内容。分析老年教育地方立法的名称和结构是文本分析的首要部分，从中可以了解文本的基本概况。

（一）地方立法的法律名称

在一个完整的法律名称中，既有适用范围、制定主体、表现形式和效力位阶等形式要素，亦有调整事项和规范领域等实质要素。[2] 目前，我国老年教育地方立法以“适用范围＋调整事项＋表现形式（效力位阶）”进行命名（见表 1）。

表 1　老年教育地方立法基本情况

立法地区	天津市	徐州市	安徽省	山东省	贵州省
条例名称	《天津市老年人教育条例》	《徐州市老年教育条例》	《安徽省老年教育条例》	《山东省老年教育条例》	《贵州省老年教育条例》
公布日期	2002 年 7 月 18 日	2007 年 7 月 27 日	2020 年 11 月 16 日（2022 年 3 月 25 日修订）	2021 年 9 月 30 日	2022 年 10 月 14 日

说明：表中内容系作者根据公开资料整理而成。另，为行文表述方便，下文分别将上述五部条例简称为《天津条例》《徐州条例》《安徽条例》《山东条例》《贵州条例》。

五部老年教育地方立法的名称都包含了实质要素和形式要素，较为准确地概括出了法规的内容。其以“行政区”明确了法规的适用范围，如“天津市”“徐州市”“安徽省”等；以“老年教育”或“老年人教育”确定了法规的调整事项和规范领域，明确调整对象；以“条例”的表现形式明确了其效力位阶，属于地方立法，其立法主体是地方人大及其常委会。[3]

（二）地方立法的文本结构

全国人民代表大会常务委员会法制工作委员会印送的《立法技术规范（试行）（一）》对法律结构的形式进行了明确规范。合理、科学、严密的框架设计可以增强法律文本的合理性，提高立法质量。我国老年教育地方立法中，只有《山东条例》进行了章节划分（见表 2）。

表 2　老年教育地方立法的法律文本情况

条例	《天津条例》	《徐州条例》	《安徽条例》	《山东条例》	《贵州条例》
总条款数	12	21	27	44	29
是否有章节划分	否	否	否	是	否

由表 2 可知，五部条例中有四部条例条款数在 30 条以下，无篇章划分，文本结构呈逐条罗列的“零散型”。《山东条例》的条款数量达到 44 条，共分为五章，分别是总则、体系建设、组织实施、服务保障、法律责任和附则。这种立法体例通过章节名称就可以对整部条例有一定的了解，条理清晰，便于适用。

二、老年教育地方立法文本内容分析

鉴于只有《山东条例》有篇章结构，不能代表老年教育地方立法的整体认识，故在分析立法文本内容时不以其章节进行论述，本文将条例文本分为总则和分则两部分，总则从立法目的、基本概念、发展原则进行分析；分则按照所涉主体角度，从老年教育的行政管理体制、教育机构的运行和管理、社会力量的参与方式及激励措施和法律责任等四个部分进行分析，以期对条例的整体进行分析和把握。

（一）总则

1. 立法目的

立法目的乃是立法者制定法律的原始初衷或意图，它服务于特定的目标与法政策，蕴含着立法者制定法律之初的理由、意图、价值判断与利益衡量。[4] 对立法进行研究首先要对立法目的进行分析。上述五部条例均把文本的第一条作为立法目的条款，立法依据均为《中华人民共和国教育法》《中华人民共和国老年人权益保障法》。综合五部条例的相应规定，立法目的包括保障老年人受教育权利、促进老年教育发展、完善终身教育体系、积极应对人口老龄化等，各个条例采纳了不同的立法目的（见表 3）。

表 3　老年教育的立法目的

立法目的	采纳条例数量（个）	采　纳　条　例
保障老年人受教育权利	4	《天津条例》《徐州条例》《安徽条例》《山东条例》
促进老年教育发展	5	《天津条例》《徐州条例》《安徽条例》《山东条例》《贵州条例》

续 表

立法目的	采纳条例数量（个）	采 纳 条 例
完善终身教育体系	4	《天津条例》《徐州条例》《安徽条例》《贵州条例》
积极应对人口老龄化	3	《安徽条例》《山东条例》《贵州条例》

如表3所示，五部条例的立法时间跨度虽长达20余年，但立法基本目的有一定的统一性，均规定了“促进老年教育的发展”，这也与国家出台的政策性文件《发展规划》相一致。在立法表述上，五部条例的立法目的均以“为了”或“为”作为标识语，以“保障”“促进”作为关键词，立法目的均包含三四个层次，层次繁简也较为适度。

此外，立法目的在基本统一的情况下又有些许差异，《天津条例》《徐州条例》由于立法较早，没有把“积极应对人口老龄化”作为立法目的。需要指出的是《天津条例》虽未明确“积极应对人口老龄化”的立法目的，但也将“适应老龄化社会的发展要求”作为自己的立法目的之一。

2. 基础概念

法律的基础概念是老年教育立法需要规范的内容，也是构建老年教育法律规范的基础。“老年教育”“老年教育机构”就是最基础的两个概念，它们确定了老年教育条例规范事项的具体范围，奠定了老年教育管理体制建构的基础，是老年教育法律规范的基本元素。

1）老年教育的概念

准确界定“老年教育”的内涵是老年教育立法的基础，五部条例均进行了规定。五部条例对老年教育概念的规定由“老年教育的对象”“老年教育的功能”两个部分组成。“老年教育的对象”在五部条例中有两种界定方式，一种是《徐州条例》规定的“六十周岁以上的公民”，另一种是其他四部条例规定的“老年人”。本文认为，“老年人”的表述较为妥当，可以根据经济社会的发展确定具体的年龄标准，有利于维护法律的稳定性。关于“老年教育的功能”的规定同样分为两种方式，《天津条例》《徐州条例》把老年教育定位为“非学历教育”，另外三者定位为“终身教育的组成部分”，这两种不同的规定体现了我国对老年教育认识的发展演化。

2）老年教育机构的概念

“老年教育机构”概念的确定是老年教育事业规范和发展的基础，地方立法对其规定是不断发展的。《天津条例》未对老年教育机构作出规定，其使用“老年人学校”指代；《徐州条例》通过明确受教育主体——老年人，认定老年教育为非学历教育，对教育性质进行了概念界定；《安徽条例》《山东条例》《贵州条例》通过明确举办主体的方式界定概念，其举办主体是“政府、企业事业单位以及其他组织、个人”；《安徽条例》《贵州条例》还进一步就机构形式进行了列举，即包括各级各类老年大学、老年开放大学、老年学校。

综上，老年教育立法中对基本概念的认识并不是一成不变的，它与老年教育本身的发展紧密相连，是对社会现实的一种反映和记录，且随时代发展，其内涵不断丰富。

3. 发展原则

老年教育发展遵循的原则是老年教育发展的方针，老年教育地方立法对其进行了详细规定。综合五部条例的规定，老年教育发展的基本原则有：党委领导、政府主导、社会参与、面向基层、因地制宜、按（因）需施教、规范发展、开放共享、公益普惠。各个条例采纳了不同的原则（见表4）。

表4　老年教育的发展原则

基本原则	采纳条例数量（个）	采　纳　条　例
党委领导	2	《安徽条例》《贵州条例》
政府主导	3	《安徽条例》《山东条例》《贵州条例》
社会参与	3	《安徽条例》《山东条例》《贵州条例》
面向基层	3	《安徽条例》《山东条例》《徐州条例》
因地制宜	2	《天津条例》《安徽条例》
按（因）需施教	2	《天津条例》《安徽条例》
规范发展	1	《山东条例》
开放共享、公益普惠	1	《贵州条例》

从表 4 可见，“政府主导、社会参与、面向基层”三项发展原则共识性较强，其他原则属个性化原则。“党委领导”被《安徽条例》《贵州条例》纳入了老年教育发展的基本原则中，它是老年教育政策法律化的重要体现。“政府主导”和“社会参与”被《安徽条例》《山东条例》《贵州条例》作为老年教育发展的基本原则，也是对《发展规划》的吸收。该原则为老年教育发展作出了指引，明示了老年教育的发力点。“面向基层”被《安徽条例》《山东条例》《徐州条例》确立为基本原则，一定程度上反映了老年教育的发展重点。因地制宜、按（因）需施教是针对教学内容的原则，是较为细致的发展原则，其被《天津条例》《安徽条例》所吸纳。

（二）分则

1. 老年教育的行政管理体制

老年教育的上级主管部门众多，正所谓“九龙治水”，不同部门之间职能存在交叉，目前鲜有地区成立专门的机构或部门来负责老年教育的管理工作，这种情况下往往难以实现对老年教育活动的管理和有效监督。老年教育行政管理体制是否健全关系到老年教育事业能否健康快速发展，因此，老年教育立法需要对其重点明确，五部条例根据各自的实际情况对老年教育的行政管理体制和运行保障进行了规定。

1）行政管理体制

行政管理体制的核心是各级行政机构的权力和职责的划分，老年教育的行政管理体制主要是指各级行政机构在对老年教育管理中享有的权利和承担的职责。老年教育立法是老年教育管理的重要依据，其内容必然包含行政管理体制的规定（见表 5）。

表 5 老年教育的行政管理体制

条例名称	主管及管理方式	参与部门及参与方式
《天津条例》	各级人民政府负责	文化、体育、教育部门、老龄工作委员会、民政、卫生、财政、物价等部门，按照各自的职责，做好老年人教育工作
《徐州条例》	教育行政部门主管，人民政府老龄工作议事协调机构负责协调	人事、文化、体育、财政、卫生、民政、建设等部门，按照各自的职责，协同做好老年教育工作

续 表

条例名称	主管及管理方式	参与部门及参与方式
《安徽条例》	县级以上人民政府负责统筹协调，教育行政部门主管	发展改革、科技、民政、财政、人力资源社会保障、自然资源、住房城乡建设、文化旅游、卫生健康、体育、编制、老干部等按照各自职责做好老年教育工作
《山东条例》	县级以上人民政府组织领导，建立责任分担机制和工作协调机制	教育行政部门负责统筹规划、综合协调、宏观管理，教育行政部门、负责老龄工作的部门、老干部工作部门和其他有关部门在各自职责范围内分别负责
《贵州条例》	省级人民政府建立和完善老年教育工作协调机制；市州和县级人民政府可以根据实际情况参照建立相应的协调机制	有关部门在各自职责范围内负责有关的老年教育工作

通过表5可知，关于政府的主体地位和协调的工作机制在五部条例中具有一致性。老年教育作为重要的社会民生事务，地方人民政府责无旁贷，从2002年的《天津条例》到2023年的《贵州条例》均突出了政府的主体地位，这与《发展规划》中的“政府统筹”，与老年教育发展基本原则中的“政府主导”相呼应。关于老年教育的参与部门和参与方式，五部条例的规定也较为一致，均规定按照各自职责参与老年教育和协调的工作机制，不同点在于条例中列举的参与部门的多寡。

除了一致性的规定，老年教育地方立法中也有一定的特色。《徐州条例》《安徽条例》明确了教育行政部门为主管部门，但没有言明主管的方式和具体职责。《山东条例》《贵州条例》虽未明确教育行政部门的主管部门地位，但规定教育行政部门行使业务指导职责，对老年教育机构实行归口管理，有关部门按照管理权限负责。《山东条例》还规定教育行政部门负责统筹规划、综合协调、宏观管理，对教育行政部门的职责规定较为细致。

综上，老年教育地方立法行政管理机制有一定创新，比如教育主管部门的确立，但并未规定更多的职责，仅是对各部门职责的重申，更加强调老年教育的发展，政策性立法程度较高。

2）运行保障

老年教育具有社会公益性质，老年教育的发展不仅需要规定政府及各部门的职责，更需要资源的投入，有力的保障措施才能更有效地推动老年教育发展。目前，老年教育地方立法规定的保障措施包括经费投入、纳入规划、氛围营造、队伍建设等。

在经费投入上，《天津条例》规定多渠道筹集，政府要逐步增加经费投入；非政府组织的，由举办者筹集；社会捐赠和收取学费。《徐州条例》在此基础上进一步规定“老年教育经费专款专用”。《安徽条例》规定老年教育经费要纳入同级财政预算，并拓宽老年教育经费投入渠道。《山东条例》规定政府、社会力量和受教育者等多主体分担和筹措老年教育资金的机制。《贵州条例》规定根据老年教育机构实际办学情况，可以给予经费补助。五部条例都意识到老年教育发展需要政府给予一定经费，但给予的方式和数量均没有明确，只有安徽省明确规定纳入同级财政预算，可见政府对老年教育经费投入的保障力度仍有待提高。

《徐州条例》《安徽条例》《山东条例》《贵州条例》将老年教育发展纳入国民经济和社会发展规划，安徽省还将其纳入教育事业发展规划中，这种规定为政府发展老年教育提供了法律保障。

近年出台的《安徽条例》《山东条例》《贵州条例》已充分意识到“营造良好的社会氛围”和“队伍建设”两项运行保障措施的重要性。三者都规定通过多种形式宣传老年教育，为老年教育健康发展营造良好社会氛围，倡导社会的投入。三者均规定老年教育机构应当建立教学和管理队伍，其中《山东条例》提出的建设标准是适应老年教育需要；《安徽条例》《贵州条例》规定的建设标准包括结构合理、素质优良、适应老年教育需要，队伍人员包括专兼职人员、志愿者等。

近年来老年教育不断得到重视，政府也给予了各项支持，包括但不限于本文中概括出的上述保障措施，这都将有力推动老年教育的发展。

2. 老年教育机构的运行及管理

老年教育机构是老年教育发展的主要阵地，其规范运行对老年教育事业的发展有着重要意义，对其管理应当纳入法治轨道。本文将从机构的设立、变更、消灭，机构的权利义务，机构的监督管理等三个方面来分析老年教育机构的运行（见表 6）。

表 6　各条例规定老年教育机构运行及管理的条款

条　例	《天津条例》	《徐州条例》	《安徽条例》	《山东条例》	《贵州条例》
设立、变更、消灭	—	10～13	15	22	19
机构的权利、义务	9	14～16	18～20	24～33	20～22、25
机构的监督管理	—	18	23	7	7、26

关于教育机构的设立、变更、消灭，《天津条例》没有相关规定；《徐州条例》规定较为详细，明确了教育行政部门为登记注册部门；《安徽条例》《山东条例》《贵州条例》仅规定按照国家有关规定办理，但未具体指明规定的详细内容。

关于教育机构的权利、义务，《天津条例》仅用一条规定了老年人学校享有的八项权利，包括内部自主管理和教学管理的权利。其他四部条例用“应当”“不得”作为连接词规定了老年教育机构的义务，用“可以”规定了老年教育机构的权利，主要是关于老年教育机构的教学和学员管理、师资队伍建设、学员安全、内部管理制度的要求等。除《徐州条例》，另外四部条例都规定了教育可以收取学费的权利。

关于教育机构的监督方式，《天津条例》概括规定为“依法接受监督”；《徐州条例》规定为“定期进行教学评估”；《安徽条例》主要针对教学管理、教学活动，由教育行政部门会同有关部门定期检查和督导；《山东条例》《贵州条例》规定有关部门应当按照各自职责进行监督管理。

3. 社会参与方式及激励措施

在老龄化程度日益加深的时代背景下，多元社会主体参与是对政府举办老年教育的有益补充，可以将老年教育的主办责任从单一的由政府承担转变为由多元社会主体共同分担，切实促进老年教育提质增效。五部条例对于社会参与的规定以“倡导性”条款为主，均鼓励、支持社会力量参与老年教育（见表 7）。

表 7　老年教育社会参与方式

条例名称	条款	参与方式	激励措施
《天津条例》	8	举办老年人学校、捐资助学	——
《徐州条例》	9	举办老年人学校，捐资助学	——
	13	——	按照或者比照中小学校收取或减免相关费用
《安徽条例》	6	在养老机构设立老年教育课堂等学习场所	——
	13	支持社会力量兴办老年教育机构	政府购买服务、项目合作
	18	志愿者参与老年教育	——
《山东条例》	8	志愿服务组织、志愿者参与	——
	14	与老年大学、老年学校联合办学	——
	21	各类养老机构设立固定的学习场所	——
	34	——	（1）按照国家和省有关规定享受税收优惠和行政事业性收费减免； （2）对老年教育的公益性捐赠支出，依法享受税前扣除
《贵州条例》	8	志愿服务组织、志愿者参与	——
	13	各类养老机构设立学习场所	——
	15	兴办老年教育机构	（1）购买服务、项目合作。 （2）对租用闲置国有资产按照规定给予租赁优惠。 （3）可以给予经费补助。 （4）按照国家和省有关规定享受税收优惠和行政事业性收费减免政策。 （5）对老年教育的公益性捐赠支出，依法享受税前扣除

通过表 7 可知，地方政府鼓励社会参与老年教育的方式逐渐丰富，后出台的三部条例中包含了兴办老年教育机构、养老机构举办老年教育活动、志愿者或志愿组织参与等，老年人受教育的场所不断拓展，老年人受教育的便捷性不断提高。

兴办老年教育机构的激励措施有政府购买、项目合作、租赁优惠、税费优惠、经费补助，各个地方规定各有不同，如表 7 所示。其中较为突出的是《徐州条例》，给予老年教育机构在建设、水电气等费用收取时与中小学同样的优惠待遇。《贵州条例》规定的激励措施最多，而且比较具体。

除了办学上的政策支持，五部条例对办学的事后奖励均有规定，但均仅有一条。奖励规定一般包括奖励主体、奖励依据和奖励对象。《天津条例》《徐州条例》《山东条例》规定奖励主体是各级政府，《徐州条例》《安徽条例》未予以明示。奖励的依据可以理解为奖励的条件、程序、种类和标准的综合，对此天津市、徐州市未明示，《安徽条例》《贵州条例》中的依据是“按照国家和省有关规定”，《山东条例》则是“按照有关规定”。表彰的对象均是对老年教育做出突出贡献的组织和个人。综上，条例对事后奖励的规定操作性不强。

4. 法律责任

法律责任作为法律运行的保障机制，是法治不可缺少的环节，作为一个重要概念，是法学范畴体系的要素。[5] 它是任何法律、法规、规章必不可少的，是法律规范社会秩序的力量来源。老年教育地方立法中的责任主体一般包括老年教育行政管理部门及工作人员、老年教育机构及其管理人员。我们从责任主体出发，对老年教育地方立法中的责任条款进行分析（见表 8）。

表 8　法律责任

条例名称	责任主体	条款	违法行为	责 任 内 容
《天津条例》	行政部门及其工作人员	——	——	——
	老年教育机构及其工作人员	10	——	应当遵守法律、法规，执行国家方针政策，依法接受监督
《徐州条例》	行政部门及其工作人员	——	——	——

续 表

条例名称	责任主体	条款	违法行为	责 任 内 容
《徐州条例》	老年教育机构及其工作人员	19	擅自举办老年教育机构的	责令限期改正；补办审批手续；责令停止办学；依法承担赔偿责任。 违反本条例其他规定的，依法处理
《安徽条例》	行政部门及其工作人员	25	未履行法定职责的	责令改正；直接责任人员，依法给予处分
	老年教育教育机构及其工作人员	26	违反本条例规定的	法律、行政法规已有处罚规定的，从其规定
《山东条例》	行政部门及其工作人员	40、41	未依法履职或者滥用职权、玩忽职守、徇私舞弊的	责令改正；责任人员依法给予处分；构成犯罪的，依法追究刑事责任
	老年教育机构及其工作人员	40、42、43	骗取钱财的；开展营利性讲座培训等活动的；进行商业活动的	责令限期改正，予以警告；有违法所得的，退还所收费用后没收违法所得；情节严重的，责令停止招生、吊销办学许可证；构成犯罪的，依法追究刑事责任；依照有关法律、法规的规定进行处罚
《贵州条例》	行政部门及其工作人员	27	未依法履职或者滥用职权、玩忽职守、徇私舞弊的	情节轻微的，责令改正；情节严重的，对直接责任人员依法给予处分
	老年教育机构及其工作人员	28	违反本条例规定的	违反本条例规定的行为，法律、法规已有处罚规定的，从其规定

法律责任分为民事法律责任、行政法律责任和刑事法律责任，老年教育地方立法中行政部门及相关责任人员主要涉及行政责任和刑事责任。《天津条例》《徐州条例》未规定行政部门及相关责任人员的责任。《安徽条例》

《山东条例》《贵州条例》规定行政管理部门和相关责任人员的违法行为的法律后果是“责令有关部门改正、对直接责任人员给予行政处分”，其中《山东条例》还进一步规定“构成犯罪的，依法追究刑事责任”。

关于老年教育机构及其工作人员的责任条款，《天津条例》仅规定要遵守法律法规，没有明确责任方式。《徐州条例》规定了老年教育机构未经许可开展老年教育的处罚问题，包括责令限期改正、责令停止办学的行政责任和承担赔偿责任的民事责任。《安徽条例》《贵州条例》规定“违反本条例规定的行为，法律、法规已有处罚规定的，从其规定”。[6]《山东条例》用“法律责任”一章共四条专门规范法律责任，其中三条适用于老年教育机构，并列举了违法事项，其责任形式是责令限期改正、警告、没收违法所得、责令停止招生、吊销办学许可证的行政处罚，以及构成犯罪的，依法追究刑事责任。

老年教育地方立法法律责任规范并不符合一般情况下三要素立法模式，即“假设条件 + 行为方式 + 法律后果”，老年教育地方立法更多的是一种概括式的法律责任，缺乏完整的法律要素，这种模式下法律的指引、评价功能会受到影响，不利于发挥法律实效。

三、老年教育地方立法中存在的问题

老年教育是学习型社会建设的重要组成部分，通过终身教育、终身学习理念的普遍提倡推广，促进全民学习，进而打通终身教育的“最后一公里”。这就意味着，面对人口老龄化进程的加快，加快发展老年教育，加强立法保障，对于促进终身教育理念落地及形成全民学习的学习型社会具有巨大的推动作用，老年教育立法则成为建设学习型社会的重要内容。地方老年教育立法体现了当地对老年教育事业发展的高度重视，一些制度设计符合立法目的，具有一定的针对性和实用性，且不乏制度创新之处，但在学习型社会构建过程中、在法律法规可操作性层面上，我们也发现老年教育地方立法中仍存在一些问题，主要如下。

（一）部分法规修改迟缓，法律文本结构有待构建

老年教育是一个系统工程，涉及的主体多、关涉的事项多，其立法也应

当是系统性的。除《山东条例》外，其他四部老年教育地方法律文本未进行章节划分，这种形式使法律文本缺乏条理性，不利于对该条例的理解和贯彻执行，法律的系统性不足。此外，《天津条例》《徐州条例》出台至今20余年未进行修订，尤其是《天津条例》，作为首部老年教育地方立法存在一些疏漏，已不适应当今时代老年教育的发展需要，具体表现为，没有明确一些基础概念，行政主体的责任规定缺乏或不完善，缺乏老年教育主体的相关义务性规定等。自身的缺漏，加之老年教育自身的发展，学习型社会建设的不断推进，使得法律对实践的指导作用减弱，亟待修订。

（二）可操作性不足，行政部门职责有待细化

我国的老年教育地方立法将“政府主导”作为老年教育发展原则，凸显老年教育的公益性质，强调老年教育中的政府义务，但是通过上文分析可见，目前“政府主导”的运行机制有待优化。

学习型社会是未来一种崭新的社会形态，需要相应的制度创新。但纵观五部条例，均未创设新的行政部门负责老年教育统筹管理工作。《贵州条例》虽然规定教育行政部门牵头研究制定老年教育发展政策措施，但仍是在其原职责范围内负责有关老年教育工作。[7]五部条例也均未创设新的部门职权和义务履行老年教育职责，条例多规定为“按照各自职责”，但并未言明在老年教育中承担何种职责。加之政府部门之间以“协调”的方式推进工作，使得政府部门推动老年教育发展内驱力不足。综上，地方立法对老年教育的行政管理体制在沿用原有管理体制基础上的“提示性”的规定，这种规定对现实运作指导不足，推动力有限，影响立法目的的实现。

（三）激励政策有限，社会参与度有待提高

《发展规划》和在其之后出台的三部条例虽然都规定了老年教育“社会参与”的原则，但目前老年教育仍是以政府主导的一元制发展模式为主。在这种模式下，政府将老年教育纳入国民经济发展规划之中，保障了老年教育基本面上的发展，“社会参与”则可扩大老年教育的高质量发展需求。当前我国老龄人口数量不断增长，经济社会发展不均衡，老年人对老年教育学习需求总量大、内容差异大，需要社会广泛参与，提供多元的老年教育产品，满足老年人不同层次的学习需求。

现行条例中促进“社会参与”的条款多为倡导性的条款，如税费政策主要是对现有规定的重申，规定对老年教育作出贡献的人和单位给予表彰，整体来看缺乏可操作性，对于福利性的老年教育行业不能有效引起社会关注和资源倾斜，不能很好地实现“社会参与”原则的贯彻。

（四）法律责任规定较少，法律后果有待明确

老年教育立法目的是保护老年人受教育权，促进老年教育的发展，明确为此应该做什么、怎么做，而不是强制老年人参与教育活动。通过法律责任之设定使得违反法律的行为面临适当的法律制裁，倒逼人们依据法律设定的行为准则行事。[8]现行条例中规定政府及其工作人员和教育机构的法律责任是值得肯定的，但即使是只针对这两个主体的法律责任的规定也是不足的，主要体现在：一是数量上，现行条例中包含的法律制裁的条款较少。即便是用专章规定“法律责任”的《山东条例》也仅有 4 条，制裁后果条款也仅有 2 条。法律的否定性评价不足，导致其缺乏强制性支撑，刚性不足。二是内容上，法律后果规定不明确。现行条例中多用“依法给予处分”，制裁内容不明，指向性较弱，法律的权威性受到影响。三是系统性上，具体义务与责任未能较好对接。条例中对违法行为的描述含糊、概念化，比如“未履行法定职责的”“违反本条例规定的”，这导致法律责任与行政部门、教育机构权利义务不能有效对接，对违法的判断和追责都存在一定的难度。总之，法律责任规定的不足导致法律的刚性不够。

四、老年教育地方立法的完善路径

全民终身学习的学习型社会、学习型大国建设是一个系统工程，需要各级各类教育、社会各个层面的大力支持、交叉组合、“立交桥”式的共同合作。老年教育事业是其中不可缺少的一环，老年教育立法则为学习型社会的建设提供了重要的法律保障。故此，创新和完善老年教育地方立法工作，以地方立法引领地方社会治理的改革和进步，是推进地方社会治理现代化的必然选择，也是推进国家治理体系和治理能力现代化的必然要求。[9]老年教育地方立法作为地方政府实现社会治理的重要举措，完善学习型社会建设的重要抓手，需要对社会发展作出及时回应，依托切实可行的专项立法助推老年

教育高质量发展。其完善路径主要包括以下几方面。

（一）及时修订立法条款，完善体例结构

五部条例中仅《安徽条例》进行了修订（2020 年 11 月颁布实施，2022 年 3 月修订），其他条例均未进行修订。法律修改是增强法律法规适应性、可操作性以及保持与时俱进品格的必由之路。[10] 法律在立法之初对老年教育推动有一定的社会效益，但不是一劳永逸的，需要随着老年教育事业的新发展、新的国家政策出台，修订不相适应的立法内容，增加缺漏的部分，使体系更趋完整，增强地方立法的科学性、合理性，使立法真正具有指导意义。

地方立法需要进行文本框架设计，可以主体为逻辑线索，分为总则、政府职责、机构管理、社会参与、法律责任、附则，或借鉴《山东条例》的章节划分，分为总则、体系建设、组织实施、服务保障、法律责任、附则等方式，进行文本结构设计，促进法规的完整性、系统性，提高法律的实用性。

（二）细化部门管理职责，实现地方立法价值

老年人受教育权是公民受教育权的重要组成部分，《中华人民共和国宪法》规定公民有受教育的权利和义务，《中华人民共和国老年人权益保障法》更明确规定老年人有继续受教育的权利，并将其纳入终身教育体系。老年教育地方立法宣告了老年教育走向法治化，它弥补了上位法空白，解决了地方老年教育发展的法治需求。

地方立法权是宪法和法律赋予地方的权力，应当用好这一社会治理手段。作为创制性立法的老年教育地方立法可在不与上位法抵触的前提下进行权责的创制，结合老年教育发展实践，大胆创新管理机制。建议将老年教育纳入政府教育体制序列，同时从终身教育体系构建的视角助推老年教育的发展。[11] 参加政府教育序列，规范政府各部门对老年教育的责任与义务，为老年人行使受教育权提供制度环境和物质保障。如可规定县级以上政府要承担主体责任，负责构建老年教育供给体系，保障老年教育基层供给；教育行政部门承担主管责任，具体负责老年教育实施工作，明确其职责包括制定教育目标，培养师资力量，监督考核评价等；民政部门要对养老机构的老年教育进行指导和管理等，保障老年教育地方立法的可操作性。地方立法要避免

照搬政策式立法，发挥先行先试的地方立法职责，为国家立法提供参考，探索现代老年教育治理体系。

（三）丰富完善激励机制，发挥社会参与效能

社会参与是老年教育发展不可缺少的力量，需要制定具有可操作性、创新性的制度才能保障立法的实效性，建议从两个方面进行完善：一方面，明确社会力量参与路径，增加政府政策支持。对老年教育机构开办和管理要有明确的规定，可参考《中华人民共和国民办教育促进法》的相关规定，制定相应条款；合作项目等政府购买项目可通过公开招标，扩大影响力，显示公平性，营造良好的社会氛围；还可创新各项税收减免政策、给予低息贷款、财政奖励、增加各项相关补贴等，不断鼓励支持社会力量关注老年教育，引导社会资源流向老年教育。另一方面，对现有老年教育条例中的奖励性条款进行完善，包括明确奖励的条件和程序，增加其可操作性，发挥奖励的评价作用和引导作用，推动老年教育机构不断提质增效，向高质量方向发展。

通过鼓励与引导社会组织、企事业单位和个人开办老年教育机构或参与老年教育服务，向市场、社会增加老年教育的供给主体，从而解决老年教育供给不足、品质不高、主体单一的问题，满足老年人教育的个性化、多层次的需求。通过外部激励机制促进社会力量参与老年教育发展，形成老年教育发展的内驱力，并更好地营造学习型社会的氛围。

（四）完善法律责任体系，实现立法效果

通常为保证立法内容的有效性会明确规定违规情况以及相应的处罚内容，从而设立硬性约束条款，使得在有法可依基础上进行违法必究，最终加强立法的有效性和规范性。[12] 老年教育需要的是引导、鼓励和支持，更需要违反相关法律法规时给予一定制裁，维护法律的权威，实现立法效果。

针对现行条例存在的问题，首先需要明确责任主体的义务，如在规定政府各部门职责情况下，细化行为规范，确定其所需要履行的义务；其次有义务即有责任，要增加对应的法律责任条款，有义务无责任的法律将沦为空谈；最后要有明确的法律后果，可以直接规定处罚内容或者援引其他法律规定，但援引其他法律时指向要明确，具体、明确的不利后果可以保证条例的“威慑力”。因此，要素完整的法律规范才能促进教育机构依法行为，防

止政府部门不作为，使老年人受教育权得到有效保障，实现法律应有的规范效果。

参考文献：

[1] 习近平：高举中国特色社会主义伟大旗帜，为全面建设社会主义现代化国家而团结奋斗——在中国共产党第二十次全国代表大会上的报告［EB/OL］［2022-10-25］. https://www.gov.cn/xinwen/2022-10/25/content_5721685.htm.

[2] 刘怡达 . 法律名称的要素、功能与确定方法——基于全国人大及其常委会的立法实践［J］. 法律方法，2022，39（2）：143-162.

[3] 参见《行政法规制定程序条例》第 5 条第 2 款规定：国务院各部门和地方人民政府制定的规章不得称“条例”。

[4] 杨铜铜 . 论立法目的类型划分与适用［J］. 东岳论丛，2023，44（2）：177-190.

[5] 张文显 . 法哲学范畴研究［M］. 北京：中国政法大学出版社，2001：116.

[6] 参见《安徽省老年教育条例》第 26 条、《贵州省老年教育条例》第 28 条。

[7] 参见《贵州省老年教育条例》第 7 条规定：县级以上人民政府教育行政部门牵头研究制定老年教育发展政策措施，推动扩大老年教育资源供给，在职责范围内负责有关的老年教育工作。

[8] 湛中乐，李烁 . 我国学前教育立法研究——以政策法律化为视角［J］. 陕西师范大学学报（哲学社会科学版），2019，48（01）：45-53.

[9] 肖金明，王婵 . 关于完善地方立法质量保障体系的思考［J］. 理论学刊，2022（01）：111-122.

[10] 蒋云飞 . 我国学前教育地方立法的检视与完善［J］. 教育评论，2022（10）：42-49.

[11] 吴遵民 . 老年教育论纲——中国老龄社会教育体系完善研究［M］. 南昌：江西教育出版社，2022：12.

[12] 国卉男，高晓晓 . 我国终身教育立法的特点、偏差与改进——基于地方立法文本的分析［J］. 职业技术教育，2019，40（31）：42-48.

社区学校支持中小学的现状、问题与改进*

——基于上海市社区学校的案例研究

匡　颖**

摘　要：2016年教育部等九部门《关于进一步推进社区教育发展的意见》中指出："积极开展青少年校外教育""实现社区教育与学校教育有效衔接和良性互动"。本文立足于上海市若干社区学校，总结归纳社区学校支持中小学的内容与方式，进而分析支持实践中存在的问题和影响因素，包括缺乏机制保障、惠及的对象有限以及社区学校自身的体制机制建设不足。最后提出相关改进策略，一是健全支持平台与机制，二是培养相关主体的专业素养，三是优化社区资源教育性转化。

关键词：社区学校；社区教育；支持；中小学

在终身教育思想的背景下，学校不再被视为教育的"孤岛"，而被认为是需要与社会沟通、联结的组织。社区学校在诞生之初就有为中小学提供社会教育资源的功能，但在发展过程中，社区学校的服务对象逐渐从中小学生转移至社区居民或成人教育与培训。曾有研究者对全国若干地区"中小学教师对于'社区教育'的知晓度、参与状态和发展预期"做问卷调查。在收集到的3 940份问卷中，有超过半数的中小学教师（56%）对社区教育这一概念不熟悉，熟悉"社区（社会）教育委员会"相关组织的仅占36%，对所在

---

* 基金项目：国家社会科学基金教育学重点课题"服务全民终身学习视域下社区教育体系研究"（项目编号：AKA210019）的阶段性成果。

** 作者简介：匡颖，上海市静安区业余大学发展研究部教师，主要研究方向：成人教育、终身教育。

区域内的社区学校（社区教育中心、市民学校、成人学校或相关学习场所）较熟悉的教师仅占 37%，由此可以推论：当前中小学教师对社区教育以及社区学校都比较陌生，社区学校与中小学的关系日益疏离。

目前国家已出台相关政策直接或间接地鼓励并引导中小学与社区学校开展互动与合作，在“双减”政策、“家校社协同育人”政策以及社区教育相关指导文件和各省市先后出台的终身教育“十四五”规划中都有所体现。以《上海市终身教育发展“十四五”规划》（以下简称《规划》）为例，其中明确提出社区教育要“加强与中小学校、职业院校、高等学校等合作，推进资源共建共享”。一些具有前瞻性视野的社区教育工作者也已开启了社区学校支持中小学的实践，但两者总体上呈现出社区学校单方面为中小学提供相关资源和支持，中小学主动发起或提供给社区学校的教育活动十分有限。当前社区学校支持中小学的实践状态到底如何？如何实现两者更好的合作与沟通？本研究将从支持现状、存在问题及改进策略三个方面展开论述。

一、社区学校支持中小学的现状

目前已有相关研究大多立足于中小学校，鼓励学校与社区中的各种组织（家庭、机关、社团、企业、其他学校）和成员（学生、家长）进行双向互动，但对社区学校支持中小学的研究十分有限。本研究立足于上海市若干所社区学校，以全国各地社区学校支持中小学的相关案例为研究资料，呈现社区学校支持中小学的方式和内容。

（一）社区学校支持中小学的方式

本研究中，社区学校支持中小学的方式主要是指社区学校运用何种方式为社区内的中小学校或中小学生提供教育或社会服务。通过对已有资料的整理和分析，研究者发现社区学校支持中小学的方式主要有三种，一是社区学校自主研发面向中小学生的课程或活动；二是社区学校联合社区其他力量，共同开发设计针对青少年校外教育的课程或培训；三是社区学校作为资源整合和统筹的机构，将社区内其他的机构或社会组织所拥有的教育资源链接到中小学，进而服务社区内中小学生的发展。下文以不同地区的实际事例呈现这三种方式的支持实践。

第一种支持方式是社区学校自主研发面向中小学的课程或活动，如上海市普陀区真如镇街道社区学校依托当地悠久的传统文化底蕴，开发了书法、国画、民乐、戏曲等一系列传统文化国学课程，这些课程通过真如镇街道社区教育大联盟开展的“中华优秀传统文化进学校、进课堂，提升学生人文素养”这一社教结合项目，为区域内10所中小学提供教学资源与服务。除了以社教结合项目传习优秀传统文化外，真如镇街道社区学校还探索出了一套旨在提升中小学生人文素养的游学课程，绘制人文行走学习地图，编印学习手册，为中小学生提供人文行走学习活动。[1]

值得一提的是，上述社教结合项目是在区域社区教育大联盟的指导下，由最初的社区学校支持中小学，慢慢发展成为各中小学自主研发并推广国学教育。如真如中学成立“中华传统文化进学校”项目工作组，自编国学系列阅读材料和校本读本；真如第三小学开展系列经典书籍的诵读活动；真如文英中心小学组建民乐团，学习中国传统乐器。社教结合项目还吸引了当地手工艺达人，如街道秸绣坊工作室主持人，他们会定期为当地幼儿园小朋友和小学生提供非遗手作学习。

由此可见，由社区学校牵头成立社区教育联盟或类似机构，能够统筹区域内丰富的教育资源，尤其是激发中小学创造优质的教育资源，共同致力于中国传统文化或其他更多主题教育活动的发展。[2]

第二种支持方式是由社区学校链接社区内不同组织内的丰富资源，共同设计面向青少年的课程或培训。例如，上海市杨浦区延吉新村街道社区学校与街道的图书馆、文化活动中心、文体俱乐部、社会综合治理办公室、“未成年人之家”以及杨浦区少科站六家单位共同成立了第一批指导站点，后又增设当地的体育馆、公园、餐厅以及养老院4个指导站点，促成了社区教育与学校教育的融合。又如，河南省南阳市镇平县涅阳街道办事处社区教育学校联合社区内各居村委与其他组织机构，包括办事处下辖的5个行政村、16个社区居委会，与当地的8所小学、4所初中进行资源整合与共享，定期开展青少年校外教育培训和家庭教育培训。[3]此外，社区学校还积极建立学校、社区和家庭教育的有效互动机制，通过家长会的形式，在社区开展系列学习活动。通常，社区学校联合社区其他力量开展的支持活动具有特定的学习主题，且社区学校能借助社区内不同组织机构的各类资源，设计出丰富的课程或项目。[4]

最后一种支持方式由社区学校委托其他社会组织或机构提供教育与学习服务。在这类支持实践中，社区学校更多承担了资源链接和统筹的工作，但并不直接参与教育学习资源的开发与设计。这类支持方式在国外较为常见，国外的一些社区学习中心除提供一些服务社区居民的学习活动外，往往还提供场地和平台资源。场地资源即学习中心的校舍和活动场地，这些场所皆可出租，活动策划者或组织方支付一定的租金，可在一定时间内利用社区学习中心为当地中小学生提供学习服务。而作为平台的社区学习中心则更类似于一个信息中心或资源库，社区内不同社会组织或教育机构可以在社区学习中心的官方网站或校社发布各自的学习信息，供有所需要的中小学校或其他机构参考。例如，荣获 2021 年联合国教科文组织学习型城市奖的澳大利亚温德姆市的 17 所社区学习中心都提供场地资源。[5]

我国上海市徐汇区凌云街道社区学校支持中小学的部分实践也与其相近。以该社区学校的“艺术家庭日”为例，该项目引入高校、社会组织、驻区单位等的专业资源和民间资源，吸引学生和家长利用双休日参与社区艺术体验。体验活动包括当代生活美学和手工创意体验、生态环保与艺术相结合的“环保创意美学”DIY 活动、“古法造纸”体验、人文行走、朗诵比赛以及系列讲座等。[6] 上述社会资源是由不同组织机构提供的，包括高校、企业、书店、图书馆、社会组织等。由此可见，这类实践多为艺术类教育服务，或是对专业技能要求较高，因而需要直接引入第三方机构对活动进行设计和策划。

综上所述，社区学校通常在纵向上联合乡镇人民政府或街道办事处、居村委，横向上联合公益组织或机构，如图书馆、文化宫、体育馆、文化公司等组织活动，完全由社区学校自主提供的支持实践是不常见的，社区学校需要与教育系统内外的各级各类机构有不同程度的联系或合作。作为一所集教育与社会性于一体的机构，社区学校自身所拥有的教育与文化、社会与经济资源都非常有限，这也就决定了社区学校需要链接社区内的其他各类资源，成为资源集聚与整合的学习中心，共同为包括青少年在内的社区居民提供各类教育服务。

（二）社区学校支持中小学的内容

社区学校支持中小学的内容丰富且多元，下文根据已有资料中的案例内容，对支持内容作简要归纳。归纳的维度可以参考《家校社协同育人意见》中提到的共青团和少先队活动、劳动教育、实践教学、志愿服务、法治教育、安全教育和研学活动等，也可以按照德、智、体、美、劳五个维度划分。第一种分类将支持方式和内容相融合，第二种则完全是按照内容分类。本研究根据阅读和搜集的文献，结合上述分类维度，将社区学校支持中小学的内容分为以下几类（见表 1）。

表 1　社区学校支持中小学的内容分类

教育内容	特色主题	相关案例
道德素养	红色文化及爱国教育	“五老”志愿者宣讲团
	社会主义核心价值观教育	
	生态环境保护类研学活动	“环境问题观察”人文行走活动
科学普及和创新	科学普及教育	各类科技节（如科普演讲大赛）
	科技创新学习	亲子航空体验活动
身心健康	运动及健康知识普及	八段锦教学
	心理健康科普与教育	各类心理健康科普讲座和咨询信息的提供
艺术熏陶	读书活动	各类亲子共读活动
	中国传统文化和非遗文化	依托各类节日以及手工创意学习宣扬优秀传统文化
劳动教育	园艺种植	“美丽庭院”课程
	厨艺学习	学生厨艺训练营
职业体验	邮局体验与学习	“邮政支局职业体验活动”
	银行体验与学习	“小小银行家”职业体验活动
家庭教育	为父母提供教育子女的支持	家庭教育讲座
	亲子教育	

资料来源：研究者根据相关论文集、评估报告和专著中的内容整理而成。

上述分类是基于相关事例或案例的核心主题或内容进行归纳的，实际上很多活动在进行的过程中往往不局限于单个主题或内容，而是涵盖多个不同的内容。以职业体验中的“邮局体验与学习”为例，首先，活动的参与对象是亲子家庭，其中就蕴藏了家庭教育中的亲子教育；其次，学生在体验当地邮局工作人员的日常工作后，社区学校还为亲子家庭提供相关的辅导讲座，借助邮票背后蕴含的红色历史和文化，培养家长和孩子们的爱国情怀；活动最后还邀请小朋友和家长一起写下或画出对党的祝福，培养孩子的审美，激发其想象力。如果深入挖掘，很多活动都涵盖了多方面的教育意味。

二、社区学校支持中小学存在的问题

本研究根据已有文献以及调查和访谈研究，进一步总结提炼社区学校支持中小学过程中存在的问题和影响因素。存在的问题主要基于对支持全过程的分析，包括发起支持实践的力量较为单薄，支持过程中惠及的对象有限以及对支持活动的评估与反思不足。

（一）支持多由个人发起，缺乏机制保障

当前大多数社区学校支持中小学的实践都是由社区学校的校长依靠其个人的力量发起的。尽管发起这些活动的背后，既有区级层面政策的指导或要求，也有高校层面的资源供给，还有中小学教师主动与社区学校建立联系等诸多背景，但不可否认的是，当前社区学校支持中小学的关键力量和要素依然是社区学校校长或领导者个人的社交网络。若校长能够借助自身人际关系网络发现社区达人，或与社区内中小学的相关负责人相识，或与其他教育性或非教育性组织机构的相关负责人有合作共事的经历，则支持中小学的工作就能较为顺利地开始。若校长自身缺乏上述经历或人脉资源，则支持工作的开展和延续就会有一定的困难。这也在一定程度上反映出，若要开展相关支持实践，社区学校校长或专职教师需要在社区内拥有较为广泛的人脉资源，合作意识和统筹协调能力。

除了合作意识、协调能力和人脉资源外，支持工作的开展情况还与校长之前的工作背景有关，能够直接与中小学形成长期稳定合作关系的社区学校，其校长或领导者在转岗到社区教育领域前，均在基础教育领域工作。基

础教育的工作经历能够对教师在社区教育领域支持中小学产生积极的影响。对于有基础教育教学经验的老师们来说，社区内人力资源、物力资源、生态文化资源等都是来源于生活的“活课本”，社区教育与学校教育相融合有着巨大的潜力。

但由于当前尚未建立社区学校与社区其他组织机构的长效合作机制，支持实践大多数依靠社区学校校长或领导者个人力量发起，活动的开展极具偶然性和随机性。且社区学校的专职人员数量十分有限，专职教师往往不堪重负。一是由校长个人发起的支持中小学的实践或活动，大多依靠校长个人层面对于基础教育领域的感情，缺乏长效体制机制保障，因而活动的开展具有随机性；二是在政策层面，社区学校的上级主管部门是地方政府，与其他社会公共服务事业单位共同对地方政府负责，接受地方政府或街道的考核，在经济上几乎也完全依赖政府拨款，这种强资源依赖属性，造成了社区学校开展除地方政府布置的其他工作时，具有随机性和不稳定性；三是当前社区学校的主要工作仍然是帮助解决社区中的日常事务，社区性远大于教育性，且支持中小学往往占据了社区学校教师的周末休息时间。如何构建社区学校支持中小学的长效机制和绩效考核标准，是后续值得思考的问题。

（二）支持过程中参与和惠及的对象有限

当前在社区学校支持中小学的实践中，主要的受益者无论在数量还是类型方面都非常有限。首先在参与学习者的人群类别方面，当前社区学校支持中小学的活动往往将中小学生作为唯一可参与的对象，将社区内的其他群体都排除在外。例如，一些活动是明确提出送孩子到活动现场的父母或祖辈不被允许进入课堂之中。其次，即便是作为唯一可参与学习人群的中小学生，实际参与学习的人数也非常有限。参与活动学生的覆盖面背后反映的是当前支持实践中存在的公平性问题。由于很多社区学校仍处于支持中小学的初始或试验阶段，大多数支持实践都存在活动提供的名额远远不能满足社区内全体中小学生需求的现象。

（三）对支持活动的效果评估与反思不足

尽管社区学校均对各自支持中小学的活动有详细的记录，记录的方式既有语言文字，也有图片或视频片段，但这些记录的内容多是为了呈现活动的精彩和丰富，重内容轻反思，且社区也未能与学生及其家长再沟通，未能了解其参与活动的深刻感受、参与活动后在家是否发生了思想和行为的变化等，也未再与志愿者教师进行沟通。学生们仅仅简单抒发了参与课程的感受，并没有对整个过程进行深入的反思；教师对课程的质量和效果、对课程是否对学生产生了实质性的影响以及产生影响的程度也未有足够关注。

在研究者观察到的一些活动或劳动类课程中，由于志愿者教师未能把控好授课时间，使得参与课程的孩子们在匆忙之中结束了课程，最后留下社区学校的专职老师和志愿者教师共同收拾活动现场的垃圾，清洗厨房用具，整理用作厨房的教室，而学生在真正具有劳动教育意涵的学习过程“离场”了。社区学校投入了时间、精力和财力举办活动之后，并没有进一步了解参与劳动课程对孩子思想和行为有何影响。例如，他们是如何看待劳动的，他们是否能够体会劳动教育内含的精神和价值，是否会在家里主动承担各类家务劳动，等等。如果仅仅是为了举办一次活动而不是为了让孩子们切实体味劳动的价值与意义，在活动结束后不能持续对孩子们的思想和行为是否有改变做跟进，这样的实践可以说是一种对教育资源的浪费。

此外，由于与中小学合作、开展青少年校外教育这一行动并未纳入镇政府或街道对社区学校的绩效考核指标内，若想要活动能够延续，则需要通过宣传，获得更多外界的关注与支持。很多活动过程是热热闹闹的，但其真正创造的价值如何，参与其中的中小学生收获了哪些方面的成长，活动如何更好地促进学生的发展等问题都未能被深入地探讨和研究，只有解决了这些问题，才能更加可持续地发挥活动的价值。

三、社区学校支持中小学的改进策略

策略是指对如何成事的策划和谋略，即“如何”，一方面是“如何做”，即提供具体的方法、步骤；另一方面是“如何谋”，即如何从全局、全域和全程的角度策划解决问题的谋略。[7]“如何做”是从微观的角度，主要由开展日常教育实践的教育机构完成，“如何谋”则是从宏观角度，涉及政府及教育行政部门的教育方针、政策、制度、法律、体制、机制等一系列关系到教育系统整体性发展的要素，两者间相互影响相互联系。本研究将从以下三方面提出社区学校支持中小学的改进策略。

（一）建立健全支持机制与平台

1. 健全社区学校支持中小学的考核机制

建立健全校社合作机制，各级各类政府需要出台相关政策或指导方案，社区其他组织机构以及社区学校的工作人员、学校相关负责人和包括中小学生在内的社区居民都需要明晰自己的角色、身份和责任，从而建立畅通的合作机制，形成 1+1 ＞ 2 的教育合力。

各级各类政府需要自上而下地加大对实践的支持力度，加强对支持工作所涉及的组织机构资源的统筹和协调。上海市在 2001 年出台《上海市社区学校设置暂行规定》后，曾分别于 2014 年、2017 年、2021 年对社区学校进行了不同程度和类型的考核，尤其是在最新发布的考核指标中，明确将“资源共享”这一考核指标纳入社会融合之中，明确体现出鼓励社区学校资源整合的倾向。但由于未要求社区学校与中小学合作，大多数社区学校会更倾向于与图书馆、博物馆、科普教育基地等公共教育服务机构合作，使社区教育工作者形成了“支持工作可做可不做”，“凭着对教育事业的热爱在做”的思想和情感。可以说，现阶段的考核指标为社区学校与中小学合作提供了依据，但并未实质性地推进两者的合作实践。

基于此，研究者认为应当转换当前对社区学校考核式评估的机制，建立以政府为主导的统筹协调和持续跟进式支持机制。各级政府可以持续收集上海市各社区学校与区域内中小学合作的优秀事例，鼓励区域内更多的社区学校开展支持中小学的实践。增强社区学校这一当前话语权尚弱的基层组织的制度供给，以实质性的举措鼓励各部门打破条块分割的现状，实现社区学校与其他各部门和机构的顺利合作。

2. 建立社区学校支持中小学的评估体系

爱泼斯坦曾在《大教育：学校、家庭与社区合作体系》一书中用一整章的篇幅探讨了家校社合作体系的评估工作，其中也明确提出了评估涉及两个方面，一是合作活动或项目策划的各阶段或进度的评估，二是对活动开展的质量和效果的评估。概而言之，即对合作体系的策划和实施过程，以及最终效果的评估。[8]

首先，对于已有的以参与者反馈为主导的评估方式可以继承并发扬。这些参与者体验式学习后直观地表达感受，对于合作策划者而言是一种激励，是支持实践持续开展的动力源泉。参与者除了以口述、文字或视频等方式表达参与活动后的感受外，还可以以作文、绘画、演讲或电子日志的形式，记录参与活动前后的认知、思想和行为的变化，重要的是提出对活动后续改进的建议。

其次，各社区学校也可以根据支持实践的过程以及内容主题，制定具体、可操作的评估量表，提高活动的效益和质量。爱泼斯坦曾将家校社合作的内容概括为六大主题（抚养子女、沟通交流、志愿服务、在家学习、决策制定和社区协作），并进而为每个主题都制订了 6～13 项评估内容，非常具体。根据本研究收集到的相关资料，研究者认为社区学校也可以从支持实践的策划和实施两个方面制定具体、可操作的评估量表。策划方面，可以从活动策划的依据（政策、理论、现实），参与策划的主体（社区学校、社区其他教育或非教育机构、家庭），策划过程的程序性、完整性和安全性、可持续性等要素考虑；实施方面可以从活动不同阶段的学习重点，教育教学方式，活动惠及的主体，学生学习前后的情感、态度、行动等方面的变化等展开制订评估内容。

最后，需要注意的是，评估是为了更好地合作，而非为了评断是非或作比较，开发一套相对成熟的社区学校支持中小学的评估体系，能够厘清合作的目标，找到合作的优缺点，从而发现新的生长点。

（二）培养相关主体的专业素养

1. 提升社区教育者专业能力

社区教育教师的工作特性具有服务性、协调性和整合性，其关键职业任务包括管理、教学、开发、支持和研究。[9] 本研究是基于社区学校的立场，研究社区教育机构支持中小学校及学生的议题，应属于成人教育和终身学习领域的“社区学习”部分，在这一界定范围内，研究者认为社区教育专兼职需要具备以下四项专业能力，分别是需求分析、设计和策划、教学能力和评估反思能力。[10]

首先，需求分析能力决定了支持中小学的课程或项目是否具有社会性，也决定了学生是否有参与的意愿或兴趣。在访谈过程中，研究者发现获得学生或家长等活动参与者认可，且表示希望能够继续参与的活动，基本上都是基于社会和时代发展的大背景，针对学习者的学习需求，进而规划和设计课程，例如劳动课程、人文行走课程以及各种职业体验课程等。社区学校领导者要能够把握时代脉搏，洞察社会发展进程中学生及其家长和其他社区居民的学习需求。

其次，设计和策划能力相较于需求分析能力，是一项更为微观和具体的能力。社区学校教育工作者要以终身性、动态生成性的教育观念，设计和策划出激发学生主动性、发展学生潜在性、尊重学生差异性的课程或活动。[11]研究者发现，这一能力对于活动或课程的影响，决定了学生是否愿意持续性地参与其中，继而决定了活动能否长期稳定地持续下去。

再次，教学能力则对进行教育教学活动的社区学校专兼职老师的专业性提出了一定的要求。本研究中，除博学社区学校的人文行走课程是由社区学校的校长担任带领人，其余几所社区学校支持中小学都是借助社区学校兼职教师的力量。大多数兼职教师具有一技之长，但缺乏教育教学专业知识和经验，若不考虑志愿者教师的教学能力，则有可能会削弱活动或课程的体验感和教育意味。

最后，评估反思能力是不断优化支持实践的动力源泉。当前对支持中小学实践的评估大多是以图文或视频的方式，记录参与活动的家长或中小学生的心得体悟，但这与真正的反思有很大的差距。范梅南曾将反思分为四种类型，一类是“行动前的反思”，这种反思实际与上述的设计和策划能力相关，是对行动规划的预判以及出现其他情形的提前计划；第二类是“行动中的反思”，这种反思作为一种教学过程中的经历，让教育者与具体情境保持一定的距离，也会暂时性地使教育者走出教学情境，有助于其当机立断地做出即刻的决定；第三种反思也可被认为“行动中的反思”中特殊的一类，它是一种在教学活动中“全身心的关注”（mindfulness），即一些瞬时行动或“冲动”，这些也是由交互作用产生的决策。最后一类即“追溯性的反思”，这类反思有助于我们理解教学经历，对具体的教学情境有更深刻的理解。[12]可以在社区学校支持中小学的活动中建立完善的反思体系，对行动前、行动中、行动后都进行深入而系统的反思与评估。

2. 以终身教育思想为引领

对社区学校支持中小学实践的理解，不应局限于将其作为学校教育的补充，而应视作基础教育融入了终身教育与终身学习思想后的一次蝶变。终身教育可具体表现为正规教育和非正规教育相互促进完善的发展路径、实现人的全面发展的生活哲学和方式，以及促进社会民主参与和构建人类命运共同体的追求。终身教育，首先表现出的是教育学的价值取向，即最大程度促进正规和非正规教育不断发展完善。其次，终身教育蕴藏的人性观要求对人的“未完成性”进行持续探索，即“使人日臻完善；[13] 人格丰富多彩，表达方式复杂多样；使他作为一个人，作为一个家庭和社会的成员，作为一个公民和生产者、技术发明者和有创造性的理想家，来承担各种不同的责任”。[14] 最后，终身教育构建人类命运共同体的价值取向则体现在，作为国际社会认可的理念，它能为不同国家和地区的合作提供相近的话语基础。而落实到我国则具体体现为以建设学习型城区（乡镇）为载体，促成“每个人”作为学习型社会的受益主体、建设主体的最终目标。[15]

社区学校及其相关上级主管部门是否以终身教育的思想一以贯之地为社区学校支持中小学的实践提供思想引领和行动指导，对支持实践起到了重要作用，影响着一个地区社区学校支持中小学的质量和稳定性。若不将终身教育思想视作支持实践的指导思想，而仅仅把社区学校支持中小学的实践视为单次的活动，当作是为了完成相关指标的任务或工作，就必然会导致支持实践只是为了做样子，造成活动中重记录而轻反思的困境。

社区学校支持中小学的活动和课程，既有正规教育，也有非正规教育，既有志愿者教师按照某一领域的学科知识体系进行讲解，也有学习者在社区中进行非正式学习，无论是何种教育或学习类型，都应当达到对其“未完成性”进行持续探索的目标。以终身教育思想为引领，“探索人的未完成性”，实现社区学校与中小学两者间的良性互动与发展。

参考文献：

[1] [加] 马克斯·范梅南.教学机智：教育智慧的意蕴 [M].李树英，译.北京：教育科学出版社，2017：97.

[2] [美] 乔伊丝·L.爱泼斯坦，等.大教育：学校、家庭与社区合作体系（第三版）[M].曹骏骥，译.哈尔滨：黑龙江教育出版社，2016：267.

[3] Wyndhamcity. Manor Lakes Community Learning Centre [EB/OL]. [2023-01-31]. https://www.wyndham.vic.gov.au/venues/manor-lakes-community-learning-centre.

[4] [5] 胡文伟.建立学生社区实践指导站　完善校社融合机制 [M] // 上海市教育评估院.上海市街镇社区学校内涵建设创新百例.上海：华东师范大学出版社，2019：320，323.

[6] 李家成，程豪 . 思想观念 · 价值取向 · 思想方法 · 发展战略：对“终身教育”内涵的认识 [J]. 终身教育研究，2020，31 (03)：19–23+69.

[7] 联合国教科文组织国际教育发展委员会 . 学会生存：教育世界的今天和明天 [M]. 华东师范大学比较教育研究所，译 . 北京：教育科学出版社，1996：3.

[8] 刘倩 . 充分利用社会资源，培育“艺术家庭日”学习项目 [M] // 上海市教育评估院 . 上海市街镇社区学校内涵建设创新百例 . 上海：华东师范大学出版社，2019：163–165.

[9] [10] 徐卿，庄建法 . 传承历史文脉　塑造“人文真如” [M] // 上海市教育评估院 . 上海市街镇社区学校内涵建设创新百例 . 上海：华东师范大学出版社，2019：156–157.

[11] 叶澜 . “新基础教育”论：关于当代中国学校变革的探究与认识 [M]. 北京：教育科学出版社，2006：158.

[12] 张永，马丽华，高志敏 . 新世纪中国成人教育发展的成就、挑战与路向——基于 UNESCO 学习型城市六大支柱的视角 [J]. 开放教育研究，2013，19 (05)：30–37.

[13] 张永 . 社区教育教师的工作特性与能力建设 [M]. 上海：华东师范大学出版社，2018：46–46，55.

[14] 朱敏 . 如何理解作为体系的终身教育 [J]. 终身教育研究，2020，31 (04)：3–7.

[15] 朱素芬，吴思孝 . 优质社区学校的内涵剖析与发展策略 [J]. 当代继续教育，2020，38 (06)：27–34.

专题三 国际进展研究

- 赋能成人学习与教育的未来发展
  ——基于《成人学习与教育全球报告（五）》的解析
- 比较视野中构建全民终身学习型社会的国际经验与中国路径选择
- 从提升基本读写能力到拥抱终身学习文化：乌干达家庭读写与学习项目的案例解读与审视
- 波兰格丁尼亚学习型城市建设的内在逻辑、实践策略及其启示
- 澳大利亚梅尔顿市学习型城市建设背景、实践样态及经验启示
- 澳大利亚温德姆市学习型社区战略实践及其启示
- 英国格拉斯哥社区学习与发展及启示
- 可持续发展教育推进学习型城市建设路径及实现：基于对日本冈山市的审视

赋能成人学习与教育的未来发展*

——基于《成人学习与教育全球报告（五）》的解析

张伶俐　李家成**

摘　要：联合国教科文组织终身学习研究所于2022年6月面向全球发布了《成人学习与教育全球报告（五）》，不仅呈现了各成员国在五大行动领域和三个关键学习领域的最新进展，还聚焦了“公民教育”主题。报告梳理了公民概念的演进历程、全球公民教育的框架范式以及所涉及的现实议题，提出了若干核心观点。由此，勾勒出了成人学习与教育的未来发展方向，即保障成人学习与教育的公平与包容；提升成人学习与教育的治理能力；探寻成人学习与教育的自然之维。

关键词：成人学习与教育；全球公民教育；《成人学习与教育全球报告》；人权；自然权利

第七届世界成人教育大会（the Seventh International Conference on Adult Education，简称CONFINTEA Ⅶ）于2022年6月15日至17日召开。会议发布的《成人学习与教育全球报告（五）》（*the Fifth Global Report on Adult Learning and Education*，以下简称*GRALE5*）①，是继2009年、2013年、2016年、2019年之后联合国教科文组织所发布的第五份报告，也是定期监测和追踪《贝伦行动框架》（*Belém Framework for Action*，简称*BFA*）和2015年发布的《关于成人学习与教育的建议书》（*Recommendation on Adult*

---

* 基金项目：国家社会科学基金教育学重点课题“服务全民终身学习视域下社区教育体系研究”（项目编号：AKA210019）的阶段性成果。

** 作者简介：张伶俐，在读博士研究生，主要研究方向：比较成人教育、老年教育；李家成，华东师范大学上海终身教育研究院教授、执行副院长，主要研究方向：终身教育、老年教育、家校社合作育人。

①《成人学习与教育全球报告（五）》（英文版）于2022年6月发布，中文版则由上海终身教育研究院组织翻译并于2023年由华东师范大学出版社出版。

Learning and Education，简称 *RALE*）中所确定的政策，治理，筹资，参与、包容、公平，质量五个行动领域，以及读写和基本技能，继续教育与职业技能，自由、大众和社区教育与公民技能三个关键学习领域最新进展情况的最后一份监测报告[1]。鉴于加大对于全球公民教育的投入是《成人学习与教育全球报告（四）》（*GRALE4*）的关键建议之一，为进一步探讨重视全球公民教育的原因及其相关议题，*GRALE5* 着重聚焦"公民教育"这一核心主题，一方面旨在呈现当代指向全球公民教育的价值诉求和时代特征，另一方面旨在加强与可持续发展教育，乃至新的教育社会契约的联结，关注人权的保障，且着重强调尊重自然权利。这不仅与我国倡导教育推动"构建人类命运共同体"，注重培育人类命运共同体意识[2]相呼应，也与生态文明建设的航向标[3]相契合。

基于此，深入解析这份报告，对于思考成人教育的未来发展方向具有重要意义。本文以报告全文为主要分析文本，重点解析"公民教育"专题，讨论在成人学习与教育领域聚焦公民教育的动因、核心观点，以及由此呈现的成人学习与教育的发展趋势，以期为我国推动成人教育、终身教育的变革与发展提供借鉴和参考。

一、《成人学习与教育全球报告（五）》聚焦公民教育的现实图景

（一）国际层面较早关注到成人教育之于培育积极全球公民的重要意义

一系列会议和宣言使得培育全球公民的教育愿景得以推广和发展。1948年《世界人权宣言》（*Universal Declaration of Human Rights*）中确立了民主公民的理念，且明确教育在促进和引导社会正义，以及充分发展人的个性、加强对人权和基本自由的尊重等方面的意义。[4]随后，联合国教科文组织一直将其视为教育愿景的关键构成之一，并在此后的《学会生存：教育世界的今天和明天》（1972 年）、《关于促进国际理解、合作与和平的教育以及关于人权与基本自由的教育的建议》（1974 年）、《学习——财富蕴藏其中》（1996 年）等报告中多次提及且不断清晰。2012 年，全球教育第一倡议（Global Education First Initiative，简称 GEFI）首次将培养全球公民（Global Citizenship）列为联合国在国际层面的三大教育优先事项之一。[5]《变革我们

的世界：2030 年可持续发展议程》则将培育积极的全球公民和加强全球公民教育（Global Citizenship Education）列入可持续发展目标 4.7，且强调可持续发展教育和全球公民教育之间的互补性。[6]

成人学习与教育之于实现上述教育愿景的重要意义不断被提及。早在 1997 年第五届世界成人教育大会发布成果之一《汉堡宣言》（*the Hamburg Declaration on Adult Education*）就明确地将积极公民与成人教育联系起来，以“建立一个以对话和正义为基础的和平文化取代暴力冲突的世界”[7]。2015 年《关于成人学习与教育的建议书》的发布，则将自由教育、大众教育和社区教育及公民技能列为三大关键学习领域之一，即成人学习与教育还包含增强积极公民意识的教育和学习机会，公民教育被正式纳入成人学习与教育系统之中[8]。这也被视为国际政策层面首批明确公民教育定位的建议之一。2019 年《成人学习和教育领域中的全球公民教育：总结报告》（*Addressing Global Citizenship Education in Adult Learning and Education: Summary Report*）的发布强调了成人教育有助于增强个人权能，即“一系列跨领域的能力，包括促进和平与人权、预防冲突、支持包容和社会凝聚力、预防暴力以及加强可持续性”，以培育积极的全球公民，建设公正和可持续的社会。[9]

（二）全球性挑战呼吁激发成人教育、公民教育的巨大潜力

我们正面临着各类全球性挑战和充满不确定性的未来：环境退化和气候变化的加速、生物多样性的丧失、超出地球极限的资源使用、全球变暖等环境问题凸显；不断扩大的社会和经济不平等、民主治理的倒退、发展鸿沟扩大、信任赤字增加、地缘冲突加剧等威胁增多；人工智能的发展、元宇宙的兴起、生物技术、机器人技术等技术颠覆蕴含着巨大潜力，但也引发了伦理和治理方面的问题，以及如何将技术潜力转化为现实的路径尚不清晰。关于全球性挑战，人类应当携手应对。习近平指出，气候变化和能源问题是当前突出的全球性挑战，事关国际社会共同利益，也关系地球未来。国际社会合力应对挑战的意愿和动力不断上升，关键是要拿出实际行动。[10]

教育具有应对挑战、维护社会稳定、促进社会变革与发展的功能。成人学习与教育的主要潜力在于支持价值观的发展，即通过培育宽容、尊重、同

情、同理心等价值观来促进道德和社会进步，以及增强个人对自身和他们所居住的世界的理解，从而发挥其功能。[11]通过培育具有参与性、积极性和批判性的公民以明晰共同的价值观念以及对其他物种，乃至地球所应承担的责任，公民教育，尤其是全球公民教育也被视为应对全球性挑战的关键工具。[12]而成人学习与教育则对于实现17项可持续发展目标，尤其是可持续发展目标4.7具有重要意义，是促进全球公民意识形成的关键。[13]同时，面对日益革新的数字社会，以及数字时代的公民关系观朝着集体责任、伦理设计和正义迈进[14]的诉求，则需要激发成人学习和教育、公民教育的强大潜力，以推动数字正义、数字包容，塑造数字公民意识，营造良好数字生态系统。2022年9月召开的全球教育变革峰会的相关预备文件中，则进一步明确成人学习和教育有助于发展学习者知识、技能、态度和价值观，使其能够适应充满不确定性、复杂性的未来，创造性地为人类和地球福祉以及可持续社会作出贡献。[15]由此，成人学习与教育、全球公民教育则被视为回应人类社会的根本变化及共同应对挑战的“良方”。[16]

（三）系列报告呈现公民教育尚未成为成人教育充分关注的独立领域

一系列《成人学习与教育全球报告》逐步关注到成人学习与教育对于公民教育领域的关注较少或缺失，作为全球层面成人学习与教育领域的监测工具，其不仅在于定期呈现成人学习与教育的最新数据和良好实践，更是对于成人学习与教育发展进程中亟须改进之处的聚焦、承诺与进一步行动。2016年发布的《成人学习与教育全球报告（三）》（*GRALE3*）中关于成人学习与教育对公民参与、社区凝聚力的贡献的调查结果为*GRALE5*聚焦公民教育主题奠定了一定基础。2019年所发布的*GRALE4*对《关于成人学习与教育的建议书》所确定的三个领域进行了系统分析，发现公民教育所涉及领域未得到足够重视。[17]具体而言，*GRALE4*的调查显示，在大多数国家，公民教育被置于成人学习与教育相关政策的边缘位置，且与扫盲和基本技能、继续教育和职业技能相比，全球公民教育在国家和国际报告中基本缺失[18]。报告还认识到这方面的成人学习有助于改善影响成人学习与教育参与度的社会环境。[19]

基于此，*GRALE5*不仅强调了需要进一步认识到公民教育，尤其是全球公民教育在成人学习与教育中的重要地位，还呈现了相关领域的最新进展，以进一步明晰亟待改进和加强之处。其中，最为突出的问题为公民教育尚不足以作为一个独立的学习领域。具体表现为，*GRALE5* 调查结果显示，对于公民教育的关注显著增加，且成员国越来越认识到全球公民教育是助力成人学习与教育应对 21 世纪挑战的关键因素。但在所监测的五个行动领域中公民教育仍旧处于持续被忽视的状态：在政策领域，政策对于公民教育的承诺处于较低水平，且存在诸多活动、项目未符合《贝伦行动框架》的精神，仅关注经济增长、就业能力增强等工具性价值，而忽视了成人学习与教育在支持应对社会不平等方面的巨大潜力，以及对公民参与和社区凝聚力的贡献；在治理维度，仅 60% 的国家报告利益攸关方在自由教育、大众教育和社区教育及公民技能领域的参与度有所增加；在筹资维度，在公民技能领域，66% 的国家表示资助保持不变，只有 28% 的国家表示资助有所增加，这与其他两个领域的资金支持情况形成鲜明对比；在质量维度，*GRALE4* 和 *GRALE5* 均表明，对于职业技能和基本技能领域的质量的关注度最高，而对于公民技能领域的质量的关注度则相对较少；在参与维度，则并没有提供公民教育领域参与情况有所改善的实践案例，在一定程度上表明这一领域仍然缺乏进展。[20]

二、《成人学习与教育全球报告（五）》聚焦公民教育所阐述的核心观点

基于上述图景，*GRALE5* 第二部分专门阐述了成人学习与教育和全球公民教育之间的互联性及相关的共同议题，以及重视公民教育，尤其是全球公民教育之于助推成人学习与教育的变革与发展的意义所在，主要聚焦于如下核心观点。

（一）公民概念的演进：转向全球公民的培育

GRALE5 使用英文“citizenship”表述“公民”，将其界定为一个拥有公民权利和义务的综合体。不同的意识形态、政治、法律、文化和历史背景塑造不同的公民内涵。如有学者提出根据相关教育计划的具体意图和方法可划分为“民主公民”（democratic citizenship）、“积极公民”（active citizenship）或者“全球公民”（global citizenship）、“批判公民”（critical citizenship）。其

中，指向民主公民的教育强调培育学习者具备民主的态度和价值观，以便他们能够行使和捍卫作为公民的民主权利和责任；指向积极公民的教育则将公民视为社会行动者，且处于“行动或行使权力的状态”[21]；指向全球公民的教育则基于积极公民，培养其掌握批判性和创造性思维的方法，促进地方、国家和全球各级的公民参与。[22][23][24]这也呈现出了全球公民与积极公民的联结之处，进一步解析了诸多文件中所提及的“培育积极的全球公民”的具体指向。此外，有学者提及“积极公民”一词本身并不意味着尊重公民权利的民主公民。而尊重公民权利的“好”的积极公民是指能够承担公民责任，积极参与社会和公民活动，积极维护正义的人。[25]

全球公民的概念则可以追溯到古希腊和罗马的斯多葛派哲学家所提出的世界公民（citizens of the world），不指向某个特定国家或政权，而指向宇宙统一体。[26][27]随着全球化等发展特征的凸显，公民身份也已经且需要跨越原有的空间限定。如上文所述，通过一系列国际会议和宣言，全球公民概念引起了广泛关注，且日益成为全球性热门研究议题。而研究当前的成人学习与教育的相关政策可发现，公民概念跨越了私人和公共领域，社会、家庭和工作环境，自然和城市环境，乃至国界，指向对更广泛的社会和共同人性的归属感，强调政治、经济、社会和文化在地方、国家和全球层面之间的相互依赖和相互联系。具体涉及微观层面的权利、责任与行动，中观层面的社区参与和社会凝聚力，宏观层面的应对全球挑战等维度。[28]由此，也呈现出了向全球公民的转向。

综上，全球公民概念的发展意味着转向对公民的更广泛理解，且强调成人学习与教育领域应重视日益互联互通的世界中公民的多重身份，并尊重文化多样性。但全球公民概念不能等同或替代国家公民、地方公民。《全球公民教育：本土化》（*Global Citizenship Education: Taking It Local*）提出确保全球公民概念“更深入的国家和地方相关性”以落实共同价值观，且进一步明晰全球公民也并非国家、地方之外的概念。[29]即全球公民是国家和地方公民的必要和决定性补充，亦可理解为全球化背景下国家公民身份的一种新定位。此外，当前对于数字公民（digital citizenship）概念的强调[30]，不仅使得现代全球公民内涵愈发复杂，且使得运用新媒体和数字工具的知识和技能，以及批判性思维能力等也日益成为现代全球公民需要具备的重要技能，以“为当地社区发展和公共辩论作出重要贡献”[31]。

（二）全球公民教育概念框架的搭建：指向对于权利、价值观和行为维度的聚焦

正是基于全球化深入影响下对于传统公民教育的反思等复杂因素的作用，全球公民教育应运而生，也日益成为世界各国公民教育的发展方向或价值诉求。虽然全球公民教育概念被广泛使用，但其概念界定始终处于争论之中。联合国教科文组织终身学习研究所发布的《成人学习和教育领域中的全球公民教育：总结报告》提出了全球公民教育的整体框架范式，为全球公民教育概念的清晰化以及具体实践行动提供了支持性依据。其中，包括认知、社会情感和行为三个核心概念领域，涵盖的九个主题（参见表 1），还描绘了全球公民教育愿景，即全球公民教育的目标是为所有年龄段的学习者提供和培育基于尊重人权、社会正义、多样性、性别平等和环境可持续性的价值观、知识和技能，使学习者成为负责任的全球公民。[32] 此处，需要明晰的是，*GRALE5* 所阐述的公民教育指向全球公民教育的价值诉求，且呈现出了鲜明的时代特征。

基于此，再分析 *GRALE5* 第二部分着重探讨的关键主题，则进一步明确指向成人学习与教育领域所应关注的核心内容。

表 1　比较分析德洛尔报告、全球公民教育、可持续发展目标 4.7 中的学习领域和主题

德洛尔报告	全球公民教育		可持续发展目标 4.7
四大支柱	核心概念领域	主　　题	主　　题
• 学会学习 • 学会生存	• 认知： 获得关于全球、地区、国家和地方问题的知识、理解和批判性思维，以及不同国家和人口之间的相互联系和相互依赖	1. 地方、国家和全球系统和结构 2. 影响地方、国家和全球各级共同体互动和联系的相关议题 3. 潜在假设和权力动态	• 人权 • 性别平等 • 全球公民
• 学会共同生活	• 社会情感： 对共同的人性有归属感，分享价值观和责任、共情、团结、尊重差异等	4. 不同层次的身份认同 5. 不同的共同体及其之间的联结方式 6. 尊重差异和多样性	• 和平和非暴力文化 • 认同文化多样性和文化对可持续发展的贡献

续 表

德洛尔报告	全球公民教育		可持续发展目标 4.7
四大支柱	核心概念领域	主　　题	主　　题
• 学会做事	• 行为： 在地方、国家和全球层面采取有效和负责任的行动，以建立一个更加和平和可持续的世界	7. 可以单独或集体采取的行动 8. 负责人的道德行为 9. 参与并采取行动	• 可持续发展教育和生活方式

资料来源：UIL, UNESCO Asia-Pacific Centre of Education for International Understanding. Addressing global citizenship education in adult learning and education: summary report [EB/OL].(2019) [2022-08-05]. https://unesdoc.unesco.org/ark:/48223/pf0000372425.

其一，强调对于权利和义务的认知与保障。*GRALE5* 聚焦全球公民教育，不仅强调了成人学习与教育、终身学习是每一个公民所应享有的基本权利，即受教育权为基本的权利保障（联合国教科文组织教育的未来国际委员会，2021），还专门探讨了全球公民教育与女性、移民和原住民群体等被边缘化群体之间的关系。即全球公民的核心目标包括：承认和支持女性作为公民，并支持她们“设定自己的政治优先事项，确定作为积极公民需要参与的机构，并采取行动”[33]；为移民提供全球公民教育，以帮助他们适应新国家的文化、社会和政治规范，并积极参与塑造他们的新家园；认可原住民的传统知识体系和教学实践也应该成为全球公民教育的必要内容。[34] *GRALE5* 还注重成人学习与教育之于保障公民权利的巨大潜力。民主和人权是公民教育，尤其是全球公民教育的基石。[35] 因此，成人学习与教育的内容也应与人权相挂钩，即权利导向。如扫盲有助于使成人行使其经济、政治、社会和文化权利[36]；培育成人学习者使用数字设备和处理信息的基本知识和技能，有助于其利用新兴技术保障自身的公民权利和创造新的公民参与模式，以缓解互联网和数字技术可能“加剧社会不平等”等对于人权的挑战。[37][38]

其二，重视对于价值观的塑造。基于上述框架可知，全球公民教育的核心是全方位的价值观、态度和行为的塑造，包括具备批判性意识，认识到所有生命的内在联系和尊严，并接受平等、尊重多样性的价值观。[39] 成人学习与教育对于价值观培育同样潜力巨大。[40] 将与全球公民教育相关的内容融入成人学习与教育的课程之中是促成潜能激发、目标实现的关键路径。*GRALE5* 的调查显示，约 100 个国家列出其融入成人学习与教育课程中的公民教育主题，出现频次较高的主题聚焦于环境保护、人权、可持续发展、数字技能和数字化、公民教育、批判性思维等内容。[41]

其三，突出行动导向的实现。*GRALE5* 在梳理公民教育的诸多定义时明确了公民教育的一个共性特征抑或关键目标，即确保充分参与生活方方面面的自由。[42] 而其全球公民教育的诉求则促成了一种将地方与全球、国家与国际联系起来的"全球视野"，即更广泛的参与。如洪都拉斯和萨尔瓦多提出公民教育有助于成人学习者行使基本权利和参与公共生活。[43] 随着人们素质的提升，全球公民教育的目标愈发转向"使学习者能够参与并承担地方和全球的积极贡献者的角色，以面对和解决全球挑战"[44]。一系列《成人学习与教育全球报告》还将促进参与作为衡量和提升成人学习与教育质量的要素之一。即促使更多的人参与成人学习与教育，进而助力其充分参与其所处的社会，以体现成人学习与教育的公平与包容。[45]

（三）全球公民教育现实议题的关注：助推成人学习与教育更广泛效益的实现

首先，关注就业能力的提升，促进经济效益的发挥。成人学习与教育所产生的广泛经济效益是各利益相关者增加资金投入的显性原因。随着第四次工业革命的到来，新技术、经济和社会的绿色转型、人口结构变化和新冠疫情的突发等外部冲击正在改变就业和劳动力市场参与模式。成人学习与教育的目标之一便是使成年人为未来的工作做好准备，能够适应不断变化的劳动力市场。作为成人学习与教育的关键领域之一的继续教育和职业技能，则要求青年和成年人不断地进行再培训和提高技能，掌握充分参与快速变化的社会和工作环境所需的知识、技能和能力。[46][47] 由此，*GRALE5* 强调，通过确保学习成果的认可、验证和认证，尤其强调构建国家资历框架，以建立灵活的终身学习途径，拓展职业教育与培训、工作场所学习的机会，提高此类教育与培训的质量。[48]

其次，发挥高等教育机构的"第三使命"，服务社区可持续发展。高等教育机构主要承担教学、科研和社区服务三项使命。*GRALE5* 提出，人们越来越期望高等教育机构对当地环境、经济、社会和文化方面的可持续发展作出贡献，即“第三使命”的发挥。为此，*GRALE5* 提出高等教育机构可以通过扩大高等教育课程的覆盖面、发展创新的教学理念、加强社区参与和伙伴关系以及开展研究等，服务全球公民教育、培养全球公民、促进公民参与。即高等教育机构可以将教学和科研活动进一步聚焦于更广泛的社区问题上，如全球移民、社会不平等、气候变化、青年失业等问题，以提供专业支持，也可以通过为成人教育工作者提供培训等举措，助力可持续发展理念融入成人学习与教育。[49]

最后，提升成人教育工作者的专业能力，保障成人学习与教育的质量。《贝伦行动框架》《关于成人学习与教育的建议书》和一系列《成人学习与教育全球报告》均将成人教育工作者的专业化和成人学习与教育的质量联系起来，强调改善成人教育工作者的培训在保障成人学习和教育质量方面的关键作用。《全球公民教育：主题和学习目标》（*Global Citizenship Education: Topics and Learning Objectives*）则要求成人教育工作者对变革和参与式教学与学习形成良好理解，并创造有效学习环境，鼓励学习者参与批判性的探究，支持知识、技能、价值观和态度的发展。[50]《成人学习和教育领域中的全球公民教育：总结报告》则强调成为全球公民是成人教育工作者应发展的专业能力，还专门提出为教育工作者提供与数字技能相关的培训机会。[51]但当前成人学习与教育领域仍然缺乏合格的成人教育工作者，机构能力也不足以提供有效的职前和在职培训，成人教育工作者的专业化问题仍旧处于边缘位置，需要引起足够的重视。[52]第七届世界成人教育大会则进一步明确为教育工作者提供培训课程，提升其与主题相关的知识、对教学决策进行推理和反思的能力，以及根据不同学生群体的需求调整教学活动的能力，充分整合和利用现有资源，为青年和成人提供参与、提问和被倾听的机会等具体目标，从而满足成人教育工作者专业化发展的需求。[53]

三、《成人学习与教育全球报告（五）》所勾勒的成人学习与教育的发展趋势

结合第七届世界成人教育大会所发布的相关研究成果，如《马拉喀什行动框架》提出重新定义、设计成人学习与教育系统的行动建议[54]，以及 *GRALE5* 聚焦全球公民教育的核心议题，逐步勾勒出了成人学习与教育的发

展趋势。

（一）保障成人学习与教育的公平与包容

其一，确保弱势群体享有受教育的权利。尽管过去几十年来全球在保障受教育权方面取得了进展，但当前仍未实现确保每个人享有优质教育的承诺，尤其是无法保障弱势群体和被边缘化群体的受教育权。这也是当前成人学习与教育所面临的最大挑战。[55] 为此，*GRALE4* 和 *GRALE5* 确定了包括残疾人、少数族裔和原住民以及移民、难民、（国内和国外）流离失所者三类需要予以关注的群体。*GRALE5* 调查显示，许多国家注重改善成人学习与教育的相关政策，以满足处境不利的弱势群体的受教育和学习需求。[56] 全球教育变革峰会强调确保教育的包容、公平，努力使教育惠及更多边缘化和弱势群体。[57] 许多国家（如希腊、摩洛哥、尼日利亚、委内瑞拉等）确定了保障若干优先群体的成人学习与教育机会，尤其面向青年、妇女、失业者、老年人、残疾人等群体。[58]《高等教育服务终身学习的国际趋势》（*International Trends of Lifelong Learning in Higher Education*）也进一步强调关注失业者、年长者等弱势群体的终身学习机会供给。[59]

其二，提供广泛参与成人学习与教育的机会。随着数字化进程的加快，为切实落实《贝伦行动框架》所作出的“不能因年龄、性别、民族、移民身份、语言、宗教、残疾、农村、性取向、贫穷、流离失所或监禁而产生排斥”的承诺[60]，自 2018 年以来成人学习与教育的参与度有所增加。[61] 数字技术在帮助成人获取各种学习机会、促进公平和包容方面蕴藏着巨大的潜力也由此日益凸显。数字技术也为实现个性化学习提供了多种创新的可能性，还可以进一步丰富成人学习与教育的内容，尤其是与学习者兴趣、需求密切相关的内容。

其三，促进广泛的公民参与。成人学习与教育的目的是让人们掌握必要的能力来行使和实现自身的权利。如培养批判性思维能力和自主、有责任感地行事的能力，充分参与可持续发展进程，增进民众团结及社区团结的能力等。[62] 由此，进一步明晰成人学习与教育、全球公民教育的变革潜力或变革意义在于通过个人赋权、公民参与，助推社会变革和全球性挑战的应对。[63] 新冠疫情的突发愈发强调批判性思维和公民参与的必要性。*GRALE5* 中专门提及各成员国所作出的承诺，即助力包括残疾人、少数族裔和原住民人口以及生活在偏远和农村地区的人等弱势群体获得充分参与社会的能力。同时，还关注学习者数字素养的提升，以促进数字参与。[64]

（二）提升成人学习与教育的治理能力

一是鼓励更广泛的社会参与。《贝伦行动框架》提出“所有行政级别的公共当局、民间社会组织、私营部门、社区以及成人学习者和教育工作者”应参与治理工作。[65] 这也是一系列《成人学习与教育全球报告》监测成人学习与教育治理领域的重点。但 *GRALE5* 调查结果表明，政府倾向于将成人学习与教育作为服务于特定政策目标（如社会包容、青年就业）的针对性工具，而并未在政策层面将其视为一个独立的优先领域进行整体设计。[66] 为此，*GRALE5* 提出，为推进全球公民教育，需要在不同的成人学习与教育领域促进各利益相关者的积极参与。其中，非政府组织和民间社会组织被认为是促进全球公民教育的主要驱动力。[67][68] 为此，《马拉喀什行动框架》着重呼吁对于相关立法和政策的制定。

二是建立稳定的伙伴关系。《关于成人学习与教育的建议书》强调为了推进成人学习与教育的善治和可持续发展，需要考虑增进各利益相关者之间的双边及多边有效合作，并支持所有利益攸关方在社区、地方、地区和全球层面加强合作并开展网络建设。[69] 例如，日本的公民馆、韩国的终身教育中心、泰国和印度尼西亚的社区学习中心能够保障成人学习与教育课程的质量和可持续性的关键因素之一是社区层面的合作机制完善。此举也有助于进一步支持该地区学习型城市的建设与发展。[70] 与此同时，建立有效的合作伙伴关系，能够为成人学习与教育领域提供更广泛的支持，包括长期被公共机构忽视的资金支持，必要的资源支持以及政策支持等。例如，印度尼西亚、马来西亚、菲律宾、越南和文莱等国通过让利益攸关方参与决策，使成人学习与教育领域的公共支出有所增加；日本、韩国、蒙古国等实施的国家层面的成人学习与教育政策是由利益相关方合作制定的。[71] 此外，还提出加强机构能力建设，助力相关机构有意义、定期地参与[72]，关注青年和成人扫盲、技能培养、课程编制、教师等重要领域。[73] 为更好地融入新的教育社会契约和未来教育愿景，各国政府需要根据具体国情、治理结构和宪法规定作出长期、持续且强有力的承诺[74]，建立有效的成人学习与教育政策、机制和法规等，管理、激励、协调和监督作为公共利益的成人学习与教育，以支持成人学习与教育系统的结构优化。[75]

（三）探寻成人学习与教育的自然之维

GRALE5 所呈现的另一重要发展趋势则在于，愈发强调关注自然权利，以及对于人与自然、教育与自然关系的反思。相比于之前的千年发展目标（Millennium Development Goals，简称 MDGs），可持续发展目标着重纳入了生态、环境和公平等议题。[76]因而，培育促进可持续发展的全球公民则不仅需要对身边的人类同胞，以及人类后代负责任，还需要承担起促进其他物种可持续发展的责任。[77]2023 年是纪念《世界人权宣言》发表 75 周年和《维也纳人权宣言和行动纲领》通过 30 周年的里程碑，也正是重塑共同的价值观，更新人权思想的关键契机。[78]其中便包括对于自然权利的尊重与重视，以期从根本上改变人与自然的关系，“做出这种根本性转变意味着承认我们对自然的依赖，并尊重我们与自然和谐相处的需求”[79]。基于此，成人学习与教育也必须促进对地球上所有非人类居民的尊重。即将“自然在整体上视为生命体，而非与人不同大类的非生命体”[80]，以重新审视成人学习与教育系统中的自然之维，包括作为变革推动者的成人所能够获得的相应知识、技能、价值观和态度是否蕴含自然观，是否尊重自然权利等维度的反思，以此发挥成人学习与教育的变革潜力，贡献于地球生态正义与人类社会正义的有效融合。[81]

这不仅与习近平总书记关于“人与自然是生命共同体”的重要论述所强调的社会发展要兼顾“生态正义”[82]方向一致，即“生态兴则文明兴”，还促进了从根本上改变人与自然关系的思考，也意味着需要重新审视教育与自然的关系，即对自然权利的唤醒与重视，以“寻回教育所丢失的自然之维”[83]，助力面向未来的教育系统的变革。

一系列国际层面的重要会议和文件无疑助力了新时代成人学习与教育发展蓝图的描绘，也引发了一连串涉及发展方向的思考与探讨。其中，本文聚焦 *GRALE5* 主题“公民教育”的重点解析，与一系列《成人学习与教育全球报告》所关注的弱势群体、边缘化群体的受教育权，全球公民教育所倡导的公民参与，以及成人学习与教育权利导向的本质等息息相关；也是在迈向数字文明时代的进程中，成人学习与教育、全球公民教育作为一项基本权利需要惠及每一个人的根本要求，即“重申对可持续发展目标 4 的承诺”[84]，也与我国推动教育高质量发展的新时代教育发展定位相关联。

上述议题之于激发成人学习与教育的变革潜力，促进该领域的可持续发展，以助力新的教育社会契约的落实和未来教育愿景的实现意义重大，值得且需要保持持续且深入的关注、思考与研究，进而转变为现实行动，切实通过教育共同助力“美美与共，天下大同”的实现。

参考文献：

[1][12][16][20][21][22][27][28][34][35][38][41][42][43][45][48][49][58][63][64][66][67][71][72][78][81] 联合国教科文组织终身学习研究所．成人学习与教育全球报告（五）公民教育：增强成人的变革力量[M]．上海终身教育研究院，译．上海：华东师范大学出版社，2023.

[2] 教育部．怀进鹏部长视频出席第二届亚太地区教育部长会议[EB/OL].（2022-06-07）[2022-08-20]. http://www.moe.gov.cn/jyb_xwfb/gzdt_gzdt/moe_1485/202206/t20220607_635280.html.

[3] 人民日报．走生态优先、绿色发展之路（人民论坛）——共建人与自然生命共同体①[EB/OL].（2022-08-17）[2022-08-20]. https://china.huanqiu.com/article/49Gxv3NAbIZ.

[4] UN. Universal declaration of human rights [EB/OL]. [2022-08-05]. https://documents-dds-ny.un.org/doc/UNDOC/GEN/NL3/093/69/pdf/NL309369.pdf.

[5] UN. Global education first initiative [EB/OL]. [2022-08-05]. https://www.un.org/millenniumgoals/pdf/The%20Global%20Education%20First%20Initiative.pdf#：~：text=The%20Global%20Education%20First%20Initiative%20%28GEFI%29%20is%20led，education%20to%20build%20a%20better%20future%20for%20all.

[6] 联合国．变革我们的世界：2030 年可持续发展议程[EB/OL]. [2022-07-28]. https://www.un.org/ga/search/view_doc.asp?symbol=A/RES/70/1&Lang=C.

[7][36] UNESCO. The hamburg declaration on adult education [EB/OL]. [2022-08-15]. https://unesdoc.unesco.org/ark:/48223/pf0000116114?posInSet=1&queryId=38a06f40-fcb9-4c78-b1e4-cb5b652faad5.

[8][46][62][69] 联合国教科文组织终身学习研究所．关于成人学习与教育的建议书[EB/OL]. [2022-08-15]. https://unesdoc.unesco.org/ark:/48223/pf0000245179_chi.

[9][11][13][32][40][55] UIL, UNESCO Asia-Pacific Centre of Education for International Understanding. Addressing global citizenship education in adult learning and education: summary report [EB/OL]. [2022-08-05]. https://unesdoc.unesco.org/ark:/48223/pf0000372425.

[10] 新华社．习近平：国际社会合力应对全球性挑战　关键是要拿出实际行动[EB/OL].（2021-10-31）[2023-07-07]. https://www.gov.cn/xinwen/2021-10/31/

content_5648045.htm.

[14] [37] Smythe S. Citizenship, inclusion and rights in a digital era: background paper for the 5th global report on adult. In UNESCO Institute for Lifelong Learning. 5th global report on adult learning and education: citizenship education: empowering adults for change [EB/OL]. [2022-08-05]. https://unesdoc.unesco.org/ark:/48223/pf0000381666.

[15] [47] UN. United Nations Transforming Education Summit: action track 2 on learning and skills for life, work, and sustainable [EB/OL]. [2022-08-15]. https://transformingeducationsummit.sdg4education2030.org/system/files/2022-07/Digital%20AT2%20dicussion%20paper%20July%202022.pdf.

[17] [18] 联合国教科文组织终身学习研究所 . 成人学习与教育全球报告（四）[M]. 上海终身教育研究所，译 . 上海：华东师范大学出版社，2021.

[19] 张伶俐 . 公平・参与・优质：成人学习与教育全球报告（四）书评 [J]. 终身教育，2022（5）.

[23] Schugurensky D. Citizenship and citizenship education: Canada in international context. Discussion paper posted on the Citizenship Learning and Participatory Democracy Website. Toronto, Ontario Institute for Studies in Education/University of Toronto [EB/OL]. [2022-08-05]. http://fcis.oise.utoronto.ca/～daniel_schugurensky/courses/4.citizenship&citized.doc.

[24] Shultz L. Educating for global citizenship: conflicting agendas and understandings [J]. Alberta Journal of Educational Research, 2007，53(3): 248-258.

[25] Westheimer J, Kahne J. What kind of citizen? the politics of educating for democracy [J]. American Educational Research Journal, 2004, 41(2): 237-269.

[26] Brock G，Brighouse H. The Political Philosophy of Cosmopolitanism [M].Cambridge University Press, 2005.

[29] UNESCO. Global citizenship education: Taking it local [EB/OL]. [2022-08-15]. https://unesdoc.unesco.org/ark:/48223/pf0000265456/PDF/265456eng.pdf.multi.

[30] Milana M, Tarozzi M. Rethinking adult learning and education as global citizenship education: a conceptual model with implications for policy, practice and further research [J]. International Journal of Development Education and Global Learning, 2021, 13(1): 46-60.

[31] [52] [54] [68] [75] [84] 上海终身教育研究院（译）. 马拉喀什行动框架：利用成人学习与教育的变革力量 [J]. 终身教育研究，2022，33（04）：3-8.

[33] Sweetman C, Rowlands J, Abou-Habib L. Introduction to citizenship [J]. Gender & Development, 2011, 19（3）: 347-355.

[39] Singh N C, Duraiappah A K. Rewiring the brain to cultivate global citizenship!: background paper for the 5th global report on adult learning and educationUNESCO

Institute for Lifelong Learning. 5th global report on adult learning and education: citizenship education: empowering adults for change [EB/OL]. 2020 [2022-08-15]. https://unesdoc.unesco.org/ark:/48223/pf0000381666.

[44] UNESCO. Global Citizenship Education: Preparing Learners for the Challenges of the 21st Century [EB/OL]. [2022-08-15]. https://unesdoc.unesco.org/ark:/48223/pf0000227729/PDF/227729eng.pdf.multi.

[50] UNESCO. Global Citizenship Education: Topics and Learning Objectives [EB/OL]. [2022-08-15]. https://unesdoc.unesco.org/ark:/48223/pf0000232993.

[51] [53] [73] UIL. Adult learning and education for sustainable development：A transformative agenda [EB/OL]. [2022-08-15]. https://www.uil.unesco.org/sites/default/files/medias/fichiers/2022/06/CONFINTEAVII_AnnotatedAgenda_ENG.pdf.

[56] 张伶俐，李家成 . 全球成人学习与教育发展：价值意蕴、优先事项与发展愿景——基于系列《成人学习与教育全球报告》的思考 [J]. 教育与职业，2023，(16): 65-72.

[57] UN. UN Transforming Education Summit: Action Track 1 on Inclusive, equitable, safe and healthy schools [EB/OL]. [2022-08-15]. https://transformingeducationsummit.sdg4education2030.org/system/files/2022-07/AT1%20Discussion%20Paper_15%20July%202022%20%28With%20Annex%29.pdf.

[59] UNESCO Institute for Lifelong Learning, Shanghai Open University.International trends of lifelong learning in higher education: research report [EB/OL]. [2023-07-07]. https://unesdoc.unesco.org/ark:/48223/pf0000385339?posInSet=1&queryId=14132f69-47fc-444f-a6f4-353d49e780c4.

[60] [65] UIL. Belém Framework for Action: Harnessing the power and potential of adult learning and education for a viable future [EB/OL]. [2022-08-15]. https://unesdoc.unesco.org/ark:/48223/pf0000187789.

[61] UIL. Adult learning and education and COVID-19 [EB/OL]. [2022-08-05]. https://unesdoc.unesco.org/ark:/48223/pf0000374636.

[70] UIL. CONFINTEA Ⅶ Regional Preparatory Conference for Asia and the Pacific Priorities, challenges and recommendations [EB/OL]. [2022-08-15]. https://unesdoc.unesco.org/ark:/48223/pf0000380786.

[74] UN.Transforming Education Summit 2022 Concept Note [EB/OL]. [2022-08-05]. https://www.un.org/sites/un2.un.org/files/tes_concept_note.pdf.

[76] Wals A E J. Adult education, learning, citizenship and sustainability: background paper for the 5th Global Report on Adult Learning and Education. In UNESCO Institute for Lifelong Learning. 5th global report on adult learning and education: citizenship education: empowering adults for change [EB/OL]. [2020-08-05]. https://unesdoc.unesco.org/ark:/48223/pf0000381666.

[77] Häkli J. The subject of citizenship: can there be a posthuman civil society? [J]. Political Geography, 2018, 67: 166−175.

[79] Community Environmental Legal Defense Fund.Fighting for nature’s rights [EB/OL]. [2022−08−15]. https://celdf.org/rights-of-nature/.

[80] [83] 叶澜 . 溯源开来：寻回现代教育丢失的自然之维——《回归突破：“生命 · 实践”教育学论纲》续研究之二（下编）[J]. 中国教育科学（中英文），2020，3（02）：3−29.

[82] 习近平 . 决胜全面建成小康社会夺取新时代中国特色社会主义伟大胜利：在中国共产党第十九次全国代表大会上的报告 [EB/OL].（2017−10−27）[2022−08−15]. http://www.gov.cn/zhuanti/2017-10/27/content_5234876.htm.

比较视野中构建全民终身学习型社会的国际经验与中国路径选择*

马丽华 李 媛 刘 茜 王梦娟**

摘 要： 教育强国是我国的重大战略，“建设全民终身学习的学习型社会、学习型大国”是领航我国现代化建设新征程的目标。为构建全民终身学习型社会，许多国家着力推出创新举措且取得显著成效，呈现出颁布相关政策法规、实施行动计划、制定资历框架、成立教育联盟、建立经费保障制度、推进个人学习账户制等重要的国际经验。基于国际经验，我国在构建全民终身学习型社会的现行框架下，需要进一步深化体制机制改革，夯实治理现代化基础；优化资源配置，促进学习空间融合拓展；提升技术赋能，支持全民终身学习型社会持续发展。

关键词： 终身教育；终身学习；学习型社会；全民终身学习型社会

在当今快速变化的社会背景下，终身学习理念已成为推动社会进步和个人发展的重要战略目标。自 1968 年美国学者赫钦斯出版《学习型社会》以来，学习型社会已成为全球教育改革的趋势，各国逐步从“理论研究”阶段迈向“社会实践”阶段。学习型社会是要创造一个全民学习和终身学习的社会，即一个“以学习求发展”的社会。[1] 随着科技的不断发展和全球化的推进，技能需求和职业要求不断演变，传统的学历教育已不足以满足多样化、个性化的学习需求。全民终身学习型社会旨在为每个公民创造一个随时随地接受教育的环境，使个人能够持续适应社会变革、提高知识和技能水平，更好

---

* 基金项目：国家社会科学基金 2022 年度教育学一般课题“‘职继融通’服务老龄社会的路径与机制研究”（BJA220248）的阶段性成果。

** 作者简介：马丽华，华东师范大学教育学部副研究员，上海终身教育研究院兼职研究员，主要研究方向：成人教育；李媛，上海市浦东新区社区学院教师，主要研究方向：社区教育；刘茜，上海市普陀区业余大学教师，主要研究方向：社区教育；王梦娟，上海市松江区社区学院教师，主要研究方向：社区教育。

地应对未来的挑战。有研究者指出构建服务全民终身学习的教育体系是实现教育强国战略的国运之需，是实现教育终极使命的治理之要，也是融通中央长治与个人久安的信念之实。[2]构建服务全民终身学习型社会的价值亦在于此。

在全球化和信息化的浪潮下，经济形势和就业市场的不断变化对人才提出了更高的要求。在这样的背景下，终身教育、终身学习、学习型社会的理念得到广泛关注，许多国家和国际组织开始探索建设全民终身学习型社会的有效路径。联合国教科文组织终身学习研究所（UIL）在 2020 年 8 月 31 日发布了《拥抱终身学习文化：对教育未来倡议的贡献》报告，提出了一个宏伟的目标愿景，即期望在 2050 年建成终身学习型社会。

我国自 20 世纪 70 年代末引进终身教育思想后，不断推进和深化，使其从国家的教育决策层面走向终身教育体系和学习型社会的构建行动，走出了一条从科教兴国到教育强国的发展路径。党的十九届四中全会（2019 年）首次系统提出“构建服务全民终身学习的教育体系”[3]，继而，党的二十大报告也确立了“推进教育数字化，建设全民终身学习的学习型社会、学习型大国”[4]方针，将全民终身学习型社会建设推进到一个新的战略高度。2023 年 9 月，教育部《关于引发〈学习型社会建设重点任务〉的通知》（以下简称《通知》）指出，要把建设学习型社会、学习型大国作为建设教育强国的战略举措。可见，在我国实践推进中，确立了构建学习型社会的优先战略地位。[5]

在此背景下，本文旨在比较不同国家在构建全民终身学习型社会方面的理念与行动，探讨各方的政策目标、实践措施、机制体系以及取得的成果和面临的挑战，通过对全球经验的综合分析，结合我国国情和现实，为我国建设全民终身学习型社会的路径选择和发展提供指导和建议。

一、构建全民终身学习型社会的国际经验的分析框架

本文基于可比性原则，将构建全民终身学习型社会的相关国家的宏观政策、教育与培训政策纳入研究范围，通过收集和归纳部分国家的相关政策文件、研究报告及学术论文等，聚焦其在推进全民终身学习型社会上的政策创新和实践探索。综合考虑全民终身学习型社会发展水平、政策与实践多样性、地区代表性、数据可获得性，以及国际影响力等因素，根据持续发展且颇具成效这两点的基本判断，筛选出以德国、英国、法国为代表的欧洲发达国家，

以日本和韩国为代表的东亚后发国家等进行分析。鉴于全民终身学习型社会的构建是极为复杂的综合性设计，为系统梳理和充分理解案例国家的相关政策，本文将基于政策制定与政策实施成效的双向维度开展相应梳理。

首先就政策的制定而言，本文将相关政策区分为政策设计和制定、法律法规和政策支持。即针对全民终身学习的目标和愿景，各国的政策设计、制定和规划方面有哪些异同点？政策的核心内容包括哪些关键要素，例如教育资源的投入、培训机制的建立和激励措施等。各国在构建全民终身学习型社会过程中是否有相关法律法规的支持？政策执行中是否涉及利益相关者的合作与参与，是否存在政策衔接和协同推进的机制？

其次就实施成效而言，本文主要聚焦教育普及与参与、学习机会与资源、学习成果与技能提升。分析各国在推动全民终身学习中的教育普及程度，包括教育覆盖率、受教育者参与率以及边缘人群的纳入情况。比较不同国家在提供学习机会和资源方面的措施，如在线学习平台的发展、教育资金投入、培训机构的设置等。研究全民终身学习政策实施后，各国在提升国民技能水平、培养人才和促进就业等方面取得的效果。

在前述两个维度的基础上，依据我国构建全民终身学习型社会的具体情况，紧扣时代发展提出新问题，对各国经验进行对比，分析国际社会的成功案例、困难和挑战，从比较分析中提取对中国具有借鉴意义的经验和启示，探讨其在全民终身学习型社会建设中可以借鉴和参考的做法。

二、构建全民终身学习型社会的主要国家的特点分析

构建全民终身学习型社会的国际经验展现出多样性和丰富性，不同国家在政策制定、实践措施和机制构建等方面有着各自独特的做法。

（一）双元制职业教育与培训体系

1. 政策设计和制定

德国在构建全民终身学习型社会方面坚持发展双元制职业教育与培训体系，这是其最为突出的教育模式。该模式在以下几个方面表现出显著特点：一方面，德国采用了双元制培训课程，将学生的学习时间分为校本培训和工作场所培训两部分，使学生能够在实际工作中不断增进职业技

能。[6] 由于学生在工作中获得实际经验，这种模式不仅降低了青年失业率，还使学生在毕业后能够持续更新知识和技能，更具竞争力。

另一方面，德国颁布了双元制保障法律，明确了各机构的分工职责。《联邦职业培训法》(1969) 及其多次修订版法案确保了公立职业学校与中小企业之间的合作办学，实现了联邦政府、各州、商会组织、工会、公司和学校等机构的紧密联盟合作。[7] 该法律的实施推动了职业培训和相关证书的标准化，为年轻人获得国家认可的职业培训提供了保障。

德国的这一双元制职业教育与培训体系的政策设计和法律保障，确保了学生在校期间和毕业后都能够获得高质量的职业培训，从而有助于构建全民终身学习型社会。

2. 政策实施成效评估

德国双元制职业教育与培训体系在实施过程中表现出色，取得了显著成效。具体体现在以下几个方面：首先，学生职业技能提升。通过参与校本职业培训，学生的职业技能得到了提升，并为未来的职业发展奠定了基础。这一成效也得到了国际上的广泛认可，德国的青少年非就业、教育或培训比率远低于经合组织平均水平。[8] 其次，法律保障的推动作用。双元制保障法律的实施为职业培训的发展提供了坚实支持，各个机构之间的紧密合作促进了职业培训的标准化，确保了学生获得的证书受到行业、社会和国家的认可，进一步提高了他们的就业竞争力。此外，为了应对数字化产业转型、本土传统强势制造业下滑等挑战，德国实施了国家继续教育战略。政府部门和社会合作伙伴密切参与，特别关注参与率低的群体和中小企业。德国通过扩展继续教育的渠道、加强数字继续教育、创建国家在线继续教育平台等举措，提升了员工和公司的继续教育机会，促进了职业教育和培训的现代化和创新。[9]

总体而言，德国双元制职业教育与培训体系为学生提供了高质量的职业培训，为就业市场注入了更多有竞争力的人才，同时也积极适应了经济和社会的变革，推动了全民终身学习型社会的构建。

（二）终身学习理念融入职业技能发展

1. 政策设计和制定

英国在构建全民终身学习型社会方面，于 20 世纪末到 21 世纪初通过一系列政策文件和举措，体现了终身学习理念融入职业技能发展的进程。1998年，英国政府发布了旨在阐明学习型社会理念的绿皮书《学习时代》（*The Learning Age*）。[10] 紧接着，1999年，发布了旨在建立英国全国和地方的计划、组织和投资体制的白皮书《学习成功》（*Learning to Succeed*）。[11] 这些文件旨在明确学习型社会理念，为后续改革奠定了基础。之后，英国政府成立了全国学习和技能委员会，该委员会主要投资16岁后的教育与培训[12]，推动了终身学习的实施。为落实这些改革措施，英国在2000年又颁布了《学习与技能法案》（*Learning and Skills Act*）。该法案的颁布极大地促进了学习型社会建设[13]，为终身学习提供了法律支持。随后，英国学习型社会建设的焦点逐渐由"学习中心"转向"技能中心"，相继发布的一系列相关政策文本包括《技能战略》（2003）、《学习的革命》（2009）、《新挑战，新机遇——继续教育体系与技能改革计划：构建世界级技能体系》（2011）等。这些文本体现出英国全民学习型社会建设逐渐转向以"技能发展"为目标导向，进一步促进了职业技能与终身学习的融合。最近，2021年发布的白皮书《就业技能：通过终身学习获得机会与成长》（*Skills for Jobs: Lifelong Learning for Opportunity and Growth*）再次强调了"技能学习"，着力为公民提供"终身技能保障"，并积极探索雇主主导的学徒制国家标准体系等举措。[14]

法国在终身学习和学习型社会的发展方面具有悠久的历史，早在20世纪70年代，法国学者保罗·朗格朗的著作《终身教育导论》就成为终身教育理论的里程碑，推动了终身教育的传播与发展。关于政策制定和实施，法国采取了以下措施。1971年，法国颁布了《终身教育框架内职业继续教育组织法》，为法国终身教育奠定基础，为后续政策提供了法律支持。随后的法律政策不断细化学习型社会的建设，并呈现出终身教育与职业教育相互联系、结合的趋势。2009年颁布的《导向和终身职业教育法》提出"终身职业方向指导"，帮助公民建立职业生涯规划，促进公民的终身职业发展。此外，法国政府在中央政府层面设立了多个部门来推动终身教育，如劳动、就业、职业培训和社会对话部，负责制定职业继续教育政策、完善相关法律，并协调相关社会机构开展职业继续教育；国民教育部则主要负责为青年人提供初始职业教育和成人继续教育，并参与落实终身教育相关政策。[15] 通过不同部门间的职责分工与相互协调，法国政府推动就业与深造相结合，职教与普教相关联，促进并保障公民参与终身教育，构成不同教育体系相互沟通的终身教育整体体系。

这些政策和举措表明，英国和法国都致力于将终身学习理念融入职业技能发展，为公民提供更广泛的继续教育和职业发展机会。

2. 政策实施成效评估

英国的学习型社会政策从 20 世纪末到 21 世纪初实现了繁荣的发展。通过一系列政策文件的发布和法律的颁布，英国不断完善终身学习体系，促进了技能培训和继续教育的发展。特别是《学习时代》《学习成功》和《学习与技能法案》的实施，使学习型社会的概念得到深入传播，并融入国家发展战略中。同时，政策逐渐转向以“技能发展”为目标导向，有力地推动了技能中心的建设和发展。然而，随着社会经济的变化，英国仍需持续关注技能发展的需求，不断优化政策，提高终身学习的质量和普及度。

法国在终身学习型社会的建设上具有丰富的经验和传统。早期的终身教育政策为全民终身学习型社会的构建打下了坚实基础。《导向和终身职业教育法》等政策文件的颁布，促进了公民终身职业发展和继续教育的普及。特别是通过建立多个部门的合作与协调，法国形成了终身教育整体体系，使不同教育之间相互联动，实现了职业教育和成人继续教育的衔接。

综上所述，英国和法国作为欧洲代表国家在构建全民终身学习型社会方面取得了显著进展。通过不断完善政策和教育体系，这两个国家不仅提高了公民的职业技能和学习能力，也为社会经济的发展注入了持续的动力。然而，要实现全民终身学习型社会的目标，还需要持续不断地优化政策和教育体系，适应社会发展的变化，为公民提供更多元化、灵活性更强的学习机会，进一步推动终身学习的普及与深化。

（三）终身学习制度化和学习机会多元化提升

1. 政策设计和制定

日本通过建立学习网络，重点促进学校和社区之间的伙伴关系，致力于发展学校与当地社区居民的紧密合作，推动社区学校的建设。2015 年 12 月，日本中央教育审议会提出了《社区学校合作报告》，鼓励学校面向社会开放教育课程，并成立学校管理委员会，邀请当地居民参与学校的经营，以促进学校的多样化发展。[16] 为促进社区和学校的互通协作，日本对社会教育专职人员“社区教育主事”制度进行了改革[17]，设立“社会教育士”和

“地区教育士”资格，以强化社会教育的专业化发展。这些改革旨在实现地域创生，使学校与社区紧密融合，以儿童的成长为中心，促进地区的终身学习。

韩国学习型社会建设的核心理念是建立任何人可以随时随地接受教育的终身学习型社会。为此，韩国建立了制度化学分银行，成为目前唯一实施该制度的国家。由“国家终身教育振兴院”（National Institute of Lifelong Education，NILE）管理的学分银行为非正规学习者设立个人学分账户，并扩大了终身职业教育培训机构的范围，包括中等教育机构、专科大学和大学等法定设立的教育培训机构。[18]学分银行的特点是低廉的学分积累成本和灵活的学习形式。韩国将终身职业教育培训账户制和终身学习账户制统一管理，将终身学习账户整合为具备资金支持系统的职业教育培训账户，此外，韩国还增加了由地方自治的终身学习中心或市民大学及其他政府机关直接运营的终身学习教室，以提供更多元化的学习机会。[19]

这些政策和举措表明，日本和韩国都采取了多层次的措施来制度化终身学习，推动学习机会的多元化，为公民提供更广泛的学习途径，以促进终身学习型社会的建设。这些国家的政策设计和制定有助于推动社区参与、专业化教育、学分积累等方面的发展，从而提高了终身学习的质量和覆盖面。

2. 政策实施成效评估

日本的学习网络和社区学校建设为学习型社会的发展注入了新动力。社区学校的推动使学校与社区更紧密地结合，为学生和居民提供更丰富的学习资源和机会。然而，要实现以学校为中心到以社区为中心的教育体系的转变并非易事，需要持续推动改革，加强学校与社区的协作，确保学习资源的充分整合和有效利用。

韩国建立的学分银行制度为终身学习提供了更加便捷和灵活的途径，尤其是为错失高等教育入学机会的学习者提供了重要的学习机会。制度化学分银行的建立使得学习者的学习成果得到有效记录和认可，为其终身职业发展提供了更多可能性。然而，随着制度的不断推进，需要进一步评估学分银行制度的实际效果和影响，以便不断优化政策措施，确保制度的稳健运行并为更多学习者创造机会。

综上所述，日本和韩国作为东亚后发国家在构建全民终身学习型社会方面取得了一定成效。通过政策设计和实施，这两个国家正在不断推动终身学习的普及和深化。然而，随着社会和经济的变化，需要进一步加强政策评估和调整，以确保学习型社会的可持续发展并实现全民终身学习的目标。

三、构建全民终身学习型社会的国际经验和挑战

全民终身学习型社会的构建是当今世界各国面临的共同挑战之一。在一个不断变化和发展的全球经济环境中，终身学习不仅是个人成功的关键，也是国家繁荣和竞争力的基础。国际社会已经积累了许多有关如何构建全民终身学习型社会的宝贵经验。本文通过深入探讨国际经验中的关键要点和挑战，旨在为我国构建终身学习型社会提供有益的参考，以促进我国个人和社会的可持续发展。研究发现，上述国家构建全民终身学习型社会的过程中，在宏观、中观、微观层面存在一定的共性，本部分将基于多个案的横向对比，清晰不同国家在构建全民终身学习型社会方面的经验和挑战。

（一）健全政策法规，夯实法律支撑与政策基础

发达国家很重视终身教育、终身学习以及学习型社会建设的相关法规的推动。目前，国际上涌现出一些代表性的法规和政策。韩国的《平生教育法》和日本的《终身学习振兴法》属于从国家层面出发的专项立法。韩国的《平生教育法》强调终身教育系统论，其核心理念是建立任何人、任何时间、任何地方都可以接受教育的终身学习型社会。[20]在日本，1985 年提出“构建终身学习制度”的倡议，1988 年日本全国各地的“社会教育处”改称为“终身教育处”，1990 年日本又颁布了《终身学习振兴法》。近年来，虽然随着政府在终身教育领域的“不作为”，其公共教育领域日趋缩小，但仍有超过 14 000 个公民馆在继续发挥终身教育的功能。[21]法国的《终身职业教育法》和美国的《蒙代尔法》（*Mondale Act*）则代表了对已有法律进行改进的实践。美国将终身教育理念引入高等教育，法国通过终身教育思想促进职业教育的发展。[22]此外，德国的《职业培训法》和《高等教育法》、瑞典的《终身学习法》等规定了德国、瑞典终身教育体系的基本框架，而欧盟的《欧洲终身学习法案》（*European Lifelong Learning Initiative*）则鼓励并协调了欧盟各成员国的终身学习制度。英国政府发布的《学习与技能法案》为实现“学习型社会”的构建提供了从理念到实践的法律支持。

这些国际经验表明，建设全民终身学习型社会需要健全的政策法规作为

法律支撑和政策基础，从国家层面明确政策方向和承诺。这为不同国家提供了可借鉴的经验，但同时也面临着不同文化和社会背景的挑战，需要因地制宜地制定和调整相关法律法规。

（二）实施行动计划，推动实质性进展

除政策法规外，行动计划是构建全民终身学习型社会的又一重要推手。以韩国为例，2008 年，为更好地落实终身教育的政策和法律的实施，韩国将自学学位考试院、学分银行中心（CBS）以及终身教育中心（NCLE）等三个部门整合成一个称为“国家终身教育振兴院”（NILE）的部门，其职责包括：执行国家终身教育政策、支持项目开发、培养从业人员、维护综合信息系统、建立学分银行、开发自学学士学位和终身学习认证系统，以及创建终身学习账户等。[23] 此举有力推动了终身学习的发展。同时，在终身学习城市创新发展过程中，韩国也推广了“乡村学习中心”（Maeul Hakkyo），这是一项基层公民参与教育的尝试，类似于联合国教科文组织提出的社区学习中心（CLCs）。[24] 这些中心致力于实现“每个人都可以教、学、长”的理念，成为连接居民参与社区和终身学习的核心枢纽。这种尝试旨在提升居民自治教育水准，与行政当局合作，探索新型教育合作模式。

然而，在推进全民终身学习型社会的过程中，仍然存在一些挑战。传统文化观念对于教育的认知和行动计划的推动具有深厚的影响。传统观念往往将教育视为一种阶段性目标，即完成学业后即可结束学习，而非终身的追求。此外，由于学历与社会地位之间存在紧密联系，一些人将学历视为终极目标，而非持续学习和自我提升的手段。这种功利观念使得短期的学业成就和考试成绩成为追求的焦点，却忽略了终身学习的价值。这种教育功利化观念导致许多学生和家长面临巨大的教育焦虑和压力，对终身学习理念的传播和普及产生了负面影响。因此，构建全民终身学习型社会的过程中，除了政策法规的制定外，有效的行动计划也是不可或缺的。这些行动计划能够推动政策的实施，促使终身学习的理念真正落地，并帮助克服传统文化观念和功利化观念所带来的挑战，以实现全民终身学习的目标。

（三）成立教育联盟，促进多元协同

越来越多的国家认识到，在构建全民终身学习型社会的过程中，创建一

个能够连接社区、学校、政府、市场等多元主体的“中介”空间的重要性。通常，学校、社区、政府和企业等各个部门都参与到终身学习项目的实施和资源投入中，但由于信息传递不畅，缺乏有效的合作平台，各部门之间难以了解对方的需求和资源情况，从而造成资源的重复使用或浪费。此外，不同部门间可能存在利益冲突，特别是在资源有限的情况下，可能会导致各部门竞相争夺终身学习项目所需的资源，进而影响了合作意愿和效果。这种利益冲突可能使得一些重要的终身学习项目得不到充分支持，影响全民终身学习的推进。

因此，建立健全的部门合作机制涉及政策协调、资源整合、信息共享等多个方面，对于合作成效至关重要。例如，英国的学习型城市网络（LCN）将科研机构、学校和图书馆等网站连成一体，提供统一的网络服务。该网络具有多样化的教学资源、强大的搜索功能、专业的学习资源，以及用户的多样性选择等诸多优点，为英国终身教育创造了日益丰富的资源环境，并为学习者提供了全方位的支持。法国拥有强大的教育联盟，其中包括企业、学校、运动区域、住宅、社交空间、服务、文化场所等各个领域。韩国则通过“自下而上”创建和发展壮大的乡村学习中心，提高了学校等共享空间的开放度，增加了教育相关工作岗位的数量，扩大了公民的教育机会，提升了居民的教育参与力和社会治理能力。

这些国际经验表明，构建全民终身学习型社会需要建立协同多元主体的教育联盟或合作机制，以协调资源、促进信息共享，但同时也需要克服诸如利益冲突、文化差异和信息不对称等多方面的挑战。

（四）加强保障制度，支持可持续发展

经费投入保障机制的建立健全，既是终身教育高质量发展的前提条件和客观需求，也是保障终身学习权的必要措施。发达国家重视建立终身教育经费筹资机制，且惠及群体愈发广泛。

以英国为例，政府将于 2025 年起推出终身贷款授权计划（The Lifelong Loan Entitlement，简称 LLE），该计划将面向 18～60 岁的公民，提供贷款额度，用于全日制或非全日制学习。这一改革不仅为传统学生以外的人群提供了更多学习机会，还将促进雇员参与再培训和提高技能，满足尖端行业和高薪工作的需求。[25] 法国也采取了积极的措施，如 2016 年实施的“50 万次额

外培训计划”（Plan 500 000 formation supplémentaire）和 2017 年投入的 263 亿欧元用于发展职业继续教育。[26] 此外，2018 年实施的“建设技能社会计划”（Plan d'in-vestissement dans les compétences），还建立了多元经费筹措机制，以保障终身教育资源供给。法国克莱蒙费朗市也将超过 43% 的预算用于教育和年轻人，10% 用于文化部门，以确保所有人都能参加文化和教育活动。

然而，尽管一些国家已经明确了法律框架和资金支持，但在推进全民终身学习的过程中，仍然面临着经费长期投入不足的挑战。终身学习是一项需要长期投入和坚定决心的战略，其收益通常不会像其他经济领域的投资那样迅速显现。在经济紧缩或财政困难时，政府可能会将资源优先投入短期内见效的领域，而忽视终身学习对于未来社会发展的长远影响。其次，终身学习项目的实施通常需要涵盖多个阶段和领域，覆盖广泛的人群。这种跨部门、跨领域的综合性项目会导致资金分散和难以集中管理，从而影响长期稳健的资金投入。最后，政策制定和资金拨付往往受到政治因素的影响。政府在实施终身学习项目时可能会面临来自各方的压力和争议。因此确保经费的稳定投入和建立持续的经费筹措机制至关重要，以支持全民终身学习的可持续发展。

（五）设立资历框架，促进学习认证和职业发展

在全球范围内，不同国家和地区的学历和技能认证体系存在着差异，这导致了国际学历和技能难以互相比较和认可。为解决这一问题，国家资历框架被提出，旨在解决学习成果认定问题和技能资格沟通衔接问题，为构建全民终身学习制度体系提供了关键政策工具。该框架的目标包括解决国际学历和技能认可的问题，促进跨国合作和个体的国际流动，提高教育和职业发展机会，支持终身学习，并提高教育和培训质量。国家资历框架的实施有助于建立一个统一的认证和认可体系，推动全球教育和职业领域的可持续发展。

多个国家自 20 世纪 90 年代开始引进国家资历框架，并积极促进资历的国际互认。截至 2019 年，全球已有 99 个国家和地区建立了国家级资历框架，我国也首次被纳入其中。[27] 根据 2018 年亚太经合组织发布的亚太地区发展和加强资质框架指南，全球超过 150 个国家正致力于开发和实施资历框架。[28] 这一举措有助于提高国际学历和技能的可比性，促进跨国合作和移

动。英国是早期关注国家资历框架体系建设的国家之一。学习者可以使用唯一编号和密码登录“教育和技能资助机构”随时随地查询自己的学习成果和学习进展。[29]此外，2008年，英国在国家资历框架的基础上还引入了“学分累计晋级”概念，建立了资格与学分框架体系（简称QCF），促进了职业资格质量和标准的提高。[30]德国的终身学习国家资历框架相对较为完善，其特点是资格类型齐全、表述具体，并强调了普通教育、职业教育、继续教育与高等教育等教育体系间的等值性与差异性。[31]德国教育科研部于2011年3月制定了《适应终身学习要求的德国资历框架》，作为评价与认证非正规与非正式学习形式的依据。这一举措有助于那些失去在传统教育系统或其他正规学习机构获得资格的机会的个人，对试图重新接受教育培训的个体而言，这将帮助他们获得终身学习机会，有助于他们将这些学习成果用于学分转移、升学、职业发展等目标。于社会而言，这将有助于充实和丰富劳动力市场中的多元技能，并提高整个社会的技能水平。

然而，资历框架和学分银行在实际推行中也面临诸多挑战。比如，学历主导的教育观念可能导致职业教育的发展受限，因为学习者更倾向于选择传统学历教育。职业教育在就业市场上的认可度相对较低，这可能导致学习者在完成职业教育后难以找到适合的就业机会，进而影响职业教育的吸引力和实际效益。因此，为了更好地促进学习认证和职业发展，需要解决教育观念和认可度的问题，以确保终身学习政策更加普及和有效。

（六）推进个人学习账户，激励全面参与

2000年，英国推出了“个人学习账户”（Individual Learning Accounts）制度，该制度向每一个19岁以上的公民开放。[32]在2010年，英国进一步推出了“终身学习账户”制度，该制度以个性化需求为导向，创建了终身学习模式，旨在使个人能够随时根据自身的学习需求和职业发展目标，自主选择参与各类教育和培训课程。[33]“终身学习账户”制度还为学徒制提供了更广泛的支持，使得学徒能够得到终身性的学习支持。尽管英国推出了终身学习账户等政策，但在实际执行过程中，有限的培训机构和学习资源难以满足全体学习者的需求。如，在某些地区，特定职业领域的培训资源相对匮乏，导致一些学习者难以获得适合的学习机会。这表明政策必须提供充分的支持和辅助措施，以确保政策在实际落地中能够取得预期的效果。

法国于2018年通过《自由选择和职业未来法案》也推出了“个人培训账户”（Compte Personnel de Formation），旨在鼓励个人根据自身需求申请使用培训账户的资金，使每个人都能在职业生涯中积累培训权益，获得终身学习的机会。例如，在法国的私营企业中，雇员从他们的第一份工作开始就会获得一个个人的培训账户，该账户可支付各种被认可的课程费用，直至他们退休。[34]韩国则通过提供资金支持和引入“工时储蓄账户”制度等措施，鼓励劳动者参与职业技能培训。然而，这些政策在执行过程中面临重视有效监管和控制措施等挑战。这是为了防止缺乏监管而导致一些人滥用培训账户，选择与其职业不相关或没有实际需求的培训项目，从而造成资源的浪费。同时，严重的滥用和欺诈现象也可能严重损害终身学习政策的公信力和可持续发展，削弱终身学习政策的社会认可度，对政策的可持续发展和推广产生负面影响。

这些经验和挑战凸显了政府在制定和执行个人学习账户政策时需要综合考虑资源分配、监管措施以及政策的接受度，以确保政策能够取得最大的成效。

四、国际经验视野下构建全民终身学习型社会的中国路径选择

我国终身教育体系和学习型社会的建设近年来取得了迅速发展，从无到有的进展令人瞩目。表现如下：一是我国深刻认识到构建全民终身学习的教育体系和学习型社会的重要性，广泛宣介和倡导相关理念；二是创建了丰富多样的全民终身学习的载体和平台，建立了工作协调机制，逐渐形成了较强的终身学习资源统筹能力；三是资格互认方面，区域性互认中取得了一些进展；四是重视社区教育发展，形成了多个学习型社区试点，并逐步进行辐射推广，建设服务全民终身学习的学习型社会等。但受多重因素影响，在构建全面终身学习体系方面，我国仍存在许多挑战，包括：法律不健全，国家层面相关法律尚未进入立法程序；缺乏顶层设计，各级政策之间缺乏相应的统领和管理；经济与教育发展不平衡，整体经费投入不足；数字化发展水平不均衡，受到传统学习方式制约，人力资源素质偏低等问题。对此，我们不妨借鉴国际上构建全民终身学习型社会的优秀经验，以创新路径破除障碍，形成全新的终身学习观念。而引进国外终身教育理论时，需要结合中国教育实践，对照现状，引进国内急需理论，以国外理论为启蒙，找突破口解决中国

教育问题。[35]故此，本文在国际比较视野中，结合我国构建全民终身学习型社会面临的实际挑战，参考各国的成功经验和失败教训为我国提供重要信息和可借鉴的运行方式。

（一）深化体制机制改革，实现全民终身学习型社会治理现代化基础

1. 立法终身教育，保障学习自由的法律基石

从诸国的经验来看，制定国家层面的终身教育立法，是推进终身教育理念和实践推展的一个关键步骤，也是实现建设终身学习型社会目标的必要保障。我国在构建学习型社会和终身教育体系中亟须出台并完善国家与地方终身教育法、制定国家与地方的终身教育行动计划。[36]

截至 2023 年 4 月，我国有 6 个省市已经颁布了旨在促进终身教育的相关地方性条例。其中 5 个省市的促进条例是以“终身教育”为主题命名，而近期颁布并于 2023 年 6 月 1 日实施的《苏州市终身学习促进条例》，以“终身学习”为主题词命名。这些法规的出台标志着中国在推动终身学习方面的理念深入人心，在建设全民终身学习型社会方面迈出了重要的步伐。但是，选择终身教育立法还是终身学习立法，一直是横亘在国家立法进程中的主要问题之一。有学者认为，两者皆有利弊，从“教育”和“学习”的内在本质来看，终身教育立法视角侧重于政府立场，重心在于建立健全终身教育的外部环境和内部协调机制，有利于约束国家和政府的主体责任，但也会导致出现过度强调公权力的作用和意识的现象；终身学习立法视角将重心放置于学习者本身，有利于强调“个体”的权利意识，彰显教育公平和精准服务，但也会过度强调个体责任和市场力量的介入导致公共教育政策制定失误和政府不作为现象。[37]事实上“教育”和“学习”本身就是一体两面、互相转换、互相链接的关系，需要正视立法的核心目的和保障公民学习权的关键要素，注重体系建构的外部环境保障和个体学习需求的内部精准服务达至高度统一，加速推动终身教育（终身学习）立法。

2. 构建国家资历框架，编制学分银行的认证体系

资历框架的制定是一项政府层面的重要工程。[38]近年来，我国一些发达省市和单位在积极探索资历框架和学分银行的研究和建设。虽然在少数如工程师、建筑师等领域已实现了国家或区域性的资格互认[39]，但目前整体国家资历框架建设的责权并不明晰，管理体制也尚未理顺。学分银行作为重

要的工具，能够认定、积累和转换非正规、非正式学习成果，对构建终身学习体系具有重要的意义。我国在相关政策中已明确“加快推进职业教育国家学分银行建设”的要求[40]，并将“建立健全国家学分银行制度”纳入中国教育现代化规划的目标。[41]教育部发布的相关通知明确了学分银行的目标任务、实施流程和实施要求。在政策推动下，学分银行建设进入实质性的操作阶段，一些城市建立了学分银行试点。然而，目前我国学分银行还存在功能定位不够清晰、缺乏制度保障、缺乏公认标准等问题[42]，需要进一步完善和改进。

可借鉴韩国、美国等国家构建学分银行的经验，进一步明确推进“资历框架制度”“学习成果认证制度”和“学分银行制度”的先后顺序，同时，明确学分银行定位，充分利用大数据实现全面推广，配套相应规章制度，以确保学分认可的权威性和公正性。

（二）优化资源配置，促进全民终身学习空间融合拓展

1. 弹性筹措经费，拓展教育资源融合发展

21 世纪的终极技能是学习能力。正如联合国教科文组织所坚信的那样，对终身学习文化的支持将是面向未来最好的公共投资。因为终身学习不仅是一项权利，更是应对社会和经济不确定性以及适应环境破坏和数字变革的重要资产。[43]我国目前尚未建立终身教育经费筹措机制，政府投入不足，地区间投入水平差异较大，企业和个人等对经费投入主体缺乏共识。国外实践经验表明，可以通过立法约束、多元筹措、专门支持、拓宽经费来源渠道等多种途径保障终身教育的经费投入机制，明确政府主体责任，健全弱势群体倾斜政策和激励机制，促进经费公平分配。

我国需要进一步融合教育空间，扩大终身教育服务群体。有学者将公共领域定义为“公民会面对面讨论社会危机和问题的非正式场所”。[44]韩国的终身教育案例表明，在基层教育自治的过程中，居民通过教育自治委员会举办的各种教育活动、建立教育资源网络与政府部门、社区行动自然交织，增强了教育资源融通。也就是说，通过当地人的共同学习和自觉建立的教育生态系统探索和挖掘社区课题，推动社区的可持续发展。

2. 建设跨部门协作的“立交桥”，促进全民终身学习的整体推进

英国、法国、德国、日本和韩国在构建学习型社会的过程中，都从不

同角度尝试解决不同程度的政策碎片化和部门间合作不足的问题。我国在构建终身教育“立交桥”方面仍困境重重[45]，为解决这一挑战，可借鉴这些国家的经验，建设跨部门协作的“立交桥”和政策框架。如建立专门的综合机构或委员会，由教育部门、劳动部门、经济发展部门以及社会组织等共同组成，负责协调各相关部门在终身学习领域的政策制定和实施。通过跨部门的合作与沟通，确保各项政策和措施相互衔接，形成统一的推进力量。制订全面的终身学习规划，明确政府和社会各方在不同阶段的责任和任务。正如《学习型社会建设重点任务》指出的，在地方和院校的不同层面，探索统筹职业教育、高等教育、继续教育协同创新的具体路径。为此，需要建立信息共享平台，促进各部门间的信息共享与数据互通，为政策制定和资源分配提供科学依据。鼓励社会各界积极参与终身学习型社会的建设，形成政府与多元组织机构的合作伙伴关系，解决政策碎片化和部门合作不足的问题，实现全民终身学习的整体推进。

（三）加强技能发展和技术支持，推动全民终身学习型社会持续发展

1. 发展职业继续教育，注重技能多样性

在构建全民终身学习型社会的过程中，发展职业继续教育，特别注重技能多样性，是至关重要的举措。全民终身学习的学习型社会是一种依靠并保持技能多样性的社会，其核心概念“学习”意味着技能发展，尤其是关键技能的发展。工业化的升级换代是当前经济建设的主旋律，信息技术的发展、人工智能的发展、人口结构变化和环境生态的挑战，都需要建立有关技能发展的敏捷应对机制。

为此，可借鉴英国、法国等国的经验，发展职业技术教育，以便更便捷地进行技能更新。在全面推进终身学习型社会的过程中，鼓励学习者不仅关注传统学科，还要认识到学术技能、职业技能、创新能力、领导力、沟通技巧等技能的多样性和重要性。政府、社区、学校、教育机构、民间组织和地方政府应共同努力，推动技能培训的多元化和创新，以满足不同职业领域和兴趣领域的需求。此外，积极倡导并支持各种灵活的学习模式，包括在线学习、远程教育、工作中学习、实习和学徒制等，以满足不同学习者的需求。最重要的是，要树立终身学习的文化，鼓励人们在整个生命过程中不断追求新的技能和知识。这需要政府、教育机构和企业的共同努力，以促进全民终

身学习型社会的可持续发展，从而更好地适应并塑造未来社会和经济发展。

2. 推进数字化教育，促进个性化学习体验

在建设全民终身学习型社会的进程中，数字化教育的推进显得尤为关键。《通知》也指出，要把教育数字化作为推进学习型社会建设的“倍增器”。数字化教育突破了时间和空间的限制，丰富了终身学习形式，提供了多样化的学习资源和互动方式，使学习者不再受固定教学场所和时间表的限制，能够享受更个性化、灵活多样的学习体验。有研究认为，生成式人工智能技术的广泛运用为全民终身学习型社会的发展带来了新的机遇，并孕育了三种新的学习样态：首先是人机交互学习型组织，其次是混质多元化知识环境，最后是数字侧写个性化学习路径。[46] 在信息化和智能化发展的背景下，教育需要数字转型、智慧转型、绿色转型。有必要整合线上线下教育资源，开发适合所有学习者在线学习需求的数字化学习资源，积极推进数字化改造，对现有教育课程进行全面升级；利用智能化和信息化手段，特别注重辐射农村、边远、贫困、民族地区，让优质终身学习资源惠及更多人；借助人工智能、信息技术和数据挖掘等先进技术，实现虚拟学习平台与实体教学的有机结合，使每位学习者都能获得“一人一课表”式、个性化且连续性的泛在学习环境。学习者可以根据个人学习节奏和时间安排，利用在线课程、虚拟实验室、社交学习平台等工具随时随地获取教育和学习资源，使学习更加丰富有趣，实现真正的自主学习。同时，数字化教育也有利于学习社群的形成和知识共享，为全民终身学习型社会的建设贡献更多动力。

五、结语

通过对英、法、德、日、韩等国家在构建全民终身学习型社会方面的经验和教训进行研究，可以发现不同国家在这一领域有着自身的特色和共性。尽管这些国家在实践过程中都面临一些共同的挑战，例如法律法规的完善、政策的顶层设计和经费的充足投入等问题，但每个国家社会、文化和经济背景也各有差异，因此不能简单复制其他国家的经验做法。

我国作为一个拥有庞大人口和不同地区发展阶段的国家，构建全民终身学习型社会更加复杂和具有挑战性。我国在推进这一目标上取得了积极进展，如通过广泛宣传终身学习理念、创建丰富多样的学习载体和平台、重视

社区教育和老年教育的发展等方面的努力，已初步形成全民终身学习型社会的基础框架。但是，随着科技的进步和全球化的发展，新的挑战和机遇也将出现在全民终身学习的构建过程中。技术革新和人工智能的普及将对职业技能要求产生深刻影响，全球价值链的重构也将给不同国家的教育体系带来新的竞争压力，同时也为终身学习带来了前所未有的便利和可能性。在这样的背景下，我国需要不断开拓创新，不断改进，以更加开放、包容、灵活的姿态，引领终身学习迈向更加繁荣和可持续的未来。

为进一步推进构建全民终身学习型社会，我们应从成功的国际案例中吸取经验，同时结合本国国情和发展阶段，因地制宜地探索适合中国的路径选择。通过加强教育法律的制定和完善，建立更加完善的行政机构和智慧平台，增加教育经费投入，完善国家资历框架和学分银行认证体系，加强技能发展和终身教育技术支持，同时建立全面的评估监测机制等措施，使终身学习在中国成为一种被广泛接受、积极践行的潮流，让终身学习成为每个公民的自觉行为，从而实现个人全面发展与社会持续进步相互促进的良性循环。

参考文献：

[1] 顾明远，石中英．学习型社会：以学习求发展［J］．北京师范大学学报（社会科学版），2006（01）：5–14.

[2] 史秋衡，谢玲．构建服务全民终身学习的教育体系的价值解读［J］．北京大学教育评论，2021（03）：178–187.

[3]［41］中共中央、国务院印发《中国教育现代化2035》［N］．人民日报，2019–02–24（01）.

[4] 习近平．高举中国特色社会主义伟大旗帜，为全面建设社会主义现代化国家而团结奋斗：在中国共产党第二十次全国代表大会上的报告［M］．北京：人民出版社，2022：34.

[5]［45］高志敏，朱敏，傅蕾，等．中国学习型社会与终身教育体系建设："知"与"行"的重温与再探［J］．开放教育研究，2017（04）：50–64.

[6] 陈霞．德国"双元制"课程模式［J］．职业技术教育，2000（19）：56–57.

[7] 吴青松，刘群，巫霞．职业院校全面开展职业培训的困境和出路——基于英国、德国职业教育培训立法的启示［J］．成人教育，2020，40（10）：84–89.

[8] Lebenslanges Lernen: Deutschland stehtgutda［EB/OL］．（2021–12–21）［2023–03–27］. https://bildungsklick.de/bildung-und-gesellschaft/detail/lebenslanges-lernen-d

eutschland-steht-gut-da.

［ 9 ］ Gemeinsam fürein Jahrzehnt der Weiterbildung［EB/OL］.（2023-04-03）［2023-07-12］. https://www.bmbf.de/bmbf/shareddocs/pressemitteilungen/de/2022/09/270922-NWS.html.

［10］ Department for education and employment. the learning age: a renaissance for a new Britain［EB/OL］.（2014-11-25）［2023-07-24］.https://dera.ioe.ac.uk/id/eprint/15191/.

［11］ DfEE. Summary: learning to succeed: a new framework for post-16 learning［J］. 1999.

［12］ Department for Education and Employment. Learning to succeed: a new framework for post-16 learning［EB/OL］.（1999-06-01）［2023-07-24］.https://files.eric.ed.gov/fulltext/ED447253.pdf.

［13］ Parliament U K.Learning and Skills Act 2000［EB/OL］.（2000-07-19）［2023-07-19］. https://www.legislation.gov.uk/ukpga/2000/21/pdfs/ukpga_20000021_en.pdf.

［14］ DfEE.Skills for jobs: lifelong learning for opportunity and growth［EB/OL］.（2021-12-21）［2023-03-22］. https://www.gov.uk/government/publications/skills-for-jobs-lifelong-learning-for-opportunity-and-growth.

［15］ CEDEFOP. Inventory of lifelong guidance systems and practices-france［EB/OL］.（2023-01-01）［2023-03-03］. https://www.cedefop.europa.eu/en/publications-and-resources/country-r eports/inven-tory-lifelong-guidance-systems-and-practices-france#coordination-and-collaboration -among-stake-holders.

［16］ 中央教育審議会 . 新しい時代の教育や地方創生の実現に向けた学校と地域の連携・協働の在り方と今後の推進方策について（答申）（中教審第 186 号）［EB/OL］.（2009-12-21）［2023-02-20］. http://www.mext.go.jp/b_menu/shingi/chukyo/chukyo0/toushin/1365761.htm.

［17］ 马丽华 . 日本社会教育工作者专业化发展：症结和突围［J］. 终身教育研究，2019（05）：31-40.

［18］ 梁炳賛，李正連，小田切督剛，等 . 躍動する韓国の社会教育、生涯学習——市民、地域、学び［M］. 東京：エイデル研究所，2017：279-284.

［19］ 김지연 . 고령화사회의 노인평생교육 활성화방안에 관한 연구 [D]. 서울 : 서울시립 대학교 도시과학대학원，2009.

［20］ 이호선 . 고령사회를 대비한 노인평생교육에 관한 연구 [D]. 서울 : 중앙대학교 행정대 학원，2010.

［21］ 马丽华 . 日本终身教育立法的思想脉络和价值取向——基于《终身学习振兴法》的分析［J］. 教育发展研究，2021（17）：51-60.

［22］［37］吴遵民，邓璐 . 终身教育立法中应关注的几个问题——由“终身教育”还是“终身学习”的立法争议谈起［J］. 教育发展研究，2022（21）：29-34.

［23］马丽华，刘静，［韩］李正连 . 韩国“自上而下”和“自下而上”相结合的终身教育推展框架及思考［J］. 外国教育研究，2018（11）：112–128.

［24］National Institute for Lifelong Education of the Republic of Korea & UNESCO Institute for Lifelong Learning. Synthesis report on the state of community learning centres in six Asian countries［R］. Hamburg, 2017.

［25］Department for Education. Student finance to be radically transformed from 2025［EB/OL］.（2023-01-27）［2023-03-07］. https://www.gov.uk/government/news/student-finance-to-be-radically-transformed-from-2025.

［26］République Française. Annexe au projet de loi de finances pour formation professionnelle 2020［R］. Paris: République Française, 2019: 28–32.

［27］袁益民 . 服务技能型社会的全民终生学习体系新诠释［J］. 高教发展与评估，2022（05）：1–12.

［28］UNESCO. Guidelines on developing and strengthening qualifications frameworks in Asia and the Pacific: building a culture of shared responsibility［M］. Paris: UNESCO Publishing，2018.

［29］Education and Skills Funding Agency. LRB user guide［EB/OL］.（2019-12-08）［2023-07-19］. https://assets.publishing.service.gov.uk/governmentuploads/system/uploads/attachment_data/file/784702/LRB_User_Guide_v48.pdf.

［30］沈雕 . 英国“普职融合”的资格证书框架体系研究［D］. 重庆：西南大学，2018.

［31］牛金成 . 德国国家资历框架及其特点［J］. 外国教育研究，2019（04）：103–117.

［32］Personal learning accounts：building on lessons learnt［EB/OL］.(2010-11-07)［2023-01-19］. https://core.ac.uk/download/pdf/4151309.pdf.

［33］Personal learning accounts: building on lessons learnt［R］. UK Commission for Employment and Skills(UKCES), 2010.

［34］Kovacs_ Ondrejkovic O，Strack R, Antebi P, et al. Decoding global trends in upskilling and reskilling［R/OL］.(2019-11-05)［2023-07-19］. https://www.bcg.com/publications/2019/decoding_global_trends_upskilling_reskilling.

［35］侯怀银，王晓丹 . 终身教育理论在中国的引进及其影响［J］. 教育科学，2021（05）：2–11.

［36］韩民 . 加快构建服务全民的终身学习体系［J］. 终身教育研究，2020（03）：3–6.

［38］陈丽，郑勤华，谢浩，等 . 国际视野下的中国资历框架研究［J］. 现代远程教育研究，2013（04）：9–18.

［39］谢晶 . 国际视野下国家资历框架对我国职业资格制度改革的启示借鉴［J］. 中国行政管理，2018（08）：150–155.

［40］国务院 . 国家职业教育改革实施方案［EB/OL］.（2019-01-24）［2023-03-26］. http://www.gov.cn/zhengce/content/2019-02/13/content_5365341.htm.

［42］王海东，邓小华．我国学分银行与资历框架建设探索：进展、问题与对策［J］. 中国远程教育，2019（12）：55-60+93.

［43］UNESCO Institute for Lifelong Learning. 5th Global Report on Adult Learning and Education: citizen-ship education: empowering adults for change［EB/OL］.（2022-06-25）［2023-07-19］. https://unesdoc.unesco.org/ark:/48223/pf0000381666.

［44］Brookfield S D. The power of critical theory［M］.San Francisco, CA: Jossy-Bass, 2004: 219.

［46］袁磊，徐济远，苏瑞．AIGC 催生学习型社会新格局：应然样态、实然困境与创新范式［J］. 现代远距离教育，2023（03）：1-15.

从提升基本读写能力到拥抱终身学习文化：乌干达家庭读写与学习项目的案例解读与审视*

张伶俐**

摘　要：在终身学习成为一项新的人权，以及未来社会发展重要特征的当下，作为所有教育与学习的基础，读写能力是人人应公平享有的一项基本权利。为保障这项基本权利，乌干达于21世纪初在非政府组织的推动下，在政府部门、其他利益相关方的协助下，相继推出了家庭基础教育项目与综合代际读写项目，通过家庭学习、代际学习的方式向乌干达农村地区的人们，尤其是弱势群体，提供各类读写学习活动。项目的开展切实提升了人们的基本读写能力，促进了各类存在已久的社会问题的解决，联络了家庭、学校与社区，但其仍然面临着支持力量不稳定、项目成效不显著、各类沟通不深入等挑战。为推动项目的可持续发展，保障人民的基本权利，需要基于构建“终身学习型社会”的未来教育愿景对项目予以进一步反思。

关键词：终身学习；家庭读写与学习；读写能力；乌干达

一、引言

《变革我们的世界：2030年可持续发展议程》（*Transforming Our World: the 2030 Agenda for Sustainable Development*）明确将终身学习作为未来社会发展的一项重要特征。即学习应是人人享有的一项基本权利，应贯穿于每

* 基金项目：国家社会科学基金教育学重点课题“服务全民终身学习视域下社区教育体系研究”（项目编号：AKA210019）的阶段性成果。

**作者简介：张伶俐，华东师范大学职业教育与成人教育研究所博士研究生，主要研究方向：比较成人教育、老年教育。

一个人的生命全过程、覆盖全方位，与生活紧密联结。可持续发展目标4则将读写能力作为基本的学习要求，主要助力促进全民终身学习机会的获得，并明确提及了有关青少年和成人扫盲的具体目标，以强调其对于实现全民教育、促进全民终身学习的重要意义。[1]《拥抱终身学习文化：对未来教育计划的贡献》（*Embracing a Culture of Lifelong Learning: Contribution to the Futures of Education Initiative*）明确将终身学习作为一项基本权利，即人人应获得终身学习的机会、享有终身学习的权利、拥有终身学习的能力。[2]

《世界人权宣言》强调“发展读写能力是基础教育的根本目的”。读写能力既是一种包含阅读、写作、计算的技能，也是一项基本权利，其基本性质是成为一项有利于实现其他人权的权利，原因则在于读写能力的获得、提升与发展能够为个人、家庭、社区和国家带来广泛的政治、经济、社会和文化利益。[3]与此同时，需要注意的是，关于读写能力的定义是随着时代的发展、社会的变革、科学技术的革新等方面的变化而不断演变，随着所处具体情境的不同而更为多样的。即最初强调书面形式的读写能力，而今信息技术的高速变革使得信息的呈现方式更为复杂多样，在多种呈现形式的交互作用下，更需要增加对于读写能力所涉及的多维度的理解，以支持复杂信息情境中的沟通，也愈发强调通过学习获得新知识以提升个人技能的重要性。

其中，作为一项古老的教育传统，代际学习是获取读写能力的直接途径。基于代际学习方式，“家庭读写”（family literacy）作为一个专门的领域于20世纪90年代在国际社会引起关注并得以推广，最初的讨论、实践、传播主要集中于欧美国家。随后非洲等地区也纷纷加入家庭读写与学习（family literacy and learning）项目的实践阵营之中。作为东非教育发展领先的国家，乌干达更是于21世纪初相继启动了家庭基础教育项目（Family Basic Education，简称FABE）、综合代际读写项目（Integrated Intergenerational Literacy Project，简称IILP），以期能够克服家庭、学校和社区之间以及不同代际的人为障碍，打破教育水平落后和读写能力薄弱的代际循环，支持家庭中所有年龄段成员的学习与参与，以提升参与者的读写能力，培养终身学习者。[4]

基于此，为更好地了解终身学习重要性日益凸显的当下，如何通过家庭读写与学习超越时间、空间的“限制”，跨越代与代之间的“沟壑”，促成正规学习、非正规学习、非正式学习等各种形式的学习，切实地提升人们的读写能力，本文拟对乌干达所积极推动的两个家庭读写与学习项目进行解读，以期回应上述问题，并进一步思考如何培养真正的终身学习者、如何切实拥抱终身学习文化等对于现实人性化的思考，从而真正达到教育人性化的目的。

二、乌干达家庭读写与学习项目产生与发展的缘由

随着终身学习理念的推广，非洲地区普遍接受了终身学习的理念，并将其良好地付诸实践。加之非洲地区长期存在的家庭和社区学习文化为在不同环境中促进终身学习提供了良好的生长土壤，即家庭学习是终身学习的关键内核，代际学习则贯穿于家庭学习、终身学习之中（参见图 1），但文盲率高、失学儿童数量多、获取教育机会的门槛高、技能发展机会不足、为教育边缘化和弱势群体可供的基础设施匮乏等严峻挑战则为进一步推进家庭学习、代际学习、终身学习提出了更高的要求，即国内外的发展机遇与挑战催生并推动了乌干达的家庭读写与学习项目。

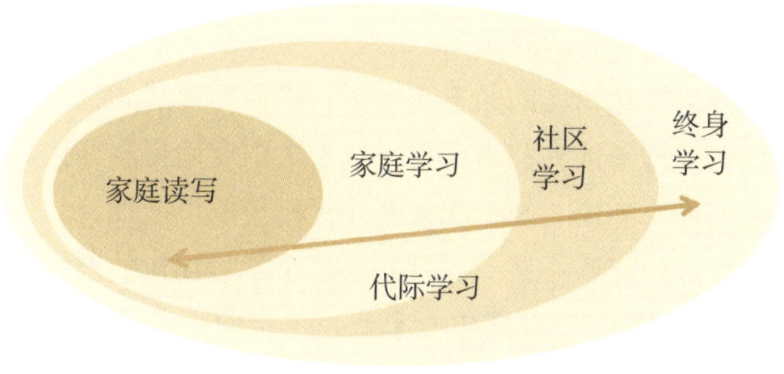

图 1　代际学习贯穿家庭读写、家庭学习、社区学习与终身学习

（一）国际层面家庭读写的理论与实践推进

其一，“家庭读写”术语的产生与发展。20 世纪 80 年代，联合国教科文组织开始设立关于家庭各方面的方案和项目，并明确家庭是社会的基本单位。在随后举办的国际家庭年中更是促进了政府层面，乃至全社会对家庭问题的重视程度，并强调家庭是一个能够并应该为学习提供支持性环境的场所。[5] 由此，家庭之于教育、学习的意义日益凸显，加之植根于各国古老传统之中的代际学习的重要地位，国际社会日益重视家庭对于扫盲、提升识

字率、获取基本读写能力的重要性。美国教育家丹尼·泰勒（Denny Taylor）于 1983 年首次使用“家庭读写”术语，主要用以描述儿童及其父母共同参与的读写学习活动。[6]

其二，随着“家庭学习”“家庭读写与学习”等系列术语的不断更新与深化，更是明确了家庭学习、代际学习是促进初等教育普及、成人扫盲以及提升家庭福祉等的关键举措。联合国教科文组织于 1994 年举办了家庭读写问题世界专题讨论会（Family: Resources and Responsibilities in a Changing World），旨在评估各国家庭读写的理论和实践，并进一步思考其在各种经济、社会和文化环境下促进家庭教育和加强家庭联系的潜力。国际性会议的召开使得 20 世纪 90 年代家庭读写项目从美国推广至欧洲，并获得了广泛的国际影响力。[7] 成功的家庭读写项目不仅助力于成人扫盲工作的推进、强化其参与项目的内在动机，还有利于帮助儿童做好入学准备，更能助力于家庭学习氛围的形成，从而使儿童在家庭条件允许的情况下继续学业，尤其对于许多经济欠发达地区突破传统观念的桎梏、鼓励女童接受教育发挥了极其关键的作用。2008 年国际家庭读写南北交流研讨会更是强调了“家庭读写与学习”所拥有的变革社会的潜能。[8]

其三，随着家庭读写实践的不断推广，机遇与挑战并存。机遇在于，家庭读写项目相较于传统成人扫盲项目，其最大限度地提高了接受扫盲教育的成年人将其新信仰、态度、知识和技能代代相传的可能性，且将其学习成果与孩子的发展、成长相联系，从而有助于孩子学习动机的增强。且在许多国家，“家庭”的概念并不仅仅指核心家庭，也指向由各类血缘亲属所组成的更广义的大家庭，家庭读写实践的推广有利于建立家庭与社区之间更紧密的联结。挑战则在于，许多研究强调从出生到两岁的早期教育对奠定坚实的学习基础至关重要，鼓励父母尽早为孩子学习读和写做好准备。然而，在许多国家，对于在阅读和写作方面有困难的父母和照顾者而言，提供此类支持是一项巨大挑战。[9] 而在全世界，社会变革力量以及自然和人为灾害的影响造成了传统家庭结构的破坏，使得数百万儿童失去家庭的保护，家庭读写实践又该如何惠及此类弱势群体？

（二）家庭读写与终身学习的关系日益密切

第一，终身学习理念的推广使得家庭读写的重要性进一步凸显。《成人学习与教育全球报告（二）》，基于《贝伦行动框架》进行审视和反思，发现：一是当今社会中依然有许多人，尤其是女性的读写能力很差，且全球共有7.74亿人无法读和写，其中1.23亿人年龄在15～24岁之间；二是随着信息数字技术日益遍及我们的日常生活，基本读写能力对生活机遇以及生活质量的影响变得更为显著；三是读写能力并不简单地意味着阅读和写作的能力，随着终身学习理念的不断深入人心，基本读写能力的获得则成为所有教育和学习的基础，更是指向人与社会互动、交流的一系列能力。因而，该报告将读写能力作为终身学习的核心任务，倡导政策制定者和实践者重新考虑如何将读写工作进一步概念化，如何更准确、更有效地评估读写能力，以及如何为多样化的学习者（包括潜在的学习者）提供可持续发展的且有针对性的读写项目。[10]《建设学习型城市北京宣言》强调终身学习是人类发展的重要特征，家庭则是学习的重要环境，明确提出了振兴家庭和社区的学习，鼓励人们参与家庭和社区学习。[11]

第二，随着终身学习对于促进可持续发展的重要作用的日益凸显，其与读写能力的联系也愈发紧密。《建设可持续学习型城市墨西哥城声明》明确提出终身学习是实现可持续发展目标的核心。[12]《变革我们的世界：2030年可持续发展议程》（*Transforming Our World: the 2030 Agenda for Sustainable Development*）提倡通过推动跨文化、跨代际的交流，为终身学习注入活力，来应对不断变化的人口结构所带来的挑战，以促进社会公平、包容、和谐。[13]《2030教育仁川宣言》则明确了终身学习与可持续发展目标4，即“确保包容和公平的优质教育，促进全民终身学习的机会”之间的联系，突出强调了利用现代信息技术的巨大潜力。[14]然而，政策层面的倡导和愿景与现实发展状况之间仍然存在着明显的矛盾，在世界范围内仍有数亿青少年甚至不具备最基本的生活技能，即便他们能够入学学习。因此，这也被称为学习危机，即教育、学习质量无法得到保障致使基本读写能力的缺失而产生的学习危机。同时，这种学习危机还有可能造成道德危机，引发一系列社会问题，进而阻碍可持续发展的实现。[15]

（三）乌干达教育改革与发展的现实要求

一是乌干达政府高度重视教育发展。乌干达政府将教育视为一项基本人权，致力于为所有乌干达人提供公平、优质、负担得起的教育。教育也被视为国家扶贫减贫方案的重要组成部分。乌干达中央政府于 1997 年全面普及初等教育（Universal Primary Education，简称 UPE），力求消除贫穷和文盲，大大促进了初等教育的入学率。普及初等教育的持续实施使乌干达小学入学人数从 2007 年的 7 537 971 人增加到 2015 年的 8 264 317 人。与此同时，乌干达教育部也认识到，该国教育体系所培养的人才与就业市场、全球发展趋势所呈现的要求之间仍存在较大差异，因而在提升优质教育机会的公平获得方面仍有漫漫长路要走。随后，乌干达教育部颁布的“2017—2020 年教育发展战略”（Education Sector Strategic Plan，简称 ESSP）便旨在改善公平获得优质教育的机会，即强调公平、优质和高效，明确到“2030 年，消除教育方面的性别差异，确保弱势群体，包括残疾人、原住民和处境不利的儿童，平等获得各级教育和职业培训，确保所有青年和成年人，包括男性和女性，能够提高读写和计算能力”。[16]

二是乌干达社会的不稳定性致使教育发展面临诸多挑战。联合国将乌干达政府不稳定、人民苦苦挣扎的现状描述为“世界上最严重的人道主义危机”。乌干达还是非洲最大的难民收容国，也是世界第三大难民收容国。乌干达虽然是世界上人口最年轻和经济增长最快的国家之一，年人口增长率达 3.3%，其中近一半的人口年龄在 15 岁以下，但世界银行调查显示，乌干达人力资本指数仅为 38%，即能够接受完整教育且完全健康的生产力仅占出生人口的 38%。[17] 乌干达总人口中约有 80% 生活在农村地区，农村地区儿童辍学率为 30%～38%。该国超过三分之一人口生活在贫困线以下，且健康卫生状况差，产妇死亡率很高，艾滋病毒患病率高、贫困问题严重，文盲率高，且男女性别不平等现象严重。[18] 由于基本的生存权无法得到保障，受教育权更是无从谈起，从而使得乌干达提升国民素质、降低文盲率，提升入学率和识字率之路坎坷异常。

三是乌干达通过寻求国际援助推动教育改革和发展。国际双边和多边组织每年通过项目援助和预算援助等形式，为乌干达提供了大量的教育援助。20 世纪 90 年代初，乌干达先后启动了“综合非正规基础教育”的试点项目、基于保罗·弗莱雷（Paulo Freire）理论框架开发的“反思”（REFLECT）试点扫盲项目。[19] 在国际援助的支持下，乌干达的民间社会组织与中央政府合作，将成人扫盲纳入国家发展框架，如开展消除贫困行动计划（Poverty Eradication Action Plan，简称 PEAP）等。随着 1997 年乌干达实施普及初等教育的政策，国际社会对于乌干达援助快速增长，且主要流向初等教育。2005 年，主要援助者们通过协商正式公布《乌干达：世界银行集团 2005—2009 年联合援助战略备忘录》（*Uganda: Cover Memorandum on the Bank Group's 2005–2009 Joint Assistance Strategy*），以更具针对性地为乌干达提供重点援助，提升援助的整体效果。[20] 世界银行统计数据显示，乌干达在 2002 年至 2014 年间获得了 16 亿美元的国际援助，是世界五大受援国之一。[21] 新冠疫情期间，全球教育合作组织（Global Partnership for Education，简称 GPE）从 COVID–19 加速资助窗口向乌干达拨款 1 500 万美元，旨在帮助其政府减轻疫情对教育系统的影响并帮助教育恢复。[22] 这些援助切实保证了乌干达重大教育政策与计划的实施，扩大了乌干达初等和中等教育入学人数，提高了乌干达教育机会的公平性。

综合来看，基于终身学习、读写能力作为人类所应享有的基本权利对于可持续发展的重要影响，家庭读写的理论内涵和实践探索的延伸与推进使得家庭读写与学习备受关注，世界范围内仍然广泛存在的学习危机，加之乌干达的教育改革与发展之路并不顺畅，使得以家庭学习、代际学习的方式推动家庭读写与学习项目的开展，成为提升国民素质、促进经济发展、构建正义社会的必然且持续的选择。

三、乌干达家庭读写与学习项目的主要举措

在非政府组织扫盲和成人教育（Literacy and Adult Education，简称 LABE）和乌干达农村扫盲和社区发展协会（Uganda Rural Literacy and Community Development Association，简称 URLCODA）的推动下，乌干达先后于 2003 年和 2004 年启动了家庭基础教育项目和综合代际读写项目两个家庭读写与学习项目。其均面向乌干达的农村地区，尤其是贫困地区的民众，旨在通过家庭学习、代际学习方法，提升民众的读写能力，使其能够更好地应对社区和社会的挑战，进而促进经济社会的发展。[23]

（一）面向更多的人，促进基本权利的公平享有

首先，乌干达家庭读写与学习项目所面向的对象是多元的。按年龄层次划分包含儿童、青年人、中年人、老年人；按性别划分为男性和女性，其中

女性是重点对象[24]；按读写能力水平划分为不具备读写能力、读写能力弱、具备读写能力、熟练掌握读写能力等，按是否接受教育划分为从未接受过教育、失学、辍学、在学等，按项目中扮演的角色划分为学校教师、成人扫盲工作者、项目推动者、学习者等，还包含孤儿、贫困人口在内的社会弱势群体等。但需要注意的是，无论是家庭基础教育项目（FABE）、综合代际读写项目（IILP），均面向乌干达农村地区。主要原因在于，其一，乌干达绝大多数人口生活在农村地区，人口基数大，学习需求多；其二，农村地区的教育问题显著，如教育质量低、教育资源匮乏、教育机会有限、供需矛盾突出等；其三，基于农村地区社会经济发展和转型的需求。

其次，关注人们"此时此刻"的学习需求。即包括综合代际读写项目（IILP）为母亲提供母婴健康和营养教育，以改善其和子女的健康状况；为社区居民提供社区健康教育、传染病防治教育；为传染病患者提供心理支持和技能培训；为贫困人口提供农业相关的教育和培训；为孤儿和弱势儿童提供基本学习材料，鼓励其继续完成学业等。家庭基础教育项目（FABE）分别设置了专门针对成人和儿童学习者的读写学习，以及成人和儿童共同参与的读写学习，并将学习内容与生活进行了联结，以适应不同学习者的需求和能力。[25]此外，家庭基础教育项目（FABE）还强调针对教育工作者的培训和学习，主要包括教学语言、教学方法、教学内容等方面的培训，关于教学内容的培训则主要涉及健康（如结核病、艾滋病等）、农业以及其他与当地民众学习需求相关问题的培训。

（二）鼓励人与人之间的互动，促进学习与生活的相互融入

一是强调代际学习方式的运用。即乌干达的两个家庭读写项目均保持了对于代际学习方式的高度重视。家庭基础教育项目（FABE）旨在提高家长支持改善子女教育表现的能力，强调以两代人为突破口来解决教育问题，重视成人和儿童共同学习的概念，即明确"家庭学习"对于该项目的重要意义。该项目面向成人的读写课程是基于儿童读写课程设计的，其目的在于建立儿童和成人学习之间的联系，从而使家长和儿童在家庭学习过程中互帮互助，既激发了成人学习者的学习动机，又促进了成人识字活动的可持续性。[26]综合代际读写项目（IILP）则直接明确将代际学习方式称为"可持续地方发展扫盲"方法，并通过在社区中促进代际和终身学习的精神，以发

展人们的生存技能，提高人们应对社区中各种挑战的能力。因此，该项目着重将生活技能培训纳入读写学习，并通过讲座、焦点小组讨论和辩论、角色扮演和实地交流访问等教学方法，让不同年龄层次的学习者们从彼此的经验中学习。此外，项目还提供了一个自由互动的平台，人们可以充分利用社区图书馆，组织代际间的学习，以超越学校教育、文化、语言和代际的界限。[27]

二是采用参与式的教学方式。家庭基础教育项目（FABE）的核心特征之一，便是将亲子教育互动作为亲子共同学习的重要途径之一。即成人和儿童既可以将在教室中参与的小组讨论、辩论、讲故事和做游戏等活动，也可以将在家庭中开展的讲故事和民间传说、做游戏、学习辅导等活动，还可以将参与课堂参观、学校开放日等活动转变为有效的学习机会，以帮助家长在家里创造学习空间和自制教学或学习材料。积极参与上述各类活动，有利于加强家长与儿童之间的沟通与交流，强化家长对儿童教育需要的支持，建立家庭学习意识，提升教师和成人教育工作者促进家长和儿童参与的能力。此外，该项目的主题中还涉及环境、卫生、公民教育、非暴力解决冲突战略、人权等内容，成人和儿童参与此类活动的讨论，则有利于进一步强化学习者们与社会的联结，进而用更加辩证、批判的眼光看待其所生存的社会环境，更为积极主动地参与社会建设与发展。[28]

（三）重视合作伙伴关系的建立，营造支持家庭读写与学习的社会环境

一方面，高度重视与政府部门的合作。乌干达农村扫盲和社区发展协会（URLCODA）与扫盲和成人教育（LABE）均是自愿、无党派、非营利的非政府组织。其独特的服务方法源于志愿服务的概念，即强调建立一个跨越多学科的志愿者团队致力于与各种伙伴合作，整合和汇集其他组织的多方资源，更好地服务社会。需要强调的是，上述两个非政府组织作为推动乌干达家庭读写项目的核心力量，尤其注重与政府部门的合作。[29]即希望通过政府部门自上而下的政策支持、财政支持，以及宣传、赋权等助力于项目的可持续发展，从而持续地服务社会。乌干达政府高度重视教育的发展，并将其与社会经济发展紧密相连。文盲是消除贫穷的主要障碍，乌干达政府便将成人扫盲列为优先事项。虽然扫盲和成人教育（LABE）通过推动家庭基础教育项目（FABE）与乌干达教育部密切合作，但社会发展部门的参与程度

较低，从而使家庭学习更注重儿童学习，而非父母和儿童共同学习，其原因在于乌干达教育部很难将家庭读写与学习“主流化”，即纳入教育系统予以重视。

另一方面，注重与其他利益相关者的合作。即通过各种合作伙伴关系的建立，为项目的持续运作提供各种社会支持。一是活动支持。例如，乌干达农村扫盲和社区发展协会（URLCODA）还与阿鲁阿（Arua）地区的传教士医院建立了良好的伙伴关系，并与它们合作开展每周的社区卫生知识宣讲。二是财政支持，项目志愿者们通过公私伙伴关系模式利用私营部门的捐款补充这一支持，还通过个人捐款和参与一些创收活动来支持项目的运作。三是宣传支持，项目志愿者通过与地方广播电台等媒体机构建立伙伴关系更有利于分享信息、宣传活动、传播成效，扩大项目的影响力和认可度。四是技术支持，考虑到信息通信技术在学习中的潜能，项目志愿者还与社区图书馆和社区学习中心建立联系，通过其配备的各种与信息通信技术有关的工具，增加社区所有成员提升信息素养的途径。有意义的伙伴关系和协作使资源有限的组织能够获得更多的支持。此外，项目所产生的有效成果则可以使社区发展规划中对相关志愿活动的消极态度转变为积极的态度，以提供更多的社会支持。此外，高度“依赖”国际援助的乌干达，也强调与国际组织的合作，以此获得更广泛的支持平台，促成支持性社会氛围的形成。

四、乌干达家庭读写与学习项目的成效与不足

关注不同学习者的学习需求、将学习融入生活、促进人与人之间更多的互动与参与、推进各类机构之间的合作与支持等方面的实践与探索，使得上述两个家庭读写与学习项目均获得了较为显著的成效，但在持续推进家庭读写与学习方面仍然面临不少挑战。

（一）成效

一是促进了读写能力的显著提升。联合国教科文组织 2015 年的数据显示，家庭基础教育项目（FABE）中的受益者共包含约 12.4 万名儿童和 7.5 万名成人，其中 95% 的受益者来自农村地区，80% 为女性。受益者们在参与项目后，基本读写能力得到了显著提升。尤其是女性参与者表示，读写能

力的提升不仅给日常生活带来便利，还有助于参与、支持孩子的学习。且该项目的影响不仅在于为参与者提供读写学习的机会，更在于影响其学习的观念和行为层面的改变，尤其是对于儿童，使其能够在家庭的支持下继续学习。综合代际读写项目（IILP）在阿鲁阿区四个县的 15 个学习中心动员了大约 800 名代际读写学习者，包括 300 名儿童和 500 名成人。其中，大多数第一次参与该项目的成年人获得了基本的读写能力。在读写能力评估测试中，70% 的学习者能够达到乌干达性别、劳动和社会发展部（Ministry of Gender, Labour and Social Development）规定的及格分数。[30] 乌干达的两个家庭读写项目均将提升读写能力作为首要目标，主要原因在于其将读写能力视为一项基本人权，此项权利的获得是保障参与者其他各项权利的基础。因而，两个项目在促进乌干达国民读写能力提升方面作出了巨大贡献，无论是在乌干达国内，还是在国际层面均产生了广泛影响。

二是推动了各类社会问题的切实解决。乌干达的两个家庭读写与学习项目的发起者均十分关注社会问题，尤其是社会正义、教育公平、性别平等、弱势群体的赋权增能等方面的问题。其中，对于女性的影响较为显著。乌干达的家庭读写项目改善和扩大了女性的学习机会。根据相关数据统计，在相关项目的影响下，女童在校总出勤率每年增加 67 天，辍学率下降了 15%。此外，项目还激发了女性积极参与各类社会发展活动。其中，至少有 30 名参与项目的女性在地方议会选举中赢得了职位，参加学校、教会和村委会选举的妇女人数增加了 65%，学校治理结构中的女性人数增加了 68%。与此同时，项目也大大提高了乌干达当地的卫生和健康保障，尤其是为当地艾滋病患者提供了广泛的支持。主要包括，成功向青少年传达了生殖健康、艾滋病病毒与艾滋病预防信息；社区健康扫盲周以及读写课程，使人们接受艾滋病毒与艾滋病教育，并自愿参加艾滋病毒检测，做好疾病防治工作；至少有 50 名艾滋病阳性患者组织成立了艾滋病毒 / 艾滋病俱乐部，以帮助更多的患者。[31]

三是联络了家庭、学校与社区。乌干达家庭读写与学习项目最大的特点就是将成人读写学习融入了儿童的学校教育，即寻求成人读写学习与正规学校教育之间的联结。代际学习方式的应用则将学习的空间、活动进一步扩展到了社区，从而促进了地方教育发展中家庭、学校与社区的联结。[32] 通过家庭读写项目，家长越来越多地参与孩子的学习，与学校教师积极建立联系，主动参加学校活动。此外，家长还积极参与社会活动，向其他青少年传授知识和经验，并与青少年一起了解和参与社会事务，形成了对所生活社区的归属感和责任感，从而有利于促进社区的发展。因此，项目产生的影响也是涉及家庭、学校、社区等多个层面的。相关调查显示，在相关项目的影响下，参与制订学校发展计划的家长人数增加了 65%，通过独立选择的方式选取候选人参加全国选举的（之前不具备读写能力）社区成员数量增加了 27%，加入当地志愿协会的新社区成员比例上升到 3 : 5（其中 3 个为新成员）[33]，由此产生了更广泛的社会、经济和政治影响。

（二）挑战

审视相关项目可发现，必须确保项目获得足够的支持和显著的成效，才能够促进项目的可持续发展。而当前乌干达家庭基础教育项目（FABE）和综合代际读写项目（IILP）均面临着未来如何持续推进项目的挑战，即项目的可持续发展问题。这方面问题主要呈现为：

其一，如何保障项目资金的持续投入。乌干达家庭读写与学习项目持续推进的最大挑战来自缺乏稳定且持续的资金投入，一方面，两个家庭读写项目均由非政府组织推动，即便有地方政府的支持，但乌干达的教育分权使得地方政府 90% 的收入来自政府间的财政转移支付，由此造成财政缺乏独立性，地方难以制定自己的教育发展战略，实施符合地方需要的教育发展项目，由此无法扩大其覆盖范围，无法满足民众对于提升读写能力的广泛需求[34]；另一方面，虽然非政府组织强调多方合作，但项目的实际成效是否满足了各利益相关者的需求呢？需要注意的是，政府公共部门与私营部门的利益关注点存在差异，这会影响各方的利益投入，且利益方的差异会使得利益和权力之间的冲突层出不穷。另外，虽然乌干达获得了较多的国际援助，但是否能够切实投入或影响到家庭读写与学习此类被认定“非主流”的项目，存在不确定性，且国际援助极为重视受援国的能力建设，因而，对于项目本身的运行和管理等方面也提出了更高的要求。

其二，如何保障项目成效，尤其是如何保障读写能力的持续提升。一方面，学校教育质量缺乏保障，2007 年乌干达农村识字与社区发展协会和其他媒体的一则报道显示，儿童完成了 7 年的小学教育，但没有获得预期的基本识字能力。[35] 且政策决策者们更多地关注于硬性指标，而不是实际的运用效果，导致了成效多以数字的形式呈现，但对参与者们实际生活和后续学习中的运用则缺乏关注。另一方面，无论是家庭基础教育项目（FABE）、综合代际读写项目（IILP）均未建立系统的监测和评估机制，且已有的评估仅依赖于志愿者进行的内部评估，以及活动组织者和参与者的意见反馈，忽视了外部评审以及各类学习者对项目的评价和反馈，换句话说，学习者的反馈一般关注自身需求，而外部评审则关注项目真实的社会影响以及上述提及的读写能力的实际运用情况。同时，在学校教育和成人教育利益相关者之间，对于什么是有用的学习，仍然存在不同或相互冲突的看法，即利益关注点的不同，会使得各方在共同参与的过程中无法达成共识，从而影响项目的运行和成效。

其三，如何推进更深入、有效的沟通。一方面表现为教育工作者之间的沟通不足，即学校教师和成人读写教育者之间没有实现家校之间的良好对话，尤其是对于家庭学习、代际学习的理解片面，反而淡化了参与、互动、合作的方式。成人读写工作者过度批判学校教育，学校教师则将家庭学习中的成人视为改善儿童教育的渠道，忽略了家长的主体性。且教育工作者本身也存在缺乏对当地社会文化、语言、资源的了解等问题，即与不同机构和群体之间的沟通与互动不足。另一方面，读写学习材料的开发多与正规学校教育相配套，非常强调结构和标准，而忽视了家庭、社区中所拥有的非常丰富的文化资源。狭隘的学校教育占据主导地位，忽略了非正式学习以及学校以外的社区、家庭和其他地区应成为更丰富的学习环境，使得人们低估了在课堂之外非正式获得的知识的价值。即乌干达家庭读写与学习项目联络了家庭、学校、社区，但在实践过程中多强调学校的主导地位，关注儿童的读写学习与发展，导致缺乏对于成人作为学习者的主体性的关注，以及学校教师和成人教育工作者之间，乃至学校与家庭、社区之间的沟通。问题根结则在于，虽然乌干达的两个家庭读写与学习项目顺应全球教育发展趋势将培养终身学习者作为目标，但对于终身学习的真正内涵似乎还未明晰。

五、讨论与结论

随着《拥抱终身学习文化：对未来教育计划的贡献》的发布，终身学习成为未来 30 年教育改革与发展的前进方向和重要议题，其意在通过对于终身学习文化的强调，指出由学习型社会迈向“终身学习型社会”的未来教育愿景。“终身学习型社会”更在于呈现终身学习与未来社会发展之间的关系，即如《变革我们的世界：2030年可持续发展议程》所述，终身学习是社会发展的重要特征，是推动未来社会可持续发展的核心驱动力量。“终身学习型社会”作为未来教育愿景，同样也审慎思考并呈现了人与社会的关系，即通过为包括弱势群体在内的每一位个体提供终身学习的机会，培养积极的全球公民，使其勇于承担责任，灵活、积极应对各类挑战，推进个人的终身发展和社会的可持续发展，建设富有韧性的社会。

基于上述对于未来教育愿景的探讨，本文将继续围绕乌干达家庭读写与学习项目的持续推进进行审视。主要涉及几个关键问题，即在构建“终身学习型社会”的未来愿景中，家庭读写与学习项目如何看待参与其中的“人”，如何看待所需要学习的“知识”，如何使人们获得“知识”。关于人，每一位参与家庭读写与学习项目的人，尤其是弱势群体，均应被视为主体，而非客体或“工具”，而人也需要将发展的主动权赋予自身。关于“知识”，家庭读写与学习项目中将学习与生活相融合便凸显了知识的实用性，而知识传播方式的多样性则使得项目应注重知识的实时性、丰富性。此外，知识也不仅仅存在正规教育的课本之中，也存在于遍及生活的讨论与对话之中。关于如何获得知识，家庭读写与学习项目倡导代际学习、家庭学习，认为知识呈现存在于人与人的互动、对话之中，由此形成集体学习行为，从而助力学习文化的形成。而对于通过正规学习、非正规学习、非正式学习的方式获取知识，则进一步强调了家庭读写与学习的重要价值，其不是未入所谓正规教育系统的“非主流”，而是未来“终身学习型社会”的“核心细胞”，即其真正呈现了超越学校教育体系的学习的终身性、全面性。因而，家庭读写与学习项目需要重视家庭、社区宝贵的学习资源和渠道。但创建灵活的学习途径也需要整合知识的认可、验证和认证机制，以有助于承认或转换非正规和非正式的学习成果，在强化学习者学习动机的同时，更为系统科学地评估学习成效，使“核心细胞”的核心价值不至于被忽视。

本文所述乌干达家庭基础教育项目和综合代际读写项目虽然仅作为非洲国家、发展中国家尝试保障民众读写能力、终身学习权利的缩影，但其在尝试迈向“终身学习型社会”过程所面临的挑战和存在的问题是值得共勉的。归根究底，“拥抱终身学习文化”的关键在于清晰认识终身学习的真正本质，认识其整体性、全面性、立体性、复杂性，以使家庭读写与学习项目更好地助力每一位学习主体、每一个家庭、每所学校、每个社区将学习贯穿于每一时空之中，从而实现人的全面发展、教育的革新完善、社会的可持续发展。

参考文献：

［1］联合国．变革我们的世界：2030年可持续发展议程［R/OL］.［2021-06-10］. https://www.un.org/ga/search/viewdoc.asp？ symbol=A/RES/70/1&Lang=C.

［2］UIL.Embracing a culture of lifelong learning: contribution to the futures of education initiative［R/OL］.［2021-05-30］. https://unesdoc.unesco.org/ark:/48223/pf0000374112?posInSet=1&queryId=a8040855-d5b1-48d8-80c0-e2fef7ddc78d.

［3］Ulrike Hanemann. Lifelong literacy: some trends and issues in conceptualising and operationalising literacy from a lifelong learning perspective［R］. Int Rev Educ, 2015.

［4］［6］［7］［9］［18］［31］UIL. Learning families-intergenerational approaches to literacy teaching and learning［R］. Germany: UNESCO Institute for Lifelong Learning, 2015.

［5］UNESCO. World symposium: family literacy［R］. Paris: UNESCO, 1995.

［8］UIL.Family Literacy: a global approach to lifelong learning［R］. Germany: UNESCO Institute for Lifelong Learning, 2008.

［10］UIL. 第二个成人教育与学习全球报告：反思基本读写能力［R］. Hamburg: UNESCO, 2013.

［11］UNESCO Institute for Lifelong Learning. Beijing declaration on building learning cities［R］. Hamburg：UNESCO, 2013.

［12］UNESCO Institute for Lifelong Learning. Mexico City Statement on sustainable learning cities［R］. Hamburg: UNESCO, 2015.

［13］联合国．变革我们的世界：2030年可持续发展议程［R/OL］.［2021-06-10］. https://www.un.org/ga/search/viewdoc.asp?symbol=A/RES/70/1&Lang=C.

［14］联合国教科文组织.2030教育仁川宣言［R］. Hamburg: UNESCO, 2015.

［15］世界银行．2018年世界发展报告：学习实现教育的愿景［M］. 北京：清华大学出版社，2019.

［16］Ministry of Education and Sports. Education and sports sector strategic plan 2017/18-2019/20［R］. Uganda: Ministry of Education and Sports, 2017.

［17］世界银行.2018年世界发展报告：学习实现教育的愿景［M］. 北京：清华大学出版社，2019.

［19］Archer D, Cottingham S. REFLECT: a new approach to literacy and social change［J］. Development in Practice, 1997, 7（02）: 199-202.

[20] African Development Bank Group. 2005−2009−Uganda−Joint Assistance Strategy [EB/OL].(2010−02−23). [2021−06−20]. https://www.afdb.org/en/documents/document/2005-2009-uganda-joint-assistance-strategy-19136.

[21] 郑崧，孙小晨 . 国际社会对乌干达的教育援助：结构与效果 [J]. 比较教育研究，2012，34（12）：10−14.

[22] GPE. Covid−19 Response [EB/OL]. [2021−06−30]. https://www.globalpartnership.org/where-we-work/Uganda.

[23] Ngaka W. Integrated intergenerational literacy project (IILP) [EB/OL].(2009−08−17) [2021−06−18]. https://www.comminit.com/africa/content/integrated-intergenerational-literacy-project-iilp.

[24] [33] Nyamugasira W. "Literacy and Continuing Education in Uganda 2000−2005" and "Family Basic Education in Uganda" 2003−2005 Programmes [R]. Uganda: LABE, 2005.

[25] [26] [28] UIL. Family basic education（FABE）[EB/OL]. [2021−06−15]. https://uil.unesco.org/fileadmin/bamako_conf_2007/UIL-Effective-Programmes/14en.html.

[27] [29] [30] [32] Changemakers. Intergenerational, crosscultural and multilingual learning for sustainable rural transformation in Uganda [EB/OL].(2017−10−31) [2021−06−25]. https://network.changemakers.com/challenge/creatingsharedvalue/community-review/generational-cultural-and-linguistic-integration-for-a-sustainable-rural-transformation-in-uganda#comments-section.

[34] 郑崧，孙侃 . 乌干达的教育分权：政策、效果与意义 [J]. 比较教育研究，2014，36（05）：19−23.

[35] Ngaka W, Masaazi F M. Participatory literacy learning in an African context: perspectives from the Ombaderuku Primary School in the Arua District, Uganda [J]. Journal of Language and Literacy Education, 2015, 11(01): 89−108.

波兰格丁尼亚学习型城市建设的内在逻辑、实践策略及其启示

朱丹蕾*

摘　要：格丁尼亚作为波兰城市中唯一的全球学习型城市网络（GNLC）成员，希望通过推动学习和创新，为当地居民创造更多的机会和更好的未来。格丁尼亚学习型城市建设的实践，包括了对公共空间的重新定义、对非正式学习的推广、对数字技术在学习中的应用以及对多样性和包容性的强调。格丁尼亚市学习型城市建设蕴含的内在逻辑是整体性、持续性和互动性，运用了“强调家庭教育、建立学校与家庭的紧密联系、建立各级各类教育间的互联互通、跨部门合作”等实践策略。这些策略将格丁尼亚市打造为一个高效、有活力的学习型城市，格丁尼亚的经验为我国学习型城市建设也提供了坚持创新和实践、强调包容性和多样性、重视非正式学习、增强跨部门合作、建设学习型城市的核心在于“人”等宝贵的启示。

关键词：学习型城市建设；格丁尼亚；波兰

学习从传统的教室环境解放至“时时处处人人事事”，如何在城市范围内创造一个终身学习的环境，是一个越来越重要的议题。[1]学习型城市建设不仅为居民提供了更多的学习和发展机会，还有助于推动经济增长、增强城市竞争力和改善生活质量。[2]党的二十大报告中强调，“建设全民终身学习的学习型社会、学习型大国”。[3]波兰的格丁尼亚是近年来致力于学习型城市建设的典范。作为波兰北部的重要港口和经济中心，格丁尼亚在推动学习型城市建设上展现了其独特的视角和策略。格丁尼亚的实践提供了一个全新的学习型城市建设的范例。在这个背景下，本文试图深入探讨格丁尼亚的学

* 作者简介：朱丹蕾，华东师范大学职业教育与成人教育研究所博士生，主要研究方向：可持续发展教育；终身学习。

习型城市建设实践，并从中提炼出对我国具有启示意义的经验和策略。

一、社会背景介绍

格丁尼亚属于位于中欧的波兰共和国。波兰由16个省份组成，是“一带一路”沿线重要国家，占地312 685平方公里。作为欧盟的第八大人口国，波兰在2020年拥有约3 795万人口，然而这一数字正在以1.21%的速度逐年下降，其中女性人口占比（51.8%），略高于男性（48.2%）。同我国类似，波兰也正经历工业技术的变革和产业结构的调整，对劳动者技能的要求越来越高。然而，人口负增长和人口老龄化问题，以及移民和难民的大量涌入，给波兰的劳动力市场带来了前所未有的挑战。

波兰对终身教育的重视在其政策制定中得到了明确的体现，包括以下三个方面：

一是波兰鼓励多部门分工协作，构建终身学习共同发展策略框架。波兰教育部从中央层面管理继续教育工作，并下设职业和继续教育处，对办学机构进行组织、运营和监督，对学习成果和资格进行认证。劳动和社会政策部与教育部一同在继续教育领域开发能够同时培训员工和失业者的体系。在科学与高等教育部指导下，波兰部分高等教育机构开设开放大学、老年大学，针对不同学习者的需求提供专业培训服务。此外，其他部委，如经济部、文化与国家遗产部、基础设施与发展部、国防部、农业与乡村发展部、管理与数字化部等也在终身学习领域协同发力。

二是波兰构建了非正规及非正式学习认证体系。参照欧洲资格框架和欧洲高等教育资格框架，波兰于2013年正式构建国家资格框架。为增强资格转换的透明度，促进人员流动，波兰于2016年发布新型国家资格体系。该体系融合了国家资格框架（Polish Qualifications Framework，简称PQF）、综合资格注册制度（Internatioanal Qualification Registration，简称IQR）和非正规及非正式学习认证体系，可更直接地帮助衔接教育、培训和学习，对劳动力市场和社会需求作出回应，采取统一方法来认证在正规教育和培训之外取得的学习成果，进而鼓励劳动者认证学习成果，推动终身学习。[4]

三是波兰对于弱势群体终身教育的关心。2004年起，波兰低收入人群还可根据国家《福利法案》向机构申请延长收费期限、分期付款或减免学费。波兰《促进就业和劳动力市场法案》规定了支持失业者、求职者、残疾人以及45岁以上人群接受继续教育的多种方法。为改善老龄人口的职业愿望和就业能力，波兰还为老龄人口制订激活方案。2012年，根据《教育部对非学校继续教育的规定》，在非学校环境中提供继续教育的实体必须协助残疾人接受继续教育，设定利于残疾人考试的条件和形式，并提供心理咨询。2013年，波兰政府出台《外国人法案》修订案，规定难民，移民，欧盟成员国、欧洲自由贸易协会成员国和瑞士联邦的国民等有权享受公立学校以职业课程为形式的继续教育，具体费用由相关管理机构自行决定。2014年，波兰宣布实施《促进世代团结——加强50岁以上人士职业活动》的激活方案，为50岁以上人群提供多项教育供给的便利，以充分开发人力资本，并使55～64岁群体的就业率在2020年提高到50%。同年，波兰还实施《2014—2020年60岁以上老年人社会激活方案》，通过教育激活等多种措施，支持60岁以上老年人的社会活动，激励老年人接受教育并保持积极性。

二、格丁尼亚学习型城市建设的特点与经验

（一）格丁尼亚城市概况

格丁尼亚位于波兰北部波美拉尼亚省，是一座重要的港口城市，与索波特、格但斯克两市形成庞大的港口城市联合体——三联市。格丁尼亚市是波兰最年轻和最具活力的城市之一。1926年，格丁尼亚被授予城市权利，之后它享有人口和城市发展便利，拥有现代主义的城市景观。目前它从一个小渔村发展成为深海捕鱼和造船中心，被称为波兰“通往世界的窗口”，也是波兰海军总部所在地。近年来，格丁尼亚在其工业与战略价值之外的文化与生活质量方面赢得了广泛的认可。2013年，《新闻报》(*The News*)的一项调查结果显示，格丁尼亚被评为波兰最具宜居性的城市，并在“总体生活质量”指标上荣膺榜首。[5] 2021年，格丁尼亚进一步被联合国教科文组织列入“创意城市网络”，并荣获“电影之城”的称号。

格丁尼亚拥有常住人口25万，其中超过60岁的人口比例达到25%。在教育领域，该市共有1 342间教室，平均每位教师负责7.69名学生，这体现了其在教育资源配置上的均衡性。而其在教育上的日常投资达到PLN

897 069.92，相当于人民币 1 525 018.83 元，凸显其对教育的重视与承诺。值得关注的是，来自格丁尼亚外部的学生占总数的 13.75%，反映了该市在教育上的辐射力与吸引力。2019 年，格丁尼亚进一步加入了联合国教科文组织全球学习型城市网络（GNLC），成为波兰唯一的 GNLC 成员城市。[6] 这不仅代表了其在教育和文化上的领先地位，更显示了格丁尼亚在全球教育领域的影响力。格丁尼亚既承载了国家的共性，也展现出了自身独特的风貌和魅力。综合来看，格丁尼亚既是波兰的战略港口都市，又是教育与文化创新的中心。

（二）格丁尼亚学习型城市建设的经验

各个国家或地区会基于自身特定的文化、经济和社会条件为联合国教科文组织提出的“学习型城市”理念提供具体的定义或解释。格丁尼亚也根据自身的发展对学习型城市提出了界定：“学习型城市是指为其居民——每一个人，无一例外——提供接受正规和非正规教育的广泛机会的城市。”[7] 基于此，格丁尼亚对每类人群的学习与教育都采取了相应措施。

1. 成人继续职业教育与城市发展的协同

1）职业指导与咨询：激发个体潜能，促进就业

职业指导与咨询在格丁尼亚的职业教育体系中占据重要地位。除了为公立学校的学生、失业者提供服务，该城市还为广大劳动者提供多元化的线下及线上服务，包括职业指导、课程咨询、职业信息等。尤为值得一提的是，非政府组织在此方面发挥了关键作用，其经常借助欧盟基金和格丁尼亚地方基金会的资助，为公众提供高质量的职业咨询服务。这一举措为求职者提供了更为明确的职业规划方向，并为劳动者提供了更多的学习机会，开辟了更为广阔的发展空间。

2）成人学徒制：理论与实践的有机结合

格丁尼亚的成人学徒制得到了多方的共同支持和参与，特别是格丁尼亚劳工局、各大雇主及负责考试的机构。在这一制度下，劳工局不仅帮助失业者和求职者提升技能，还为他们提供资质认证服务。与传统的学徒制不同，成人学徒制更注重实践操作，确保学员能够在实际工作中迅速上手。而这一制度的经费，主要由雇主税款构成的劳动基金进行资助，确保该项目长期、稳定地运作。

3）职业资格课程：满足劳动力市场的多样需求

格丁尼亚教育部为应对快速变化的劳动力市场，推出了一系列职业资格课程。这些课程旨在帮助成人快速获得职业资格，无论是全职还是兼职。其中，职业技能课程、分类职业和专业课程等为学员提供了多样的选择。值得注意的是，学习者在完成课程后需参加校外国家职业资格考试，以确保他们真正掌握了相关技能。

2. 城市对弱势群体和老年人的学习支持

随着全球老龄化的加速，老年人的需求和权益在城市规划和发展中的地位日益重要。同时，弱势群体，如残疾人和特殊需求人群，也需要特定的支持和策略。格丁尼亚已经认识到这些挑战，并制定了一套完善的策略和措施，旨在支持老年人和弱势群体终身学习，以提高他们的生活质量。同时，格丁尼亚加入了世界卫生组织的全球老年友好型城市网络（WHO AFCC），制定了明确的计划和目标。从 2014 年开始，格丁尼亚市政厅的“老年人战略”和“2015—2020 年城市老年人政策计划”聚焦在激活、参与和社会关怀这三个关键领域。

1）对老年人的学习支持

激活老年人的生命活力。格丁尼亚为老年人提供了许多激活策略，以增强他们的社会参与和认知能力。格丁尼亚建立了长者活动中心（见图 1）。这

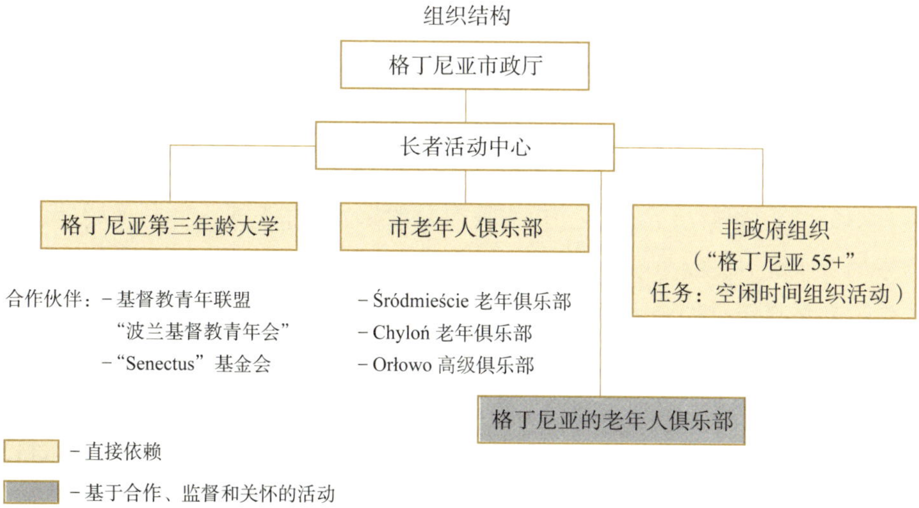

图 1　格丁尼亚老年学习支持系统组织结构

是一个日常活动的地方，也是一个集中了各种服务和资源的综合性中心，旨在提供多种教育、文化和娱乐活动，鼓励老年人积极参与。其中，格丁尼亚第三年龄大学每年提供 50 场不同的讲座、研讨会、爱好和体育活动，面向 60 岁及以上的公民，每年都有超过 10 000 人参与。与此同时，老年人俱乐部成为一个与邻里建立联系、参与社区活动的场所，它不仅提供教育和文化活动，还鼓励老年人分享他们的故事、经验和智慧，2013 年有超过 30 000 人参与了相关活动。

为了更好地与老年人进行沟通，格丁尼亚还推出了一个专门为老年人设计的网站"格丁尼亚 55+"。[8] 该网站作为信息中心，帮助老年人与城市的其他居民互动，并更好地了解和利用城市的资源和服务。但最特别的是，这个网站由老年人自己建设和管理，它已成为老年人分享兴趣、经验和爱好的理想之地。

只有让老年人成为决策的一部分，才能真正理解他们的需求和期望。因此，格丁尼亚市政府建立了格丁尼亚老年人委员会，包括老年人、非政府组织、第三年龄大学成员以及地方当局代表。格丁尼亚老年人委员会可以参与政府咨询和决策，使老年人参与决策和规划过程是格丁尼亚的核心战略之一。[9] 例如，格丁尼亚老年人委员会为老年人提供了与地方当局、非政府组织和其他社区团体进行对话的机会。这些措施确保老年人能够参与有关城市发展和政策制定。

2）对弱势群体的学习支持

对弱势群体的学习支持则以具体与实际的社会关怀为宗旨。格丁尼亚设有专门的弱势群体支持部门，旨在提供各种社会服务，如医疗、心理健康、家庭支持等。此外，格丁尼亚建立了多种机制，如格丁尼亚社会服务标准和社会创新实验室（LIS）[10]，以支持弱势群体的特定需求，并与他们建立有效的沟通渠道。社会创新实验室作为一个独立的预算单位，承担着推动城市发展和提高所有居民生活质量的重要职责，旨在支持格丁尼亚的城市发展，让居民——无论年龄、社会出身、居住地或其他条件——生活得更好。[11] 社会创新实验室不仅创建新的社会创新解决方案，还支持居民的活动，与他们建立联系，使他们的能力得到最大限度的发挥。社会创新实验室通过以下方式运作：① 创建新的解决方案、运行项目、实施计划，发展社会创新；② 支持居民开展自己的活动；③ 支持与格丁尼亚居民沟通的城市结构，并将他们的能力结合到联合项目和事业中，有效利用城市资源；④ 重点是使所有地区和所有社会群体的生活质量均等提升，特别是在需要特殊支持的部分。社会创新实验室的项目也针对不同的群体，例如对于记忆退化、患有阿尔茨海默病的老年人群体，提供了多媒体应用 MEMO（有助于熟悉新技术和提高记忆力。该应用程序由三个模块组成：事例、纪念品和培训[12]）和“记忆构建站”（是一种更传统的大脑训练网站。提供各种练习和手册，可免费下载和打印[13]）等资源，帮助他们提高记忆力，同时也鼓励他们与家庭成员共同参与。而针对残疾人，社会创新实验室与当地志愿者团体和非政府组织建立伙伴关系，与残疾人家庭保持定期联系并了解他们的学习需求。该市的邻里中心已经建立了在线会议、活动和整合计划。当地居民使用这些平台获取卫生信息并提供支持、DIY 创意等。在格丁尼亚，社会创新孵化器开发了“驯服成年”——婴儿模拟器，用作智障人士治疗的工具。在学习期间，残疾人将在实践中了解儿童保育的全部内容，专家将学习使用模拟器工作的具体细节。[14]

3. 各种教育类型间的互联互通

家庭和社区对于构建一个和谐、健康、互助的社会具有决定性的影响。特别是在教育领域，家庭和社区的参与与合作被认为是确保学生取得成功的关键因素。格丁尼亚学习型城市建设中的伙伴关系强调了政府部门之间、各级各类教育机构之间、家校社之间的合作与协同作用。

格丁尼亚家庭政策部展现了一个富有前瞻性的方向。通过邀请心理学家、精神病学家、妇产科医生和各种教育工作者以在线会议的方式，为在线访问者提供可靠的知识，为所有家庭提供支持，激发灵感并帮助开展家庭活动。[15] 所有关于家庭相关单位和机构的新条件和工作时间的信息，以及提供在线咨询和帮助的专家的联系方式都在家庭计划网站上被宣传和分发，还推出了由演员阅读童话故事的在线系列节目。在线平台成为一种非常实用的工具，提供了一个相对于传统方式更为便捷和实时的学习渠道。通过在线会议的方式，家庭能够获得专家的建议和帮助。更为重要的是，在特殊状况下，如疫情期间，格丁尼亚家庭政策部能够迅速响应，根据家庭的需求提供相应的支持，这进一步证明了家庭政策部的重要性和实效性。

家庭对于一个人的成长和身份构建有着深远的影响。格丁尼亚市明确地认识到了这一点，实施、支持各种有利于家庭在多个领域良好运作的项目和政策。在格丁尼亚许多学校的章程中，都规定和强调了家庭在孩子的学校教育中扮演的重要角色。学校和家庭之间的合作被视为确保孩子顺利完成学业和全面发展的重要手段。家校合作不仅仅体现为家长对孩子基本日常生活需求的支持，更体现在家长与学校之间的沟通与合作，以及家长对学校教育活动的支持上。例如，格丁尼亚第六学校章程中强调了家庭、学校和社区三者之间的合作。学校不仅仅是一个教育孩子的地方，它还与家庭和社区建立起了紧密的联系，共同为孩子提供一个健康、和谐、多元的成长环境。

格丁尼亚认为“发展当地社区”是确保社会和谐、健康、互助的另一个重要方面。自 2018 年以来，格丁尼亚的“邻里屋”网络已成功发展。在过去的几年中，格丁尼亚对当地社区中心实施了“避风港”计划。避风港是实施社区教育、发展居民兴趣和落实居民思想的场所，旨在整合居民并为他们提供发展兴趣和执行想法的空间。格丁尼亚的“邻里屋”网络展现了社区对居民的支持和服务。“避风港”中心作为一个社区的核心，为居民提供了一个互助、学习、交流、发展兴趣和创意的平台。每个中心都是独特的，可以根据当地的特色和需求进行调整，而且中心的活动也非常多样，可以满足不同居民的需求。居民可以亲自组织领导活动。每个“避风港”都有社区房屋协调员[16]，他们确保活动时间表符合当地社区的期望，并与邻居或开展活动者沟通。“避风港”计划对居民免费。“邻里屋”网络不仅仅是为了满足居民的日常生活需求，更重要的是为了增强社区的凝聚力，促进居民之间的交流和合作。

格丁尼亚学习型城市建设中的伙伴关系为我们展示了一个理想的模型，其中家庭、学校和社区三者之间的合作与协同作用被视为确保学生取得成功的关键。这种合作关系不仅仅体现在学校教育中，还体现在家庭和社区中，大家共同为孩子提供一个健康、和谐、多元的成长环境。这种合作关系也为我们提供了一个思考和实践如何构建和谐社会的重要启示。

（三）格丁尼亚学习型城市建设的内在逻辑和实践策略

格丁尼亚市是一个积极致力于学习型城市建设的典型案例。从所提供的材料中，我们可以深入分析该城市建设学习型城市的内在逻辑和实践策略。在此，我们将结合学习型城市的相关理论，对格丁尼亚的策略进行深入的剖析。

1. 内在逻辑

1）整体性的学习环境

格丁尼亚深知家庭在个体身份建立和态度塑造中的核心作用。这样的认识，使得城市不仅仅看重学校教育，更理解到家庭和社区在教育中的关键位置。这种整体性的视角认为，学习不是孤立的、仅限于正式的教育机构的活动，而是一个涉及生活多个领域的连续过程。从这个角度出发，教育不仅仅是知识的传授，更是个体与社会、文化和环境的互动和反思。[17]通过强调家庭、学校和社区在教育中的重要性，格丁尼亚的学习型城市建设创造了一个更加融合、开放和多元的学习环境，确保每个个体都能在各个生活领域中获得全面的发展。

2）贯彻终身学习思想

格丁尼亚的学习型城市建设充分体现了终身学习的概念，通过设计一系列的教育和培训活动，照顾到人们生命周期的每一个阶段。[18]“避风港”计划和格丁尼亚家庭计划不是仅仅关注孩子或青少年，而是从儿童早期教育开始，延伸到成年后的职业培训，乃至老年期的休闲教育。这种综合性的教育策略突显了城市对于每个公民，无论其年龄、性别或背景，都能持续学习和发展的信念。而且，通过这种方式，格丁尼亚市鼓励市民始终保持好奇心和学习热情，使得学习成为日常生活的一部分，而不仅仅是学校教育的一部分。

3）多元互动与全机构参与

格丁尼亚的学习型城市建设强调了建设多元参与的学习网络。家庭、学校、社区以及其他相关机构都成为这一学习网络的重要组成部分。这种全方位、跨部门的合作模式，不仅为学习提供了更多的资源和机会，也确保了教育资源的平等分配。每个部门都在其专业领域中贡献自己的力量，而他们之间的紧密协作又确保了资源的高效利用。此外，这种强调互动和参与的学习模式还促进了市民的主动参与，使他们成为学习的真正主人，不但消费知识，而且参与知识的创造和传播，这也为格丁尼亚创造了一个充满活力、开放和共享的学习型社区。

2. 实践策略

1）强调家庭教育

格丁尼亚家庭计划不仅仅是一个政策工具，更是该市对于家庭教育价值的重视和推广。这个计划通过提供在线咨询、工作坊，以及各种资源，成为家长们在教育上的得力助手。它不仅为家庭提供可靠的、经过验证的教育和支持资源，还邀请众多领域的专家进行亲身指导，确保家庭教育的方法既科学又实用。这种强调家庭教育的策略确保了孩子们在学习上的全面、均衡发展，为他们的未来铺设了坚实的基础。

2）建立各级各类教育间的互联互通

为了使学校教育和家庭教育更为紧密地联系在一起，格丁尼亚在学校章程中明确了家长的责任和义务，确保双方在孩子的教育目标和策略上保持一致。学校还开展诸如家长教育研讨会、家庭作业辅导和学习资源分享等一系列的活动，进一步拉近了学校与家庭的距离。学校也注重培养学生的多元文化认识，如提供学习卡舒布语的机会，让学生更好地了解和尊重不同文化。格丁尼亚市深知学习和教育不仅仅局限于学校和家庭，社区的参与同样关键。“避风港”计划不仅鼓励社区居民积极参与学习，还为他们提供了一个自由表达、探索兴趣和实践创新想法的空间。每个“避风港”中心都根据当地的特色、文化和需求设计，使得每一个学习项目都贴近居民的实际生活，确保学习活动既实用又有针对性。在学习型城市建设中，推动贯彻各类教育间的互联互通。

3）推动跨部门合作

在格丁尼亚的学习型城市建设中，跨部门合作被视为一个关键要素。家庭、学校、社区和其他相关机构共同协作，形成了一个紧密的学习网络。市政府通过创设各种机制，如家庭政策部、格丁尼亚家庭计划在线网站和家长俱乐部网络，加强了这些部门间的信息共享和资源整合。

总之，格丁尼亚市作为一个学习型城市，其内在逻辑是整体性、持续性和互动性；其实践策略是强调家庭教育、建立学校与家庭的紧密联系、建立各种各类教育间的互联互通、跨部门合作。这些策略将格丁尼亚市打造成了一个有效、高效、有活力的学习型城市，为其他城市的建设和发展提供了宝贵的经验和参考。

三、给我国学习型城市建设的启示

格丁尼亚的学习型城市建设实践，为全球的城市和地方社区提供了一个明确而生动的范例。我国目前正处于学习型城市建设的攻坚时期[19]，从格丁尼亚的成功经验中，我国可以得到许多宝贵的借鉴与启示，从而更好地规划和实施学习型城市战略。

（一）学习型城市的核心在于“人”

格丁尼亚学习型城市建设的经验强调每一个学习型城市建设措施的精神核心都是市民。市民们的激情、共鸣、创新思维和团结协作，构筑了城市独特的学习氛围。学习型城市建设需要重视每一个市民的声音、需求和梦想，确保他们在终身教育和终身学习中得到支持。因此，需要为居民创建更加开放的学习和发展平台，鼓励他们在学习型城市建设中发挥主观能动性，不仅分享知识，还为城市的持续发展贡献自己的智慧。

（二）增强跨部门合作

格丁尼亚的成功是多方面的，其中，各部门、团体和组织之间的紧密合作尤为关键。他们展示了一个完整的学习生态圈，其中包括学校、社区、家庭和企业等不同组成部分，大家共同努力为公众提供丰富和多样的学习资源。建设学习型城市需要促进各个部门和机构之间的合作，打破传统边界，形成一个更加紧密和协同的学习网络，确保资源的最大化利用和优化配置。

（三）重视非正式学习

除了传统的学校教育外，格丁尼亚还重视各种非正式学习途径，如社区活动、工作坊、讨论小组等，这为居民提供了更加多元和灵活的学习选择，让他们在日常生活中都能够获得新的知识和技能。在学习型城市建设过程中，应考虑各种形式的学习机会，从而打破传统的学习模式，鼓励市民在不同场合和时间进行学习，确保学习的无处不在。

（四）强调包容性和多样性

格丁尼亚学习型城市的成功启示还体现在它对多样性和包容性的尊重。不同的文化、背景、年龄和能力都得到了充分的考虑和关注，确保所有人都可以在这里找到适合自己的学习方式。在设计学习活动时，市政府总是确保各种活动能满足不同文化、年龄和能力层次的居民。例如，为了尊重多元文化，学校提供了学习卡舒布语的机会；而“邻里屋”提供了从钩针编织到学习英语的各种活动，确保每个人都能找到合适自己的学习项目。可以说，对各个群体的学习方式足够了解，才能够提供合适的学习资源。因此，有必要建立一个更加包容和多样的学习型社区，确保所有人，无论其背景和能力如何，都可以获得高质量的学习资源和服务。

（五）坚持创新和实践

一方面，格丁尼亚认为知识的传授只是学习的一部分，真正的学习还需要实践和创新。因此，“邻里屋”不仅提供了理论学习，还提供了各种实践性的活动，如园艺、烹饪和艺术。这些活动不仅使居民有机会亲身实践所学，还鼓励他们发挥创意，开发新的技能和兴趣。另一方面，格丁尼亚的学习型城市建设并不满足于传统模式，而是持续地探索、创新和尝试，根据本地的实际情况进行调整和完善，从而确保学习活动更加符合当地居民的需求。我国的学习型城市建设需要结合本地的情况，鼓励和支持各种形式的创新实践，为居民提供更加多样、实用和有趣的学习机会，确保学习永远与时俱进。

四、结语

随着全球化和信息时代的到来，学习型城市的理论与实践逐渐受到各方重视。中国作为一个拥有悠久历史、庞大人口和多元化需求的国家，如何将学习型城市建设的经验和教训融入自己的城市发展和规划，是一个值得深入研究和探讨的课题。

从格丁尼亚的经验中，我们应充分认识到学习型城市的核心是以“人”为本。人是城市发展最重要的驱动力，因此应将居民的需求和发展放在首位。这意味着不仅要为居民提供优质的教育和培训，还要积极推动社区参与和公民自主。跨部门和跨机构合作是学习型城市成功的关键。例如，通过整合各级政府、学校、企业、非营利组织和其他社会力量的资源，形成一个更加强大和高效的学习生态系统。与此同时，这种合作也能促进各方之间的信息交流和资源共享，提高整体的运行效率和效果。非正式学习在我国同样具有重要的价值。除了传统的学校教育，在线学习、工作坊、讲座等多种非正式学习方式都应得到充分的重视和支持。这不仅能丰富居民的学习体验，还能激发他们的创造力和创新精神，为社会和经济发展注入新的活力。作为一个多民族、多文化的国家，建立开放和包容的学习环境，不仅能促进各个群体和文化之间的相互理解和尊重，还能为所有人提供更多和更好的学习机会。坚持创新和实践是实现学习型城市目标的基础。我国有着丰富的文化传统和科技创新能力，应该充分利用这些优势，鼓励各种形式的创新和尝试。这不仅能为居民提供更多实用和有趣的学习资源，还能帮助城市更好地适应未来的挑战和机遇。

总之，学习型城市不仅是一种理想，更是一种责任和使命。通过对格丁尼亚等成功案例的总结反思，并加诸我国的学习型城市建设之中，为我国居民创造一个更加美好和可持续的未来。

参考文献：

[1] 程豪，李家成，匡颖，等 . 反思与突破：学习型城市建设的高质量发展 [J]. 开放教育研究，2021，27 (02)：42-50.

[2] Larsen K. Learning cities: the new recipe in regional development [R]. OECD Observer, 1999: 73.

[3] 中华人民共和国政府网 . 中国共产党第二十次全国代表大会报告全文 [EB/OL]. [2022-10-25]. http://www.gov.cn/zhuanti/zggcddescqgdbdh/sybgqw.htm.

[4] 欧阳忠明，李国颖，潘天君 . 国际学习型城市建设研究：历程、现状与思考 [J]. 现代远距离教育，2016 (04)：10-21.

[5] Masik G, Sagan I, Scott J W. Smart City strategies and new urban development policies in the Polish context [R]. Cities, 2021 (108) : 102970.

[6] 联合国教科文组织终身学习研究所 . 格丁尼学习型城市 [EB/OL]. [2022-11-28]. https://www.uil.unesco.org/en/learning-cities/gdynia.

[7] Przybylska L. et al. Gdyniaw Unii Europejskiej. Spójność społeczna i terytorialna [R]. Wydawnictwo Bernardinum, 2016.

[8] 格丁尼亚市政网 . “格丁尼亚 55+” 计划 [EB/OL]. [2022-12-25]. www.seniorplus.gdynia.pl.

[9] Uitterhoeve W, van Leunen G. Lifelong learning: the Dutch perspective on the role of simulators in Maritime Education and Training (MET) [R]. Scientific Journal of Gdynia Maritime University, 2021.

［10］格丁尼亚市政网 . 格丁尼亚社会服务标准和社会创新实验室［EB/OL］.［2022-12-25］. www.gdyniarodzinna.pl.

［11］Masik G, Stępień J. Smart local governance: the case of the Gda ń sk-Gdynia-Sopot Metropolitan Area in Poland［J］. Journal of Urban Technology, 2022, 29(4): 63-81.

［12］格丁尼亚市政网 . 阿尔兹海默病老年群体学习计划［EB/OL］.［2022-12-25］. https://www.projektmemo.pl/.

［13］格丁尼亚市政网 . “记忆构建站”［EB/OL］.［2022-12-25］. https://www.silowniapamieci.pl/.

［14］格丁尼亚家庭教育部 . 格丁尼亚家庭计划［EB/OL］.［2022-12-25］. https://www.facebook.com/GdyniaRodzinna/.

［15］Krośnicka K, Lorens P, Mironowicz I. Bridging theory and practice in postgraduate education on development and planning: Gdynia Urban Summer Schools 2016-2018［J］. World Transactions on Engineering and Technology Education, 2019(17): 302-307.

［16］Osborne M, Hernandez S. Sustainable learning cities: inclusion, equity and lifelong learning［R］. UNESCO, 2021: 14-85.

［17］蒋亦璐 . 学习型城市建设：理之源与行之路的探索［D］. 上海：华东师范大学，2016.

［18］国卉男，秦一鸣 . 城市集群视域下学习型城市的价值驱动与全球图景——以“UNESCO 学习型城市奖”获奖城市为例［J］. 教育发展研究，2022，42（23）：54-62.

［19］叶忠海，张永，马丽华 . 中国学习型城市建设十年：历程、特点与规律性［J］. 开放教育研究，2013，19（04）：26-31.

澳大利亚梅尔顿市学习型城市建设背景、实践样态及经验启示*

郑一华**

摘　要：党的二十大报告提出“建设学习型城市、学习型大国”，这是我国基于新时代教育和学习方式创新作出的重要战略决策。教育部印发的《学习型社会建设重点任务》要求以全球学习型城市网络成员为示范展开学习。澳大利亚梅尔顿市作为首批荣获国际学习型城市奖的城市，具有一定的研究价值。回顾梅尔顿市学习型城市建设的背景，发现梅尔顿学习型城市建设呈现多层级政府部门耦合共建，加强顶层设计，非正式与正式机构协作共创全民学习机会等实践样态。因此，当前我国学习型城市建设应构建长期稳定的政策环境，激发公民的社会性，鼓励多主体参与建设，各机构之间互联互通、统一领导、相互协作，构建服务于全民的终身学习体系。

关键词：梅尔顿市；学习型城市；经验启示

一、引言

随着终身学习、终身教育思想的不断推进、演变与实践，由经合组织（Organization for Economic Co-operation and Developement, OECD）举办的第二届国际教育型城市会议正式提出了“学习型城市”的概念。随着理论、政策、实践的推进，我国将建设服务于全民终身学习的学习型城市作为社会发展的可能方向。2013 年，联合国教科文组织在北京召开了首届国际学习型城市大会，提出学习型城市在提高市民素质和城市的文明程度，以及在促进

* 基金项目：国家社会科学基金教育学重点课题“服务全民终身学习视域下社区教育体系研究”（项目编号：AKA210019）的阶段性成果。

** 作者简介：郑一华，华东师范大学职业教育与成人教育研究所硕士生，主要研究方向：社区教育。

经济社会可持续发展的基础上不断增强城市的综合竞争力方面发挥着无可取代的作用。[1]

在全球化、信息化浪潮中，保尔·朗格朗的终身教育思想在全球各地得到了广泛的传播，学习型城市作为终身教育、终身学习思潮的重要载体，在国际社会有着较为广泛的实践。在联合国教科文组织、经济合作与发展组织等国际组织的宣传与推动下，各国形成了不一样的关注重点。在每两年一次的全球学习型城市大会（International Conference on Learning Cities, ICLC）上，也涌现了许多诸如“学习”“公平”“可持续发展”和“包容”等内涵，作为学习型城市的核心话语群[2]；2021 年在韩国延寿举行的第五届学习型城市大会推出了《延寿学习型城市宣言：通过终身学习建设健康和富有韧性的城市》[3]，使学习型城市的内涵得到了全新的扩充。

澳大利亚的梅尔顿市是全球学习型城市网络（GNLC）的早期成员，在此背景下，梅尔顿市希望通过学习型城市建设，为城市、政府、社区、居民的可持续发展提供一定的机会，践行通过终身学习提高个人、社会、文化、经济和环境的可持续发展政治承诺，以面对城市高速发展中的机遇和挑战。[4]

党的二十大报告提出要“建立学习型社会、学习型大国”[5]，这是基于我国新时代教育和学习方式创新作出的重要战略决策。教育部印发的《学习型社会建设重点任务》要求“加强新时代学习型城市建设，以全球学习型城市网络成员为示范”。[6]这也要求我国对学习型城市建设过往经验进行总结与创新。梅尔顿市作为全球首批国际学习型城市奖的获奖者，本文将它作为研究对象具有一定的理论意义。

二、梅尔顿市学习型城市建设的时代背景

（一）梅尔顿市学习型城市建设推进缘起与历程

20 世纪 90 年代末，澳大利亚维多利亚州受国际学习型城市思想的影响开始尝试在部分城市或社区开展学习型城市建设或学习型社区建设活动，隶属于维多利亚州的梅尔顿市也开展了不少相关实践活动。1997 年，梅尔顿市决定由市政府制订社区学习计划（Community Learning Plan），第一个社区学习计划于 1998 年公布。自此，梅尔顿市社区学习委员会（Community

Learning Board, CLB）以三年一期的社区学习计划出台为契机，为促进城市发展提供规划。2000 年，维多利亚州成立成人社区教育委员会（Adult and Community Education Board, ACEB）推动成人、社区教育和继续教育的发展[7]，并呼吁将非都市社区（农村等区域）重点发展为学习型城镇。这一转变旨在解决“成人教育、在职培训、劳动力市场协助等相关服务系统内所出现的过于零散的现象”[8]，也在一定程度上影响了梅尔顿市社区学习计划的目标与内涵。在《2013—2017 年委员会计划》（*Committee Plan 2013–2017*）中，市议会政府提出以培育“一个共同成长的自豪社区”为目标，明确意图并创造条件，确保梅尔顿市居民能够在社区中获得自信、权利，同时加强民众、社区、政府之间的有效联系与沟通。2014 年，社区学习委员会推出《2015—2018 年社区学习计划》（*Community Leaning Plan Priorities 2015–2018*），提出要以经济发展、社会包容、儿童发展、青少年发展、成年人发展与学习为关注重点，并将学习型城市定义为“创造终身学习机会以提高我们社区的社会、文化、经济环境和个人幸福”。[9] 同年，梅尔顿市加入全球学习型城市网络（GNLC），在全球平台上分享学习经验与实践，并从中不断吸取其他城市建设学习型城市的经验，以改善自身学习型城市建设的实践活动；2018 年，该市颁布《“创新的梅尔顿市”2019—2021 行动计划》（*“Innovative Merton City” 2019–2021 Action Plan*），提出在 2030 年前，依托图书馆、文化和创造力项目，增强社区的福祉。基于前期实践的反馈，该市于 2022 年颁布《梅尔顿市 2041——“我们创建的城市是我们社区”》（*Merton2041——“The City we create is our community”*），明确概述梅尔顿市在未来二十年的建设愿景和优先事项。

（二）梅尔顿市学习型城市的法律与政策保障

梅尔顿市作为较早一批进入联合国教科文组织全球学习型城市网络（GNLC）的成员，于 2015 年被联合国教科文组织评选为学习型城市。而促进学习型城市建设不能缺乏法律的保障。在国家与州政府的法律基础上，梅尔顿市政府作为直接的建设者，也将终身学习、社区建设与市政府的长远规划联系起来，由澳大利亚政府、州政府、市政府三方耦合，共同为学习型城市建设提供法律与政策保障。[10]

2008 年，澳大利亚联邦政府颁布《成人和社区学习部长宣言》（*Ministerial*

Declaration on Adult and Community Learning），强调成人和社区学习作为"第二次机会"，应给予学习者更多的途径；同期，澳大利亚联邦政府也制定了一项为期十年的战略——《全国成人基础技能战略》（*National Adult Basic Skills Strategy*），以期解决澳大利亚工作年龄人口的功能性读写和计算机能力提升问题。《国家职业教育和培训监管机构法案（2011）》（*National Vocational Education and Training Regulator Act 2011*）中，建立了由澳大利亚技能质量管理局负责，以《NVR 注册培训机构标准》为基础的全国高质量培训和评估服务。[11] 同时，为确保全国保持统一的高质量培训和评估服务又颁布了《高等教育质量和标准局法案（2011）》（*The Tertiary Education Quality and Standards Agency Act 2011, TEQSA*）[12]，为职后教育提供顶层设计；在州政府层级，《1989 年地方政府法》规定了澳大利亚维多利亚州政府的服务宗旨、目标、职能，以及地方政府的发展政策规划，并在地区的产业发展、服务供给、资产管理、社区建设、公共卫生等领域提供相关保障，同时，维多利亚州成人社区教育委员会（ACEB）也为维多利亚州提供每年 110 万澳元的专项资金[13]，确保了在法律和政策层面长期稳定的支持。

（三）梅尔顿市学习型城市的建设背景

梅尔顿市位于澳大利亚维多利亚州墨尔本市的西郊，距离墨尔本大都市中央商务区约 40 公里，作为维多利亚州增长第二快的城市，是澳大利亚维多利亚州的一个"卫星城"。据官方统计，2021 年其人口约 18 万，土地面积 527.3 平方公里。梅尔顿市人口增长速度位居全国第二，据预测，2051 年梅尔顿市人口将会超过澳大利亚首府堪培拉。人口增长迅速，但受墨尔本大都市圈的虹吸及当地产业单一的影响，高速发展的梅尔顿市仍面临着许许多多的问题，如失业率高：梅尔顿市人口高增长并没有带来相对应的就业增长，反而当地失业率较高，缺少相对适应的产业工作机会；通勤距离远：约有八成的居民需要离开梅尔顿市就业，而其中大多数人会前往距离较近的墨尔本市工作，由于大多数居民的消费不在本地，这对当地经济、社会与环境有着较为明显的影响，如较高的儿童失学率、机动车污染排放等，但作为维多利亚州墨尔本市边陲地区的城市，其建筑行业尤为发达，大部分居民都会从事建筑行业。以上种种因素，对于该市居民的个人综合素质发展和城市教育功能提出了新的要求。

为了解决这一系列问题，梅尔顿市议会决定成立组织梅尔顿市社区学习委员会（CLB），希望借鉴澳大利亚其他学习型城市建设发展的经验，实现城市发展的目标，并通过提供终身学习的机会提高人们的生活水平与社区的福祉。[14]《2013—2017 委员会计划》和《2015—2018 年社区学习计划》的推出加快了梅尔顿市的学习型城市建设步伐，助力其取得了良好的成绩。《梅尔顿市 2041——“我们创建的城市是我们社区”》的社区建设计划不断为城市发展提供指导；每年推出的《学习指南》（*Learning Directory*）为居民提供正式、半正式、休闲和社会学习的课程，超过 50 家社区学习中心在城市的各个角落发挥光亮，该市还定期与其他学习型城市交流，开展终身学习文化节，这些措施使得梅尔顿市成为世界领先的学习型城市之一。

三、梅尔顿市的具体学习型城市实践样态

（一）多层级政府部门耦合共建，加强顶层设计

梅尔顿市学习型城市建设由联邦、州和地方三级政府共同负责推进。在国家层级，澳大利亚教育部负责国家教育系统内部的协调服务。首先，职业教育和培训（Vocational Education and Training，VET）作为澳大利亚教育体系的一个组成部分，旨在提供特定的工作技能和基于知识的能力，也为梅尔顿市社区成人可持续发展技能训练提供了标准。其次，澳大利亚学历体系（The Australian Qualifications Framework, AQF）是澳大利亚国家学历体系的基础，涵盖高等教育、职业教育、各类培训等，也为梅尔顿市市民在社区中接受教育提供官方背书。[15]最后，澳大利亚终身学习的全国性机构——澳大利亚成人学习协会（Adult Learning Australia, ALA）系由联邦政府资助，支持梅尔顿市每年多次开展“成人学习者周”活动，以促进成年人学习的兴趣。而在州政府层级，维多利亚州教育培训部（The Victorian Department of Education and Training，DEAT）负责为所有维多利亚州居民提供从出生到成年的教育服务，以支撑地方城市的发展。

在地方层级，梅尔顿市成立了社区学习委员会（CLB），通过建立治理机制配合上级政府工作，同时也让社区和各级组织在设计和监督解决社会与经济问题的时候，秉持终身学习的视角，进而提供新的政策建议。委员会成员丰富，任期为四年（或社区学习计划当期），包括地区政府领导和来自工

商业、非政府组织与非营利组织、就业服务机构、公立与私立中小学、大学与职业教育机构、成人教育部门、卫生部门、残疾人教育机构、社区等的各级各类代表。委员会成员还包括首席执行官、主要委员会经理和与社区学习计划目标的实施相关的人员，负责每个月针对社区发展进程提供学习计划促进策略。其中，梅尔顿市议会选派一名专职人员负责协调终身学习，并担任社团执行干事；CLB 的执行长官负责推动梅尔顿市学习型城市建设。委员会成员多元、范围广泛，方便较为清晰地得到各方的意见并形成相对应的合力，从而有效利用更多资源，打破不同体系之间的隔阂，使得教育机构之间能够互联互通。

（二）非正式与正式机构协作共创全民学习机会

梅尔顿市社区学习委员会让城市内的各类组织、机构能够协同服务于终身学习活动。梅尔顿市地区人才库、地方学习和就业网络组织为社区内弱势群体提供支持和就业服务，比如为 10～19 岁的弱势群体提供学校和职业道路选择的咨询服务；又如，边远地区地方学习和就业网络出台“就业之票”（Employment Ticket）计划，为部分残障人士提供就业规划与建议，以帮助他们在毕业后继续获得一定的支持。

此外，部分提供社区教育服务的培训组织、相关机构也在社区学习委员会的指导下提供培训、成人学习、社区服务等广泛的社区活动。[16] 如，成人学习活动机构扬那（Youth Now）为学校和年轻人提供职业服务和工作实习机会；第三年龄大学（The University of the Third Age，U3A）为老年人提供学习课程，促进积极老龄化；梅尔顿市的大学、图书馆和社区的学习中心也会为公民开放课程，使市民得到文化的熏陶。而这些组织不仅仅是梅尔顿市社区学习委员会的成员，也是经济发展与终身学习（Economic Development and Lifelong Learning, EDLL）工作组、社会包容与终身学习（Social Inclusion and Lifelong Learning, SILL）工作组的活跃成员，统一的架构也使得梅尔顿市内各类组织能够更好地发挥作用。

（三）构建项目提高区域就业率

梅尔顿市建设学习型城市的目的之一就是促进居民就业和经济增长，而行之有效的职业教育、相关的企业培训和课程也让梅尔顿市的居民就业率得到一定的提高。如“一起建造梅尔顿”（Building Melton Together, BMT）项目，该项目由社区学习委员会（CLB）的经济发展和终身学习部门开发，目的是解决失业问题，特别是青年失业问题。该项目依托于商业、工业、教育、培训和企业主需求的相关调研，发现当前梅尔顿市相关机构提供的培训与工作实际需要的技能不匹配。于是，项目将职业培训和技能发展与城市有就业机会的行业联系起来，如协助梅尔顿市的建筑和运输行业进行员工培训，增加梅尔顿市市民的就业机会。同时，考虑到梅尔顿市住房市场的快速增长，该项目将住房企业员工、求职者、分包商等与建筑行业的就业机会联系起来，以整体、跨部门的方法搭建桥梁，为市民提供行之有效的技能培训。最后，社区教育委员会与企业也一同参与研究，定期组织咨询，通过向教育、培训和就业服务机构多方面了解，评估项目活动是否满足行业对于就业的技能需要。

（四）提供多样的终身学习活动

梅尔顿市的社区学习委员会（CLB）每年出版四次《学习指南》，宣传本市多样的终身学习活动，构建终身学习的文化氛围。[17] 首先，《学习指南》可在委员会的官方网站获取，也会通过社区委员会的办公场地和社区组织分发，还会刊登在传统宣传媒介，如梅尔顿的地方报纸上。这些宣传可同时覆盖到梅尔顿社区内 34 500 个家庭。《学习指南》的每一版平均有 154 个广告客户和 485 门课程，丰富的课程也吸引着不同的人群参与其中。其次，学习机构、个人和团体也可以通过梅尔顿市政府建设的互联网在线平台免费宣传正式、半正式、非正式、休闲和社会学习课程，以及各类其他活动，比如原住民和难民家庭作业俱乐部活动。这项活动的目的是鼓励部分已经辍学的孩子继续上学。同时，部分学习组织也会根据社区学习计划中需要社区统筹的终身学习活动开展计划，使当地居民参与到社区活动中，增加其归属感。比如，“社区及学习梅尔顿”计划的推出，目的就是让那些已经提前脱离传统学校教育，但又在适龄阶段的年轻人在社区开展的活动中重新接受教育。

此外，梅尔顿市还会积极与其他学习型城市之间保持交流互动，一起开展“全球学习节”“终身学习节”和老年人终身学习项目（见表 1），旨在营造良好的学习氛围。在梅尔顿学习节官网上，可以查看所有活动的完整计划，所有年龄段均可选择参与。

表 1　梅尔顿市终身学习节活动[①]

时间	主　题
2023 年 9 月 2 日	① Hullaballoo：全民音乐；② 青少年艺术：曼陀罗工作坊；③ 如何负责任地养狗；④ 图书馆里的蝴蝶展；⑤ 减少隔阂：孩子与父母；⑥ 家庭友好的魔术表演；⑦ 开放日庆典
2023 年 9 月 3 日	① 快来尝试一下：飞盘高尔夫家庭欢乐日；② DIY 回收珠宝工作坊；③ 艾丽莎・艾特肯–雷德伯恩（Alisha Aitken-Radburn）执导的《恶棍编辑》
2023 年 9 月 4 日	① 向女王致谢文化意识研讨会；② 会议中避开脏话技巧；③ 支持终身学习：幼儿期及以后
2023 年 9 月 5 日	① 代际艺术与手工艺欢乐下午；② 时事通信大师班：从写作到设计；③ 代际故事时间和游戏
2023 年 9 月 6 日	① 代际故事时间和游戏；② 代际艺术与手工艺欢乐下午；③ 学习技巧和考试健康；④ 关于增肥的一切

（五）稳定多渠道的资金投入

社区学习计划和社区学习指南的部分资金由市议会的政府常规化财政预算保障。梅尔顿市的财政对于维持庞大的社区学习计划相对乏力，因此，社区学习委员会向州政府和联邦政府以及慈善组织申请了超过 1 500 万澳元的资助。另外，还有 2 100 万澳元的奖金用于支持该市新建图书馆和学习中心。同时，社区学习委员会也支持其他组织根据社区学习计划目标和优先事项筹集资金。据估计，这些组织筹集的资金和实物资助超过了 25 万澳元。许多社区学习计划项目实施方与其伙伴组织共享战略目标和资源，保障了稳定的资金投入，从而可以更好地推进项目的实施。

（六）建立动态评价监测机制

梅尔顿市在建设学习型城市过程中对整体项目的运行实施动态监测。社区学习委员会（CLB）通过参与式行动研究，评估社区学习计划的执行情况，每一份评估报告体现过去一年社区学习计划各目标的完成情况，并对

① 来源于梅尔顿市政府官方网站：https://www.melton.vic.gov.au/Council/About-the-City.

下一年的社区学习计划执行提出新的建议。如根据《2013—2017 年委员会计划》调研反馈、调整颁布的《2015—2018 年社区学习计划》的优先事项，促进了梅尔顿市的学习型城市建设（见表 2）。

表 2　2015—2018 年社区学习计划优先事项[18]

主题	具　体　内　容
经济发展	为居民提供获得就业和发展的教育活动；了解当地企业希望员工掌握的知识和技能
社会包容	社区的所有成员都有平等的学习机会和享受学习带来的好处
儿童	为拥有 5 岁以下儿童的家庭提供支持性的学习和发展环境
青年人	所有年轻人都有机会规划基于自身发展的升学道路并获得支持
成年人	鼓励社区内的成年人积极地学习，参与促进自我发展、就业或休闲的社会活动
宣传	优先满足学习计划需要与学习型城市建设的基础保障

最后，随着时间的推移，梅尔顿市对开展学习型城市倡议的监测和评估方法进行动态调整。最初，学习计划评估主要包括开展基本咨询的结果，而随着社区学习委员会（CLB）的壮大，衡量标准逐渐囊括了评估合作伙伴的能力，以及各组织伙伴关系对评估活动的影响等。梅尔顿市政府坚持通过动态调整评价检测的标准来促进学习型城市建设可持续发展，主要方式就是依托于可视化的数据，衡量跟踪社区学习计划目标和战略交付是否达标、社区和商业伙伴关系是否合理等。

四、启示

随着梅尔顿市的快速发展，可持续性作为规划中的优先事项被提上日程，促进人的终身学习是培养社区内外可持续性的个人、社会、文化、经济和环境发展的有效手段，特别是通过学习型城市建设带给公民令人兴奋的学习机会。梅尔顿市已经展示了建设学习型城市的一些主要特征，因此，对梅尔顿市已经实施的策略进行总结反思将在一定程度上促进我国学习型城市的建设。

（一）构建长期稳定的政策环境

梅尔顿市建设学习型城市汇集各方力量，坚信通过建设学习型城市能推动城市的整体建设。同时，该市将学习型城市建设的规划和特征与当地实际情况相结合，推出因地制宜的策略。首先，来自梅尔顿市决策者的持续行政支持至关重要，其可以保障在建设学习型城市过程中政策的延续性，学习型城市建设战略需要确保学习型城市建设计划得以实施、与经济增长相适应、社区关系和伙伴关系等得到长期的进步与发展。其次，市政府、议员和行政领导团队引导着城市的发展方向，需要高质量的数据支撑和信息作为决策的基础。梅尔顿市的社区学习计划有利于促进经济增长并扩展需要，归功于政府对人员配备、预算和业务责任的详细调查和规划，可通过可量化的数据证据来证明政策的有效性。最后，保持与内外部利益相关者的沟通，并协调和管理伙伴的关系至关重要，如此才能实现共同商定的社区目标。梅尔顿市在国家层面、州层面、市层面上共同追求相对应的目标，并根据实际情况推进本土化、持续化发展，这样的思想值得推广。当前，我国建设学习型城市大层面上还是依托于国家的宏观政策，而只有将中央上层的精神贯彻于本地独特的现状特征中，才能在具体的领域中细化学习型城市建设内涵，才能给予学习型城市建设精准的助力。

（二）激发公民的社会性，多主体参与建设

当前，我国地方政府在建设学习型社会过程中大多数依托于“自上而下”的方式方法，因此，个人与单位往往处于被动状态，社会团队得不到开发，广大民众缺少参与的积极性。[19] 以梅尔顿市为参考，一方面，社区能够主动链接地方居民，了解其学习需求和社区成长的需要，鼓励居民参与到社区的建设中，充分激发居民的热情。同时，该市致力于促进多方的参与，将高等教育、基础教育、成人继续教育、老年教育与社区相互结合与贯通，让居民能够在各式各样的活动中获得个人所需，在社区活动的过程中满足自我获得的需求与意愿，让居民的社会性在环境中得到提高，并反哺于学习型城市建设。另一方面，推进学习型城市建设不能仅仅依靠政府的条例与管理，更要鼓励社会各方力量与利益的主体共同推进，实现资源整合。[20] 因

此，政府应主动承担起责任与义务带动联系各方利益相关者，构建沟通交流的通道与媒介，让更多的主体能够推动正式、半正式活动的开发，适当引入不同类型资金、资源，丰富学习型城市的资源供给，以促进学习型城市建设的活动成果落地。

（三）各机构之间的互联互通，统一领导相互协作

在学习型城市建设过程中，各机构和组织将会是连接着国家层面与个人层面的重要桥梁。当前，我国的学习型城市建设中的教育机构、学习单位因资源博弈、利益冲突、功能单一等，散落在学习型城市建设的各个角落，自然而然呈现出彼此割裂、互不关联的状态。[21] 因此，在建设学习型城市过程中，必须将中观层面的各级各类机构串联起来，打破各类型机构之间属性差异，打通机构类型间的壁垒，处理和解决好不同机构间的利益冲突与难以调解的矛盾。[22] 梅尔顿市在建设学习型城市过程中构建起社区学习委员会（GLB）作为协调各方利益、缓解各方矛盾的桥头堡，让各级各类机构代表在市一级最高行政力量的调节下进行整合与合作，通过构建高级别的行政组织机构统一领导，促进协作。因此，我国各地区需要通过构建具备一定级别及行政力量的管理协调机构，凝聚各方形成合力，在每一层级形成多方协作的统一管理组织，让各组织机构的协调统一成为可能，培养各组织机构之间的社会教育力量。

（四）构建服务于全民的终身学习

"人"作为学习型城市建设中最直接的微观层面，在学习型城市建设过程中也是最直接的个体，优秀的学习型城市建设过程离不开对于人学习需求、内容、载体、平台、资源等的考量。因此，学习型城市必将包含着"人人、处处、时时"等特征。梅尔顿市在学习型城市建设过程中，对于老年人、残疾人等弱势人群给予了充分的人文关怀，给予辍学儿童与失去读书机会的成人再次接受教育的机会，还以地区《学习指南》的形式将城市发展惠及每一个居民。以此为参照，在建设学习型城市过程中，我们应积极投身于服务全民终身学习，关注弱势群体，让全民享受学习型城市建设的成果，让每个人都易于学习、勤于学习、善于学习、乐于学习。

参考文献：

[1] [20] 吕欣姗，白滨 . 全民学习与知识共享：韩国水原市学习型城市建设经验及启示［ J ］. 中国成人教育，2021（ 14 ）：38–44.

[2] [21] 程豪，李家成，匡颖，等 . 反思与突破：学习型城市建设的高质量发展［ J ］. 开放教育研究，2021，27（ 02 ）：42–50.

[3] 朱敏，张伶俐，匡颖，等 . 延寿学习型城市宣言：通过终身学习建设健康和富有韧性的城市［ J ］. 终身教育研究，2021，32（ 06 ）：80–81.

[4] [10] [11] [12] [14] [15] [16] [17] Unlocking the potential of urban communities case studies of twelve learning cities［ R ］Hamburg: UNESCO Institute for Lifelong Learning，and the National Institute for Lifelong Education of the Republic of Kore(NILE), Seoul, 2015.

[5] 习近平 . 高举中国特色社会主义伟大旗帜　为全面建设社会主义现代化国家而团结奋斗——在中国共产党第二十次全国代表大会上的报告（ 2022 年 10 月 16 日 ）［ EB/OL ］.（ 2022–10–26 ）［ 2022–12–21 ］. http://cpc.people.com.cn/n1/2022/1026/c64094-32551700.html.

[6] 教育部关于印发《学习型社会建设重点任务》的通知［ EB/OL ］.（ 2023–09–28 ）［ 2023–09–29 ］. http://www.moe.gov.cn/srcsite/A07/zcscxsh/202309/t202309141080240.html.

[7] 董泽华 . 本土意识和全球理念促澳大利亚学习型城市发展：以维多利亚州和南澳大利亚州为例［ J ］. 世界教育信息 2015，28（ 20 ）：49–53.

[8] Cavaye J, Wheeler L, Wong S. et al. Evaluating the community outcomes of Australian learning community intiatives: innovative approaches to assessing complex outcomes［ J ］. Community Development, 2013(11).

[9] 蒋亦璐 . 学习型城市建设的全球历史回溯与本土现实思考［ J ］. 开放学习研究，2017（ 02 ）：33–40.

[13] 王仁彧 . 学习型城市建设：国际经验与理性探索［ J ］. 中国职业技术教育，2016（ 17 ）：33–38.

[18] Melton City Council. Community Learning Plan 2015–2018［ R ］. Melton: Melton City Council, 2015.

[19] 王元，孙玫璐，程豪 . 芬兰艾斯堡学习型城市建设与启示：基于 UNESCO 框架分析［ J ］. 成人教育，2019，39（ 10 ）：90–93.

[22] 李家成，程豪 . 互联互通：论终身教育体系中教育机构间的关系［ J ］. 中国电化教育，2021（ 01 ）：58–65.

澳大利亚温德姆市学习型社区战略实践及其启示

张　洁　庞晓芳　张爱芹[*]

摘　要：联合国教科文组织于2013年提出“全球学习型城市网络”（GNLC），旨在通过政策对话和国际交流，支持有关城市在建设学习型城市和推动终身学习方面的实践。澳大利亚的梅尔顿市、温德姆市（Wyndham）相继加入GNLC，并在联合国教科文组织举办的学习型城市国际会议上获得学习型城市奖。温德姆市从2006年起实施学习型城市战略，通过战略的迭代不断扩大利益相关者的范围，《2018—2023年学习型社区战略》更是激发了全球近30万公民参与终身学习和全方位学习。温德姆市系澳大利亚最早实施学习型社区战略的城市之一，其案例在本国乃至全球范围内获得认可和推崇，于2021年在韩国延寿第五届学习型城市会议上获得联合国教科文组织学习型城市奖；此外，温德姆市与我国大型城市上海、广州、杭州、成都等都为GNLC成员，又与上海在同年获得“学习型城市奖”，其在推进终身教育和学习型城市建设方面的做法和经验值得广为借鉴。

关键词：学习型城市；澳大利亚；温德姆市；学习型社区战略；终身学习

一、学习型城市简介

（一）澳大利亚全球学习型城市实践

20世纪70年代，经济合作与发展组织（OECD）从世界各地选定了

---

* 作者简介：张洁，上海市闵行区社区学院讲师，主要研究方向：终身教育国际监测、英语教育、社区治理；庞晓芳，上海市闵行区社区学院、上海开放大学闵行分校社区教育部主任，上海终身教育研究院青年研究员，主要研究方向：终身教育、学习型社会建设；张爱芹，上海市闵行区社区学院讲师，主要研究方向：社区教育、终身教育。

七个城市共同组成“教育型城市”（Educating Cities）[1]，“学习型城市”（Learning Cities）的概念应运而生。在首批“教育型城市”中，澳大利亚的阿德莱德市（Adelaide）率先入选。此后，澳大利亚全力开启了学习型社区、学习型城市发展进程，开展了一系列倡议活动，其中包括：2000 年由维多利亚州政府资助的 10 个维多利亚学习型城区（Victorian Learning Towns）项目、2001 年由前澳大利亚国家培训局（ANTA）资助的 10 个国家级学习型社区项目等。[2]

随着多年经验的凝练，澳大利亚政府出台了国家级的指导文件——澳大利亚学习型社区框架（ALCF）[3]，并对标联合国教科文组织《学习型城市的主要特征》(*Key Features of Learning Cities*，以下简称《主要特征》）中相应标准[4]，以及 2013 年在北京举办的首届国际学习型城市大会上提出的“全球学习型城市网络”（GNLC）概念，于 2014 年对该框架进行了更新。[5] 澳大利亚梅尔顿市是该国第一个加入联合国教科文组织 GNLC、获得联合国教科文组织学习型城市奖（UNESCO Learning City Award）的城市，其案例率先被联合国教科文组织终身教育研究所（UIL）纳入《建设学习型城市指南》(*Guidelines for Building Learning Cities*）[6][7]，同时也被纳入了澳大利亚 2014 版的 ALCF 中，为澳大利亚各城市推进学习型城市建设提供了战略指导。

（二）温德姆市学习型社区实践

温德姆市是澳大利亚维多利亚州的地方政府，属于墨尔本大都市区范围，面积约 542 平方公里。根据人口学数据，温德姆社区人口具有“以青年为主”“社会经济劣势（socio-economic disadvantage）”“受教育年限（educational attainment）偏低”“文化多样性水平偏高”等特征。[8] 温德姆是澳大利亚人口增长最快的城市之一，据统计 2018 年其人口约 25 万，预计 2036 年将增长至 43 万。[9] 同时，随着新兴知识型产业和新型商业的快速孵化，温德姆社区目前的教育和技能水平还不足以应对未来经济发展的要求，亟须增强社区居民的相应技能水平，以适应市场对于高技能专业劳动力的需求。

基于以上背景，温德姆市从 2006 年起推行学习型社区战略（Learning Community Strategy，简称 LCS），全力打造终身学习社区。经过数年的推进，温德姆在学习型城市建设方面取得了可观的成果，2019 年被联合国教科文组织列入全球学习型城市网络（GNLC）；2021 年 10 月，获联合国教科文组织学习型城市奖，成为既梅尔顿之后澳大利亚第二个获得该奖项的城市。

二、温德姆市学习型社区战略的实践举措

（一）学习型社区战略背景

《2018—2023 年学习型社区战略》（*LCS 2018—2023*）由温德姆市议会（Wyndham City Council，简称 WCC）牵头实施，主旨与城市、国家和全球层面的战略相呼应，致力于践行可持续社区（sustainable community）理念，以终身学习（lifelong learning）和全方位学习（life-wide learning）推进公平和包容、创建健康环境，造福所有公民。[10]

1. 城市战略

《温德姆 2040 愿景》（*Wyndham 2040*）（以下简称《愿景》）用以下几个关键词概述了温德姆社区的未来愿景：Communities 多样性的社区、Places and Spaces 共享的场所和空间、Earn and Learn 多元的生活收入和学习方式、Lead and Participate 人人领导和参与。[11]《2017—2021 城市规划》（*The City Plan 2017—2021*）延续了《愿景》中的相关表述，承诺将温德姆市打造成一座包容、安全和好客的（inclusive，safe and welcoming）城市，主要体现在：保留遗产和文化的多样性，将原住民文化融入社区，社区居民身心健康、社区活跃度高、互动性强等。[12]《2018—2023 年学习社区战略》对标规划中的"温德姆生活能力和幸福指标—生活收入和学习维度"（Wyndham Liveability and Wellbeing Indicators for Earning and Learning），明确了相关衡量指标。

2. 国家战略

澳大利亚成人学习协会（ALA）认为推进终身学习对社区来说具有关键作用，能帮助社区应对新挑战和不断变化的文化、社会和经济环境，还能培养公众的批判性思维，各类技能、知识和能力。[13]

澳大利亚地方政府卓越中心（ACELG）为更有效地推进社区终身教育工作，编订了实践指南，在 ACELG 学习型社区框架（Learning Community Framework）、效果评估工具包（Measuring Impact Toolkit）中专门予以罗列，

这些指南对地方政府制订学习型社区战略起到重要支持作用。[14][15]

3. 全球战略

联合国教科文组织《2030 年可持续发展议程》中罗列了 17 项可持续发展目标（SDG），提出要建立一个人人享有公平、包容和健康环境的世界。[16] 联合国教科文组织还提出，学习型城市概念是一种以人为中心、注重学习的方法，为应对在推进可持续发展方面的各种挑战提供了一个协作性、行动性的框架。[17]

为了将学习型社区建设与全球目标充分衔接，地方政府起到了关键桥梁作用。通过制订学习型城市建设计划，确保社区居民不断获得适应在学习型城市生活和工作的能力，包括识字和算术、专业和职业技能、社区参与和积极的公民身份，使城市和社区具有包容性、安全性、韧性和可持续性。[18]

温德姆市的学习型社区战略是基于对 17 个可持续发展目标的充分解读，通过考量终身学习和全方位学习在落实 17 个目标中的作用，最终确定将其中 4 个目标作为参照，分别是：SDG 3 人人享有良好健康和福祉、SDG 4 优质教育、SDG 5 两性平等、SDG 11 可持续城市和社区。

《2018—2023 年学习型社区战略》以“终身学习”为主线，指导社区社会、经济、环境和文化生活的方方面面。

（二）主要举措

1. 学习型社区战略总体历程

温德姆市的学习型社区战略由 WCC 牵头发起，承诺为所有居民提供平等和包容的学习机会，持续为后续战略的规划、参与和实施提供动力。从 2006 年首次提出学习型社区战略至今，已实施了两代战略（2014—2017 年，2018—2023 年）（见表 1），第三代战略（2024—2029 年）已经进入起草阶段。

表 1　温德姆市学习型社区战略主要历程

年份	主　要　内　容
2006 年	温德姆市首次提出制订学习型社区战略
2007 年	发布在线门户网站 The Loop

续　表

年份	主　要　内　容
2013 年	开展社区咨询，确定优先需求，制订下阶段学习型战略
2014 年	发布《2014—2017 年学习型社区战略》
2014—2017 年	实施《2014—2017 年学习型社区战略》
2018 年	开展《2014—2017 年学习型社区战略》评估和社区咨询，确定优先需求
	起草《2018—2023 年学习型社区战略》，由 WCC 发起倡议（advocacy）、引导（facilitation）、开发（exploration）、牵头（initiation）和服务（delivery）
2019 年	WCC 采纳通过《2018—2023 年学习型社区战略》
	实施《2018—2023 年学习型社区战略行动计划》，开展精准合作和伙伴合作
	持续通过在线工具 CIAT 评估合作伙伴
2020 年	发布 18 项关键行动
2040 年前	成为杰出终身学习型社区，持续在全球学习型城市网络发挥引领作用

2.《2018—2023 年学习型社区战略》行动计划

如表 1 所示，在《2014—2017 年学习型社区战略》的收尾阶段开展了评估和社区咨询，确定了优先级社区技能和能力需求（priority skills and capabilities），为制订《2018—2023 年学习型社区战略》奠定了基础，主要为 7 项技能：学习灵活度（learning agility）、识字、算术和语言（literacy, numeracy & language）、数字基础和新媒体（digital fundamentals and new media）、公民参与（civics learning & engagement）、跨文化学习（intercultural learning）、就业、职业和专业技能（employability，vocational & professional skills）、领导力、个人成长和文化表达（leadership, personal growth & cultural expression）。[19]

《2018—2023 年学习型社区战略》作为五年行动计划（见表 2），为应对当今世界日益复杂和不确定的环境，明确了以可持续社区终身教育提升创新、识变能力和社区韧性的要务，将主线定为“终身学习”。为了精准践行

“终身学习”，该战略还进一步界定了终身学习的各生命阶段（life stages）及其主要需求。同时，该战略细化了组织框架，强化了合作伙伴关系，并且更注重对于阶段成果的多维度衡量。

表 2 《2018—2023 年学习型社区战略》时间轴

时　间	主　要　任　务
第一阶段	
2023 年 1—3 月	《2018—2023 年学习型社区战略》评估和社区咨询
2023 年 3—4 月	**评估阶段：** 对社区反馈意见进行审议和研究，为制订新战略提供参考
第二阶段	
2023 年 5 月	为制订《2024—2029 年学习型社区战略（草案）》开展社区咨询
2023 年 5—6 月	**公众参与阶段：** 开放多场活动，公众参与建言献策
2023 年 6 月 23 日起	为制订《2024—2029 年学习型社区战略（草案）》开展社区咨询
第三阶段	
2023 年 10 月	《2024—2029 年学习型社区战略（草案）》公示
2023 年 11 月	《2024—2029 年学习型社区战略》定稿
2023 年 12 月	将《2024—2029 年学习型社区战略》定稿提交 WCC 审议

《2018—2023 年学习型社区战略》行动计划将资源进一步集中在系列战略行动当中，旨在形成中长期的变革影响，实现对全年龄段的辐射。该战略中明确了 18 项关键行动（见表 3），主要归纳为 4 个维度：节庆（celebrating）、倡议（advocating）、引导（facilitating）和创新（innovating）。在实施各项行动期间，WCC 发挥动态角色作用，依时依势调整其功能，分别为倡议（advocacy）、引导（facilitation）、开发（exploration）、牵头（initiation）和服务（delivery）。[20]

表 3 《2018—2023 年学习型社区战略》关键行动

战略维度	关键行动
节庆 举办节庆活动，庆祝表彰社区生活和学习成果	行动 1：温德姆读书节（Wyndham Learning Festival）
	行动 2：教育成果转化展示活动
倡议 提倡社区服务公平和质量	行动 3："全民学习"倡议活动（Learning for All）
引导 引导开展与各方合伙的合作	行动 4：教育圆桌会
	行动 5：与校长互动活动（Principals' Breakfast）
	行动 6：各年龄段过渡期最佳实践展示
	行动 7：通过"全民学习"推进包容和公平
	行动 8：加强扫盲和数字素养网络建设
	行动 9：以原住民文化创新学习方式
	行动 10：本地社区领导力培养计划
	行动 11：引入本地校友作为领导力项目导师
创新 创新学习模式	行动 12：参与全球治理，发挥领先作用 行动 13：温德姆论坛（Wyn Talks） 行动 14：创新创业赋能 行动 15：孵化空间（Future Space） 行动 16：社区"黑客马拉松"（community "Hackathons"） 行动 17：创新型学习项目 行动 18：公民学习和社会凝聚力提升

3.《2018—2023 年学习型社区战略》工作机制

为确保《2018—2023 年学习型社区战略》顺利达成目标，将学习效应辐射到整个社区，完善的工作机制至关重要，主要内容是：

（1）为社区家庭、工作场所、教育和服务机构提供信息互通的平台，包括：通讯报道、学习型社区官方网站、各类社交媒体活动、学校宣传、校长网络（Principal's Network）、各类社区组织等；

（2）在 WCC 和合作伙伴中选用一批“学习领航员”（Learning Navigators），负责组织专题研讨会，推广该战略及其各项行动；

（3）将学习型城市战略相关资料纳入社区学习中心（Community Learning Centre）资源库；

（4）与智慧城市建设办公室（Manager Smart Cities Office）合作，以智能化手段组织开展各类学习推广活动；

（5）为各项行动的实施主体建立沟通机制；

（6）每年生成一篇进展报告，在社区平台和教育圆桌会（Education Roundtable）发布；

（7）由指导委员会（Learning Community Steering Committee，简称 LSCS）负责监测行动进展，每年开展推广宣传活动。

（三）成果论证

1. 衡量学习参与情况

如前文所述，《2018—2023 年学习型社区战略》对标《愿景》目标，尤其是“学习和生活收入”（Learning and Earning）维度中的“确定共同愿景，通过伙伴关系的合作调动居民参与各类学习的积极性，以此推动社区的社会、经济、环境和文化生活发展”[21]。因此，需要各方合作伙伴间商定统一的衡量工具，建立基线（Baseline），在战略实施周期内持续收集和分析数据，推导出相关趋势。

关于学习参与情况的评估，主要通过几个途径：

（1）每年由 WCC 组织开展社区满意度调查（Annual Community Satisfaction Survey）；

（2）通过集体影响评估工具（Collective Impact Assessment Tool，简称 CIAT）[22]对合作伙伴开展评估；

（3）对各项关键行动（见表 3）的进展制订评估报告；

（4）对标联合国教育科文组织全球学习型城市网络框架，开展社区学习参与度衡量（participation measures）；

（5）由图书馆和政府其他部门提供公众参与非正式、正式学习的数据；

（6）内部数据：来自社区学习中心（Community Learning Centres）；

（7）外部数据：来自教育单位、培训机构、交通部门等。

项目实施过程中，由项目委员会、指导委员会共同负责监测《2018—2023 年学习型社区战略》相关成果，每年生成进展报告（Annual Statement of Progress and Achievement），提交 WCC 审议。

2. 关键行动进展监测

《2018—2023 年学习型社区战略》为每一项关键行动匹配了主要合作伙伴和相应举措，确保实现预期成果。每项行动均设有基线，用于指导项目进程，监测工作则以年度或者阶段形式开展。表 4 为关键行动衡量工具的选择提供了参考，实施主体可采用不超过 3 种工具衡量实施成果。

相比上一代战略，《2018—2023 年学习型社区战略》充分运用了物联网（Internet of Things）智能化和数字化技术，精准高效收集数据，扩大学习活动的辐射面。数据方面，该战略依然强调采集完整的定量数据（quantitative data），也支持使用定性数据（qualitative data）作为佐证。

表 4 《2018—2023 年学习型社区战略》关键行动衡量矩阵

衡量工具	衡量维度	适用的行动
智能化、数字化技术	参与度、满意度、融入度	行动 1、6、7、11、13、15、16、17、18
数字化应用程序—调查工具	参与度	行动 1、2、3、5、11、13、14、15、16、17、18
注册 / 应用程序	参与度 感兴趣程度、奖项含金量 举办活动数量和多样性	行动 1、2、4、11、13、14、15、16、17
案例分析	创新度、多样性、伙伴关系	行动 2、4、6、7、8、9、10、11、12、14、15、16
CIAT	多样性、合作伙伴对成果的影响力	行动 1、2、4、5、6、7、8、9、10、11、12、14、15、16
活动总结会（1 对 1 或小组形式）	参与度、多样性、合作伙伴对成果的影响力	行动 1、4、5、11、13、16
成果报告	实施进程与项目要求的一致性	行动 3、4、6、7、8、9、10、11、12、14、15、16、18
市议厅数据	因地制宜的人口需求	行动 6、7、9

三、温德姆市学习型社区战略的实践特色

（一）多方参与，各显其能

温德姆市为了确保学习型社区战略的可持续性，立足本地优势、根据自身特色，确立了管理组织架构（见图 1）。组织架构主体由学习型城市项目委员会（LCPC）、指导委员会（LSCS）、社区主要部门、官方合作伙伴共同组成，图书馆（Manager Libraries & Community Learning）、协调工作办公室（Coordinator Learning Community）等负责主体推进《2018—2023 年学习型社区战略》。

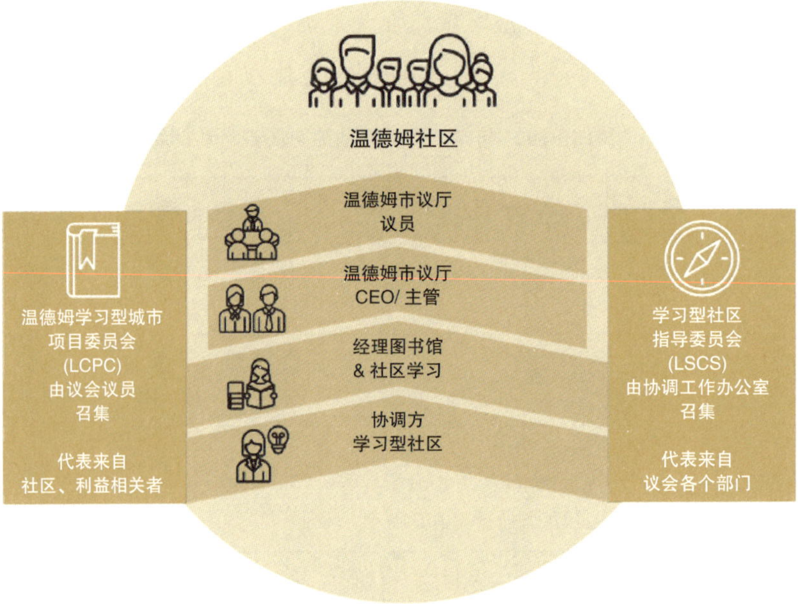

图 1 《2018—2023 年学习型社区战略》管理组织架构

1. 项目委员会

WCC 共配有 12 个项目委员会，主要作为顾问角色就一系列战略和政策向 WCC 提供建议，在关键阶段参与咨询和指导，各项行动的实施时间表和交付状态会以年度简报（annual snapshot）的形式提交至项目委员会。项目委员会每年召开四次会议，由一名议员担任主席，成员具有多元背景，其中包括在城市规划和终身教育方面拥有丰富知识和经验的居民。

联合国教科文组织在《主要特征》[23]中提出，政治意愿在推动学习型城市议程方面至关重要。温德姆市专门设立温德姆学习型城市项目委员会（Wyndham Learning City Portfolio Committee），并将其纳入整个项目委员会架构之中，凸显了《2018—2023年学习型社区战略》对温德姆市未来发展战略的重要意义。

2. 指导委员会

指导委员会的宗旨是确保《2018—2023年学习型社区战略》全程有序推进。指导委员会每年召开四次会议，研究预算使用和项目进展情况，频率与项目委员会会议保持一致。指导委员会主要在资源分配、伙伴合作、议会部门间协作和战略举措方面提供指导。指导委员会成员由议会代表组成，由协调工作办公室牵头召集。

3. 温德姆社区

温德姆社区主要从以下三个方面掌握并参与《2018—2023年学习型社区战略》实施进程：对本社区议员的问责；年度社区论坛、教育圆桌会（Education Roundtable）、数字化平台（如播客、The Loop等）、地区顾问委员会、青年服务论坛等；学习型社区群众倡议中收集的反馈。

4. 其他合作伙伴

如前文所述，《2018—2023年学习型社区战略》注重强有力的跨部门合作和伙伴关系。WCC针对具体项目专门制订了谅解备忘录，确保各方合作伙伴协同推进关键行动的实施。此外，还制订了评估框架，作为考评跨部门伙伴关系效能的参考。[24]

《2018—2023年学习型社区战略》还承诺建立完善的合作网络系统，为学习型社区建设各项举措提供必要的投入，同时开展相应的监督。

（二）践行终身学习理念

1. 聚焦生命全程需求

《2018—2023年学习型社区战略》的主线为“终身学习”，旨在确保每个生命阶段的优先需求得到关注和保障。《2018—2023年学习型社区战略》对各生命阶段做出了明确界定，分为“学龄前”（early years）、“学龄期”（school years）、“青年”（youth）、“成年”（adults）和“老年”（seniors），形成了生命全程分类框架（life stage framework）。[25]。对年龄段的界定体现了学习型社区战略与现行政策保持高度一致，同样有利于精准获得相关数据，确保终身教育实践的长期效果。

2. 容纳多样化群体

温德姆市人口逐年快速增长，其中多元文化和语言背景（CALD）群体比例较大，包括：印度裔、华裔等外国裔居民、通过人道主义签证（humanitarian visa）入境的难民，以及原住民和托雷斯海峡岛民（Aboriginal and Torres Strait Islander）等。《2018—2023 年学习型社区战略》强调，要建立真正以学习者为中心的终身学习体系，容纳被传统学习模式边缘化的群体、CALD 背景群体、澳大利亚新移民以及全年龄段人群，确保所有居民都能充分了解本地社区教育体系的发展、政策实施的过程以及可供其参考的实践做法。为此，政府为不同文化背景的群体提供了丰富的机会，以新型方式学习、工作和生活。

3. 因地制宜优化举措

随着温德姆市的持续快速发展，当地社区的学习需求将不断发生变化。《2018—2023 年学习型社区战略》充分意识到了掌握这些动态的重要性，明确了相应举措。根据行动计划，WCC 将与合作伙伴和其他利益攸关方（如州政府和联邦政府）开展合作，确保本地学习资源的可及性，并随时进行优化，及时提炼最佳实践做法，以应对新的挑战和机遇。

该战略还将进一步提升社区图书馆的能级，支持其与当地社区学习中心和教育机构密切合作，与社区综合学习中心功能整合，有效应对新的发展机遇。

（三）可借鉴案例

1. 社区、全球读书节：打造终身学习品牌项目

温德姆市议会 WCC 和教育部门 CEC 在建设学习型社区工作中建立了良好的战略合作伙伴关系，自 2016 年起每年合作举办“温德姆读书节”（Wyndham’s Learning Festival）。每年读书节筹备期间，由 WCC、CEC 以及社区代表组成工作专班，支持学习节项目的策划、实施和评估，WCC 学习型社区协调工作办公室和 CEC 教育项目协调工作办公室共同负责执行。“温德姆读书节”每年参加人数逾 5 000 人，形成了全年龄段、全方位参与学习的格局。

温德姆除了每年举办本社区的读书节外，还与澳大利亚梅尔顿市[26]合

作举办“全球读书节”（Global Learning Festival），并成功与其他五个地方政府合作举办了就业主题的学习节（ Learning for Earning Festival），旨在帮助社区居民获得就业所需的知识，为当地的经济社会发展做出贡献。

2. 一体化教育：推进区域统筹发展

为了增强学习型社区的辐射效应，温德姆市一直致力于推进跨区域一体化发展。例如，WCC 与维多利亚州政府合作，为特鲁加尼纳（Truganina，墨尔本大都市区附近的郊区）谋划建立全新的综合型教育社区，制订了总规划以及详细的基础设施和服务计划。该项目将为其他地区开展社区一体化建设工作提供可复制、可学习的样板。

3. 学校—家庭互动：家—校—社协同推进终身教育

案例 1：温德姆花园小学（WPPS）积极动员家长和学生共同参与教育工作，形成了 WPPS 学习模式：学校通过社区学习中心，组织家长和学生共同参与学习活动；与餐吧等社区场地合作，为学生提供学习场所和必要的资源。

案例 2：格兰奇学校（Grange P-12 School）则致力于将社区带进学校：学校的教学资源向本社区所有的家庭和社会团体开放，家庭成员可参与各类课程的学习。

4. 特殊群体参与终身学习：打造多种学习路径

如前文所述，“学习和生活收入”是《2018—2023 年学习型社区战略》一项重要指标，对于难民等特殊群体尤甚。在 CEC 的运作下，政府在社区内开设多种面向此类群体的课程（如计算机、酒店管理、食品搬运、英语等）；此外，还通过当地学校开展家庭学习伙伴关系（Family Learning Partnership）行动，支持这些难民习得技能，获得就业机会。

此外，温德姆市开设多年的 VCAL（The Victorian Certificate of Applied Learning，维多利亚州应用高中教育证书）课程为高中学段（11—12 年级）的青少年提供了更多选择，尤其是出于不利因素与传统教育脱节的青少年群体。VCAL 课程专注于培养每位青少年的自尊和信心，帮助他们发展语言、识字、算术和数字技能，从而顺利完成高中学业，迈入下一阶段的学习和工作。

四、温德姆市学习型社区战略的启示

近年来，我国学习型社会建设成效显著，全民学习、终身学习成为人们的共识。我国的学习型城市建设走在了世界前列，北京、上海、杭州、成都4个城市获联合国教科文组织学习型城市奖，多个城市加入全球学习型城市网络。澳大利亚温德姆市同样是全球学习型城市建设的先驱、全球学习型城市网络的引领者，其实践经验对我国各大城市推进学习型城市建设具有重要借鉴意义。

1. 注重多维度架构

温德姆学习型社区战略的组织架构中，由市议会负责牵头，由各条线项目委员会分工合作、协同推进，强调与社会各方的伙伴关系，体现出了纵横贯通的立体互动模式。通过温德姆市的案例可以看到，学习型社区建设需有高效的协调机制和管理机构，以及多元的实施主体。

对我国学习型城市而言，可以在组织框架中进一步细化专设委员会的职能，基于本地实际制订学习型社区宏观—中观—微观层面的目标愿景，谋划具体发展路径并有序推动落实，开创城市特有的建设之路。此外，要动员更多社会力量加入学习型社区建设，盘活与社区教育有关的资源，保障社区居民参与学习的便利性和可及性。

2. 覆盖多样化群体

温德姆市立足本社区的人口特征，开放多样化的学习机会，并且将来自多样文化背景群体所急需的“识字、算术和语言”“跨文化学习”等确定为优先技能。为给予这类群体充分的尊重，温德姆市在学习型社区战略的开发、实施、评估过程中都确保实施进展的公开性。温德姆市还通过开放多种线上、线下平台，确保居民及时了解项目实施进展，鼓励其参与建言献策。同时，为应对本社区不断增长和日益多样化人口带来的风险和机遇，因地制宜构建灵活的学习资源，直接面向本社区居民开放。

对我国城市而言，在学习型城市建设中，要确保学习机会覆盖到每位公民，同时也要赋予每位学习者自主参与的权利。可以通过教育培训机构、企事业单位以及新型媒介提供形式多样的选择，确保各阶层、各年龄段和各种收入水平的人群都能行使教育这项基本权利。此外，还要充分调动居民参与学习的积极性，通过非政府渠道（尤其是社会组织、公益组织等）扩大学习活动的辐射圈，激发人人参与学习型城市建设的热情和意愿。

3. 凸显可持续发展

温德姆市的学习型社区战略对标对齐联合国可持续发展目标，在战略制订中将可持续发展理念贯穿始终。例如：开发以创新为驱动的专项行动，为社区居民提供积极参与全球治理的平台；对标联合国教科文组织可持续发展议程目标，将社区学习参与度作为重要衡量指标，为学习型社区战略的推进提供重要参考。战略的内在逻辑也体现了可持续性，比如：专门设置项目委员会，以确保各项行动的持续推进；根据项目的自然周期开展定期评估，以保障项目的有机运行。

我国的学习型城市建设均由政府主导，通过自上而下的路径带动其他社会组织力量整体推进。在此情形下，需要通过政府的外部推动进一步激活内在动力，确保学习型城市建设的高效可持续发展。以温德姆模式为借鉴，需将终身学习真正纳入政府的发展战略，通过政府主导，开展实践调研以了解国内学习型城市建设现状，并根据实际发展需求，开展课题研究，制订战略计划、政策文件、法律法规等，确保学习型城市建设走深走实。

参考文献：

[1][3][14] Wheeler L, Wong S, Farrell J, et al. Learning as a driver for change. Australian Centre of Excellence for local government. University of Technology, Sydney [EB/OL]. (2013). https://opus.lib.uts.edu.au/handle/10453/42056.

[2] Wheeler L, Tabbagh D. Wyndham city: a tale of steady progress towards a sustainable learning community [J]. Australian Journal of Adult Learning, 2020(60): 492-514.

[4][23] UNESCO UIL. Key features of learning cities [EB/OL]. (2013). http://uil.unesco.org/lifelong-learning/learning-cities/key-features-learning-cities.

[5] Wheeler L, Wong S, Blunden P. Learning community framework and measuring impact toolkit. volume 1. Australian Centre of Excellence for local government, University of Technology, Sydney [EB/OL]. (2014). https://opus.lib.uts.edu.au/handle/10453/42098.

[6] UNESCO UIL. Guidelines for building learning cities [EB/OL]. (2015). http://uil.unesco.org/lifelong-learning/learning-cities/guidelines-building-learning-cities.

[7] UNESCO UIL. UNESCO global network of learning cities guiding documents [EB/OL]. (2015a). https://uil.unesco.org/lifelong-learning/learning-cities/unesco-global-network-learning-cities-guiding-document.

[8][10][18][19][20] Wyndham City Council. Wyndham learning community strategy. 2018-2023 [EB/OL]. (2018). https://www. wyndham.vic.gov.au/learning-community-strategy-2018-2023.

[9] Wyndham City Council. Research and statistics: a snapshot of Wyndham. Australian bureau of statistics: 2016 census [EB/OL]. (2016). https://www.wyndham.vic.gov.au/

about-council/wyndham-community/research-and-statistics.

[11] [21] Wyndham City Council. Wyndham 2040 community vision [EB/OL]. (2016). https://www.wyndham.vic.gov.au/about-council/your-council/plans-policies-strategies/wyndham-2040.

[12] Wyndham City Council. Wyndham City Plan 2017–2021 [EB/OL]. (2017). https://www.wyndham.vic.gov.au/sites/default/files/2017-08/Wyndham%20City%20Plan%20 2017-21%20LR.pdf.

[13] Adult Learning Australia. Lifelong learning for a fairer Australia [EB/OL]. [2018–06–16]. https://ala.asn.au/policy-representation/policy/.

[15] [24] Wheeler L, Wong S, Blunden P. Learning community framework and measuring impact toolkit. volume 2 [R]. Australian Centre of Excellence for local government, University of Technology, Sydney, 2014.

[16] UNESCO Institute for Lifelong Learning. Learning cities and the SDGs: a guide to action [R]. Hamburg : UIL, 2017.

[17] Wyndham City Council. What is a smart city [EB/OL]. [2018–07–06]. https://www.wyndham.vic.gov.au/what-smart-city.

[22] Wheeler L, Wong S., Blunden P. Measuring impact toolkit. learning community framework volume 1. Australian Centre of Excellence for local government (ACELG) [R]. University of Technology, Sydney, 2014.

[25] Mintz S, Moore J, Moore R. Life Stages. American Cultures Program, University of Houston [EB/OL]. [2018–07–25]. http://www.usu.edu/anthro/childhoodconference/reading%20material/life_stages.doc.

[26] UNESCO. UNESCO Learning City Award goes to ten cities with outstanding achievements in lifelong learning [EB/OL]. [2021–11–03]. https://www.unesco.org/en/articles/unesco-learning-city-award-goes-ten-cities-outstanding-achievements-lifelong-learning.

英国格拉斯哥社区学习与发展及启示

刘爱霞　章　艳*

摘　要：通过社区教育活动的开展，实现社区的和谐发展，进而实现城市的可持续发展，对于学习型社会建设具有重要的现实意义。他山之石，可以攻玉，其他国家的城市在推进社区教育与社区学习中的一些成功的经验、措施，对我们推进社区教育工作有重要的借鉴意义。本文通过阐述英国格拉斯哥社区学习与发展的背景、格拉斯哥社区学习与发展的主题与内容，进而分析英国格拉斯哥社区学习与发展对我国城市社区教育高质量发展的启示。

关键词：格拉斯哥；社区学习与发展；数字技能

社区教育的高质量发展，对于终身教育、终身学习、学习型社会建设具有重要的意义。我国的社区教育，近几年得到了较快发展，及时吸收借鉴别的国家或者城市社区教育方面典型的案例与做法，能更好地促进我国社区教育的快速发展。格拉斯哥是英国著名的城市，与联合国教科文组织有密切的联系，在社区学习与发展方面有很多有效的措施，对我国城市社区教育的发展有重要启示。

一、英国格拉斯哥简介

格拉斯哥位于苏格兰中西部，占据了克莱德河下游的大部分地区，距离克莱德河西部的河口 20 英里，面积 67.76 平方英里。2020 年统计人口为 635 640 人，是苏格兰最大的城市，英国第三大城市。

---

* 作者简介：刘爱霞，上海市金山区社区学院，社区教育部副主任；章艳，上海市金山区枫泾镇社区学校，常务副校长。

格拉斯哥是一座历史悠久的城市，经济包括传统的重型工程、先进工程和制造、航空航天技术和开发（特别是卫星的生产）、信息和通信技术、软件工程以及可再生能源和低碳创新。制造业曾是该城市的中心产业，克莱德河畔的造船业更是重中之重。格拉斯哥仅次于伯明翰和利兹，是英国第三大制造业城市，同时是重要的全球金融和商业中心。

格拉斯哥是 2021 年欧洲杯足球赛的举办城市之一，有格拉斯哥流浪者和凯尔特人两支劲旅，被评为欧洲体育之都，世界第五大体育城市之一。2021 年 11 月 1 日—13 日，第 26 届联合国气候变化大会在这里召开。格拉斯哥也被评为世界上最友好的城市之一，是艺术、文化和独特的凯尔特魅力的时尚结合。格拉斯哥 2019 年加入联合国教科文组织全球学习型城市网络，成为联合国教科文组织全球学习型城市网络会员。

二、格拉斯哥社区学习与发展的含义及背景

（一）社区学习与发展的含义

格拉斯哥 2013 年 9 月 1 日执行的《2013 年社区学习与发展要求（苏格拉）条例》，制定并有效实施了《社区学习与发展》三年计划。该条例将社区学习与发展定义为“与个人和团体一起设计的学习方案和活动，以促进这些团体的教育和社会发展”。[1] 将社区学习和发展组织凝聚在一起，共同努力确保提供一系列可访问的高质量的学习，这对个人、家庭和人们的工作生活都会产生真正重要的影响。

第一个三年计划是《格拉斯哥社区学习和发展 2015—2018》，最新的三年计划是 2021 年制订的《格拉斯哥社区学习与发展计划（2021—2024）》，该计划由格拉斯哥大学社区学习与发展中心（GCLDSP）制定，由致力于城市社区学习与发展的众多合作伙伴组成。

格拉斯哥所有的学习伙伴将促进和坚持英国的社区学习与发展的价值观：自决（尊重个人，重视人们做出自己选择的权利）、包容（重视机会和结果的平等，挑战歧视性做法）、赋权（提高个人和群体通过个人和集体行动影响他人及社区问题的能力）、协作性工作（在众多机构之间，最大限度地建立协作性工作关系，包括参与者、学习者和社区的协作）。计划提出：“所有格拉斯哥市民都应该有机会学习、发展和参与他们的社区建设，为一

个繁荣的城市做出贡献。我们会提供社区服务机会，提升市民的信心、自尊和福祉。”[2]

（二）格拉斯哥城市社区学习与发展的背景

1. 格拉斯哥城市发展的愿景

格拉斯哥是英国历史悠久的城市，20 世纪 80 年代起，迅速发展成为英国著名的世界级城市。《格拉斯哥社区计划》指出，格拉斯哥社区学习与发展愿景是“让格拉斯哥成为一个世界级的城市，拥有繁荣和富有弹性的社区，每个人都能发展，并受益于城市的成功”[3]，强调经济增长、有弹性的社区，一个更加公平平等的格拉斯哥，重点发展领域是交通运输和儿童保育。《格拉斯哥社区学习与发展计划（2021—2024）》指出，格拉斯哥将通过高质量和有针对性的社区学习与发展来实现城市发展目标，这将改变市民的生活，促进城市的繁荣和福祉。社区发展通过减少孤立、贫困和不利条件以及强调自尊、技能和抱负，使城市成为一个更适合学习、工作和生活的地方。

2. 格拉斯哥城市发展面临的挑战

作为苏格兰最多元化的城市，格拉斯哥城市发展的同时，也存在一些亟须解决的社会问题。根据 2021 年的最新统计：格拉斯哥是苏格兰种族最多样化的城市，人口在 2015—2019 年增长 4%，比全国人口增长率高 3%。增长来自工作年龄人口（移民）。格拉斯哥仍然是苏格兰最贫困的地方之一，44% 的人口居住在这个国家最贫困的地区。32% 的格拉斯哥儿童生活在贫困中，比 2015 年增加了 5%，比全国水平增加了 8%。格拉斯哥 16～64 岁人口比例高于苏格兰其他地区（分别是 71% 和 64%），但从事经济活动的人口比例却低于其他地区（73%，77%），格拉斯哥 24% 的家庭没有工作，比苏格兰高出 6%。到 2021 年 7 月，格拉斯哥失业率增至 4.8%。另外受新冠疫情影响，人们对新冠疫情和潜在经济影响的焦虑和担忧程度很高，48% 的成人表示，他们的福祉受到了影响。

识字和算术技能对于自信的市民来说是至关重要的，他们可以为城市的成功做出贡献。研究发现，在城市的八个热点地区，人们更有可能在阅读、写作和使用数字方面有困难。有读写问题的儿童、青年和成年人在学业和就业方面处于不利地位。

3. 社区学习与发展在格拉斯哥应对挑战中的作用

社区学习与发展使格拉斯哥的社区找到应对挑战的方法。这种方法就是基于与社区合作，帮助人们识别和理解影响他们的问题，并共同制订解决方案。从根本上说，这一方法是赋予社区更多的发言权和对当地资产和服务的所有权。这被称为合作制，是一种应用社区学习与发展价值观和实践的方法。需要将这一做法融入社区结构和各机构的文化，以确保格拉斯哥处于有利的地位，迎接根深蒂固的贫困和不平等、技术变革和人口变化以及大流行病造成的巨大挑战。格拉斯哥社区学习与发展的目标是在学习中提升品质、理解力和创造力。例如，帮助人们发展新技能，建立信心，重新回到日常工作或志愿活动中。帮助孩子获得成功并茁壮成长，帮助年轻人和成年人获得工作技能，帮助家庭共同学习。社区学习与发展，确保格拉斯哥城市建设获得越来越多有文化、安全、健康和活跃的社区，使格拉斯哥继续蓬勃发展。

三、格拉斯哥社区学习与发展的主题与内容

格拉斯哥的社区学习与发展，主要涉及格拉斯哥社区学习与发展（CLD）战略合作伙伴、基于社区的成人学习、社区发展、数字技能、儿童与家庭、与年轻人一起工作、学习者承诺以及学习提供者承诺八个方面的主题。接下来本部分将选取特色明显的格拉斯哥社区学习与发展战略合作伙伴、基于社区的成人学习、数字技能、与年轻人一起工作等四个方面进行详细阐述。

（一）格拉斯哥社区学习与发展战略合作伙伴

格拉斯哥社区学习与发展战略伙伴关系（称为 GCLDSP），是负责制定该市社区学习与发展计划并确保其实施的多机构小组。非营利组织“格拉斯哥生活”（Glasgow Life）是指定的牵头组织，并担任 GCLDSP 的主席。

GCLDSP 受益于广泛的战略合作伙伴，他们致力于在该市发展高质量的社区学习与发展，包括：“格拉斯哥生活”、格拉斯哥市议会（社区规划，包括社区司、教育和社会工作）、格拉斯哥市议会志愿部门、格拉斯哥学院、格拉斯哥市健康和社会关怀伙伴关系、格拉斯哥住房协会、格拉斯哥就业和商业、苏格兰技能发展、惠特利集团、格拉斯哥志愿者和工人教育协会。

GCLDSP 制定了关于社区学习与发展结果的既定职权范围，并每季度召开一次会议，以监督城市跨部门和合作伙伴的社区学习与发展规划和发展。

（二）基于社区的成人学习

基于社区的成人学习组织提供一系列计划，包括阅读、写作、拼写和数字、英语语言（ESOL）等方面。成年人以小组形式聚集在一起，在训练有素的导师的支持下，在终身学习之旅中继续前进。其中英语语言（ESOL）学习主要包括四个方面：ESOL 评估和建议会议、ESOL 社区课程、ESOL 课程和咖啡馆、ESOL 学院和大学课程。基于社区的成人学习的具体项目说明及内容如表 1 所示。

表 1　基于社区的成人学习项目情况

项目名称	说　明	内　容
英语语言课程（ESOL）	16 岁及以上以英语为第二语言并有兴趣提高英语阅读、写作、口语和听力水平的人	ESOL 评估和建议会议、ESOL 社区课程、ESOL 课程和咖啡馆、ESOL 学院和大学课程
成人学习与计算（ALN）	适用于 16 岁及以上，在格拉斯哥生活、工作或学习并希望获得阅读、写作、拼写或数字方面帮助的任何人	填写表格、帮助孩子做家庭作业、理解账单和银行对账单、工作技能、了解信息以打开新机遇之门等
其他社区学习	社区项目，其他组织在全市各场所提供的一系列学习课程，反映社区需求和个人兴趣	促进健康和福祉，例如放松、健康烹饪、痴呆症训练、积极的心理健康；培养就业技能；支持文化参与和创造力，例如基于博物馆的计划、工艺班、音乐工作坊等
奖项和认证	许多参与社区学习的成年人都重视获得奖项或资格。提供者通常会灵活地支持成年人证明他们的学习并给予奖励	支持成人学习者获得基于社区的职业认可、信用评级和证书学习计划，包括社区成就奖、成人成就奖、SQA（Scottish Qualifications Authority）和其他的资格证书。SQA 是苏格兰的资格认证机构
成人学习结构网络	伙伴关系工作是确保格拉斯哥社区成年人获得支持以实现其目标和愿望的终身学习的关键	在该市的三个社区规划区域（东北、西北和南部）建立了本地学习伙伴关系。这些团体每季度举行一次会议，反映与城市社区学习和发展计划相一致的当地优先事项

（三）数字技能

格拉斯哥《社区学习与发展计划（2021—2024）》指出，一个关键任务是支持人们访问和使用数字设备，在当今日益数字化的社会中，每个格拉斯哥市民都需要掌握基本的数字技能，获得免费或低成本的互联网接入。新冠疫情表明，数字参与还可以消除孤独和孤立，帮助人们与家人和其他支持网络保持联系，并帮助社区团结起来，形成社会凝聚力，发出自己的声音。

1. 发布实施《数字格拉斯哥战略》

格拉斯哥非常重视数字技能的运用，2018 年 10 月发布了《数字格拉斯哥战略》，目标之一就是让所有的行业、企业认识到数字提供的潜力，以刺激创新。达成目标的措施之一是数字包容与参与，“以联合的方式帮助居民利用技术参与社会、经济和公民生活”。[4]《数字格拉斯哥战略》主要有 8 方面的内容（见图 1）。

图 1 《数字格拉斯哥战略》的目录截图

《数字格拉斯哥战略》的愿景是：一个拥有蓬勃发展的数字经济和社区的世界级城市，在这里，每个人都可以蓬勃发展，并从最好的数字连接和技能中受益，在这里，技术被用来提高每个人的生活质量，推动企业创新和服务设计，改善城市和社区。其中格拉斯哥数字社区的目标是市民的参与和授权。希望通过更好地获取信息和使用数字技术来增加公民参与、从而赋予社区权利。

2020 年 11 月，格拉斯哥发布《数字格拉斯哥：2020 年回顾》，回顾数字格拉斯哥 2018 年以来的成就、挑战与后续步骤，同时概述了新冠疫情对战略实施的影响。后续措施包括数字社区赋权、数字包容与参与等。数字格拉斯哥包括一系列与社区赋权有关的行动，旨在支持理事会“一个倾听和回应的治理良好的城市”战略计划的良好成果：理事会的决策公开透明；市民更多地参与到当地和全市的决策中；听取公民的意见并做出回应；在决策时考虑到平等和贫困问题的影响。

2. 格拉斯哥数字技能项目及课程

格拉斯哥社区学习与发展的数字技能强调在一系列平台上开发数字学习机会，以确保人们有信心访问、使用和受益于数字世界提供的优势和机会。有针对性地提供服务，以确保我们接触到那些面临劣势和需要帮助的人，支持使格拉斯哥成为一个更公平、更平等的生活、学习和工作场所，具体项目及系列课程如表 2 所示。

表 2　数字技能项目及系列课程情况

名称	说　明	系　列　课　程
计算机课程	人们将与合作伙伴组织一起获得免费、支持和认可的学习机会	入门课程、iPad/ 平板设备简介、欧洲计算机驾驶执照（ECDL）考试等。开始使用计算机（开始使用计算机、开始使用 Word、开始使用互联网、开始使用媒体购物、开始使用电子邮件）。关于工作的计算机课程［鼠标 / 键盘 /Word（求职信）、电子邮件、创建简历、求职］iPad/ 平板设备简介课程、电子数据中心、文字处理课程、电子表格制作等
格拉斯哥代码学习	是一系列经过认证的免费数字技能课程，人员将通过社区图书馆网络从 Digi-PALS 获得免费的一对一数字帮助和支持	分三个级别：① 当今工作场所的基本数字技能；② 创建网站和图形的基础知识；③ 软件开发和网络安全课程。Pro 是顶级水平，提供为期 12 周的免费课程，专为那些想要从事数字技术职业的人而设计。完成 Pro，将获得 SCQF 7 级的 SQA 专业发展奖（PDA）。主要学习软件开发和网络弹性（进一步培训提示，工作申请支持）
数码伙伴	人们将可以接触到一系列合作伙伴	在选定的图书馆和一些社区中心提供免费且保密的建议和支持

（四）青年工作

青年工作是一种有助于青年人学习和发展的教育实践。青年工作发生在各种环境中，包括社区场所、学校、青年咖啡馆和街头，同时使用多种方法，如户外活动、戏剧工作坊、健康倡议、同伴教育以及与年轻人交往。青年工作的目的，具体如下：建立自尊和自信；培养管理个人和社会关系的能力；培养学习和发展新技能；营造积极的团体氛围培养年轻人考虑风险、做出合理决策的能力；发展“世界观”，拓宽视野并吸引社会承诺。

格拉斯哥社区学习与发展和青年人一起工作的项目比较丰富，包括家庭活动预算、青年资源、青年之声、南方青年伙伴关系等众多内容，比较重要的项目说明及活动内容如表 3 所示。

表 3　与青年人一起工作项目说明及活动

项目名称	说　明	活　动
青年结构与网络	格拉斯哥青年工作伙伴关系（GYWP）在与全市合作伙伴协商后于 2015 年 7 月成立。GYWP 有 65 名个人成员，代表 30 个国家、城市和地方的青年组织	会议由格拉斯哥人寿主持，会议于 4 月、6 月和 11 月举行。 目的是通过分享实践、传播信息、劳动力发展和协作工作，共同努力提高格拉斯哥年轻人的就业率，以确保整个城市的凝聚力
格拉斯哥东北战略青年联盟	每季度召开一次会议，为格拉斯哥东北地区的青年组织提供战略发展方向，为年轻人提供好的生活机会和技能	交流信息和实践； 了解有关融资机会的更多信息； 根据与其他从业者建立的关系，发展新的合作伙伴关系
家庭活动预算（FAB）	一项新举措，旨在鼓励和支持有经验的年轻人参与当地的艺术、体育和文化活动，帮助他们释放潜力	FAB 基金将为有护理经验的年轻人支付艺术、体育和文化活动的费用。此举有利于减免年轻人参与的费用、获得收集奖励积分的机会、获得成就和认可的机会等
政策和策略	成为青年工作部门的集体代言人，并向政府和其他利益相关者提出青年工作部门的政策、实践需求以及利益	就青年工作部门感兴趣的关键主题定期发布政策简报，包括国家绩效框架、国家青年工作战略、格拉斯哥经济战略等

续 表

项目名称	说　明	活　动
青年之声	青年之声包括公民身份、参与民主活动，并将包括格拉斯哥青年委员会、苏格兰青年议会、社区预算和所有支持机制，以赋予年轻人参与他们的俱乐部、学校和社区的能力	格拉斯哥青年委员会是“格拉斯哥生活”直接支持的青年领导组织。任何在格拉斯哥生活、学习或工作的12～25岁的年轻人均可申请获得其会员资格

格拉斯哥社区学习与发展还包括社区发展，“社区发展是支持人们参与他们的社区事务、志愿服务并参与影响他们和他们所居住地区的决策”。[①]《社区赋权法》意味着每个人都有权对影响其社区的决定以及他们从公共机构获得的服务发表意见。社区发展通过社区资产转移、弹性社区、社区规划伙伴关系、志愿服务、社区捐赠等活动运行。格拉斯哥社区学习与发展还包括对学习者的学习承诺，即学习提供者及学习合作伙伴承诺在社区学习与发展价值观范围内促进和实践自觉、包容、赋权、协作等内容。

四、格拉斯哥社区学习与发展的启示

英国格拉斯哥从基于社区的成人学习、数字技能等八个方面开展社区学习与发展，真正改变个人、家庭和人们的工作生活，进而助力城市繁荣发展。格拉斯哥社区学习与发展的系列举措值得我国城市在发展社区教育的过程中进行借鉴。

（一）社区学习与发展助力城市发展

格拉斯哥社区学习与发展的具体内容根据该市社区学习与发展的三年行动计划设定。而三年计划的优先事项与格拉斯哥城市计划的经济增长、弹性社区和更公平、更平等的格拉斯哥的优先事项保持一致。社区学习与发展三年行动计划的支持材料包括《治理声明》《社区学习与发展的法定要求》等八个文件。通过社区学习与发展的系列活动解决社区与城市发展中的系列问

① https://www.glasgowlife.org.uk/glasgows-learning/community-development.

题，助力格拉斯哥城市的繁荣发展。城市是由一个个社区组成的，有了每个社区的学习与发展，才有整个城市的发展。因此，我们可以借鉴格拉斯哥市将城市的发展计划落实到社区，通过社区学习与发展的系列措施与活动，实现城市高质量发展的经验。

《上海市国民经济和社会发展第十四个五年规划和二〇三五年远景目标纲要》指出：到 2035 年，基本建成具有世界影响力的社会主义现代化国际大都市。展望 2035 年，“人人都有人生出彩机会、人人都能有序参与治理、人人都能享有品质生活、人人都能切实感受温度、人人都能拥有归属认同”的美好愿景将成为这座城市的生动图景。人民城市人民建，美好生活的实现需要居民的努力，这离不开居民素质的提升，社区学习与发展，助力居民素质与能力的提升，进而有利于居民更好地享受自己的权利，为城市发展贡献自己的力量。

（二）学习与生活融为一体

通过学习，能更好地生活。格拉斯哥城市的社区网站名称是“格拉斯哥的学习—格拉斯哥的生活”（Glasgow’s Learning—Glasgow Life）。格拉斯哥社区学习与发展，将学习与生活融为一体，通过学习，民众可以理解账单和对账单，健康烹饪，享受音乐工作坊，使用互联网购物，学习年轻人的艺术、体育、文化活动等课程，这些都与生活密切相关。正如“格拉斯哥的学习—格拉斯哥的生活”官网上指出的：“通过高质量的社区学习与发展，从而真正改变个人、家庭和人们的工作生活”。①

我们在开展社区教育的过程中，要注意学习也包括校外课程，“生活本身就应该看作终身教育的一个重要组成部分”[5]，要将社区教育与学习者的生活、工作融为一体。社区课程的设计要更加生活化，例如学生作业的辅导、烹饪、音乐、家庭教育等，都可以成为社区课程的一部分，通过学习，更好地生活，生活得更加和谐幸福。

（三）数字赋能社区学习与发展

数字革命（有时被称为“第四次工业革命”）的规模将是我们以前从未

① https://www.glasgowlife.org.uk/glasgows-learning.

经历过的，现实世界和数字世界正越来越紧密地联系在一起，并成为日常生活的核心。数字格拉斯哥战略提出了格拉斯哥应对数字时代的挑战和计划。通过数字技能项目中的一系列课程，促进居民数字技能与就业、数字包容与参与、数字化学习与教学、数字规划、数字社区赋权等方面能力的提高，进而拓宽公民获取信息的途径，提高透明度，更好地参与社区学习与发展。同时，数字技能的提升能更多地获得准确和可信的信息，对人们产生赋权效应，并为社区赋权提供新的机会。

格拉斯哥社区学习与发展的数字技能包括具体项目与一系列分层分类实施的与学习者的工作生活密切结合的系列数字课程。党的二十大报告指出“加快建设数字中国”，数字中国的建设需要社区教育的推进，需要提高社区居民的数字意识与数字技能。2021 年 11 月 10 日，上海市教委发布《上海市教育数字化转型实施方案（2021—2023）》，在上海全面推进城市数字化转型的背景下，将数字化转型作为推进教育现代化建设与高质量发展的重要引擎和关键特征。到 2023 年，将上海建设成为全国教育数字化转型标杆城市。《数字格拉斯哥战略》的落实，以及格拉斯哥社区学习与发展数字技能项目与学习课程，可以为上海教育数字化转型提供借鉴，尤其是为终身教育社区教育领域的老年人数字技能的提高以及数字技能项目的设置与课程的开发提供参考。我们应该分层分类设置计算机知识以及数字技能知识课程，做到课程内容对居民的日常工作生活有帮助，让居民通过学习获得的技能，能更好地运用到日常的数字社会中，提高自己的工作能力与生活满意度。

（四）年轻人参与社区学习与发展

社区教育作为“一种为了满足社区发展需求和个体终身学习需要，基于社区参与和公民精神，通过整合利用社区各种资源而进行的教育活动”[6]，近年来，获得了蓬勃发展，对于提高市民素质，建设“人人、时时、处处”的学习型社会起到了重要作用。但是，社区教育的参与者以老年人居多，年轻人很少参与，甚至有些地方出现了“老面孔”现象，即参与社区活动的往往就是那些人，需要我们思考与改变这一现象。

格拉斯哥社区学习与发展项目中，“与年轻人一起工作”，通过青年结构与网络项目，通过分享实践、传播信息等，努力改善格拉斯哥年轻人的境遇和体验将促进与当地青年网络的联系，以确保整个城市的凝聚力。我们也可以借鉴这一做法，加强青年之间的联系与学习，保持城市的活力与凝聚力。将社区学习发展与年轻人的工作生活和发展融为一体，针对各种环境使用多种方法，提供青年之声、青年联盟等众多符合年轻人需求的项目，实现与年轻人一起工作，年轻人参与社区学习与发展。格拉斯哥“与年轻人一起工作”的具体做法，值得我们国家许多城市在发展社区教育的过程中借鉴，社区学校的活动应考虑年轻人的需求，多一些年轻人网络、与工作技能提升相关的课程，与青年工作生活相关的国家政策的解读等，让青年人更多地参与社区的学习与发展，以改变目前我国社区教育中老年人参与居多以及“老面孔”现象，从而更好地推进我国社区教育的高质量发展。

参考文献：

[1] Statutory Requirements for Community Learning Development [EB/OL]. [2023-11-20]. https://www.glasgowlife.org.uk/media/7466/appendix-3-statutory-requirements-for-cld-final-180821.pdf.

[2] Glasgow Community Learning and Development Plan: 2021-2024 [EB/OL]. [2021-11-19]. https://www.glasgowlife.org.uk/media/xmwlsn15/20211119_glasgow-cld-plan-pocket-guide_web_a5.pdf.

[3] Glasgow Community Planning [EB/OL]. [2023-10-20]. https://www.glasgowcpp.org.uk/CHttpHandler.ashx?id=39367&p=0.

[4] Digital Glasgow Strategy [EB/OL]. [2023-10-20]. https://www.glasgow.gov.uk/councillorsandcommittees/viewSelectedDocument.asp?c=P62AFQDN2UUTDNUT81.

[5] 阿瑟·克罗普利 . 终身教育：心理学的分析 [M]. 沈金荣，等译 . 北京：职工教育出版社，1990：132.

[6] 张永 . 社区教育内涵发展论 [M]. 上海：上海教育出版社，2018：22.

可持续发展教育推进学习型城市建设路径及实现：基于对日本冈山市的审视*

郑一华**

摘　要：日本冈山市依托可持续发展教育（ESD）活动荣获学习型城市称号，在学习型社会、学习型大国的建设背景下对实现学习型城市有着重要研究价值。回顾冈山市的做法，其有着将正规、非正规与非正式学习协同发展、搭建可持续发展教育指导框架、构建各级各类资源合作等实践路径。在推进可持续发展教育的行动中体现出思想统一、力量协同、以人为本的特点，因此，本文认为，在建设学习型城市过程中，应该拓宽国际视野，提高理论水平、坚持个体发展与城市建设并举的方式，因地制宜且“随机应变”地做好建设工作。

关键词：可持续发展教育；学习型城市；冈山市；路径审视

一、引言

可持续发展教育（Education for Sustainability Development，ESD）是“根据可持续发展需要而推行的、以培养可持续发展价值观为核心的教育，其目标是帮助受教育者形成可持续发展需要的价值观念、科学知识、学习能力与生活方式，进而促进社会、经济、环境与文化的可持续发展”[1]。2015年，联合国颁布《变革我们的世界：2030年可持续发展议程》（*Transforming Our World: the 2030 Agenda for Sustainable Development*），并为环境、经济和

---

* 基金项目：国家社会科学基金教育学重点课题“服务全民终身学习视域下社区教育体系研究”（项目编号：AKA210019）的阶段性成果。

** 作者简介：郑一华，华东师范大学职业教育与成人教育研究所硕士生，主要研究方向：社区教育。

社会设定了 17 项可持续发展目标（Sustainable Development Goals, SDGs）和169 个具体指标，并指出“通过可持续发展教育和全球公民教育，包括人权教育、文化沟通教育及实现国际理解的教育，公民可以获得必要的知识、技能、价值观和见解，从而过上充实的生活、作出明智的决定、在本地和国际上积极承担应对与解决全球挑战的职责”。[2] 这也代表着可持续发展教育的内涵与实践日渐丰富。[3]

与此相关，我国相关政策文本中也重视推动可持续发展教育。《国家中长期教育改革和发展规划纲要（2010—2020）》就明确提出要“重视开展可持续发展教育”。2019 年，我国印发《中国教育现代化 2035》和《加快推进教育现代化实施方案（2018—2022）》主动兑现全球可持续发展教育目标。[4] 同时，可持续发展教育也日益成为学习型城市建设发展关注的重点。上海市政府颁布了《上海可持续发展教育社区行动计划（2020—2021）》尝试将可持续发展教育理念与社区教育融合，进而发挥社区教育在实现可持续发展目标上的作用，助力学习型城市建设。

日本冈山市（岡山市 / おかやまし，Okayama shi）通过促进各种利益相关者合作，以推进可持续发展教育的方式，建设学习型城市。该市努力有效地调动各部门的地方资源，以促进从基础教育到高等教育的包容性、振兴家庭和社区的非正式学习、促进工作场所的学习、扩大现代学习技术的使用、提高学习的质量和主要优势并培养终身学习的学习文化。冈山市的学习型城市指导政策和建设实施抓住与社会所有成员合作和服务全民的本质，使得可持续发展教育推进与学习型城市建设形成沟通。[5] 当可持续发展教育的建设活动打造学习文化，赋权增能，并促进与利益相关者合作时，在一定程度上能够促进学习型城市的发展。[6]

冈山市因其“可持续发展教育”（ESD）而获评学习型城市，有着自身独特的经验与实践。因此，在当前我国建设学习型社会、学习型大国的背景下，[7] 研究冈山市可持续发展教育计划的实施路径、特点，并对我国学习型城市建设提出意见，拥有一定的研究价值。

二、日本冈山市可持续发展教育背景

可持续发展教育掌握了可持续发展目标实现的钥匙，因而，日本政府十分重视通过可持续发展教育对于可持续发展目标的实现。[8] 首先，日本政府于 2002 年约翰内斯堡首脑会议上策划并提出“可持续发展教育十年”提案，2004 年 10 月，该提案在第 59 届联合国大会上通过，日本成功地将本国提倡的理念上升为国际遵循的战略性准则，并持续性围绕可持续发展教育理念开展多项实践。[9] 2018 年，日本文部科学省制定了可持续发展教育概念图，如图 1 所示，框定日本可持续发展教育的基本内涵。

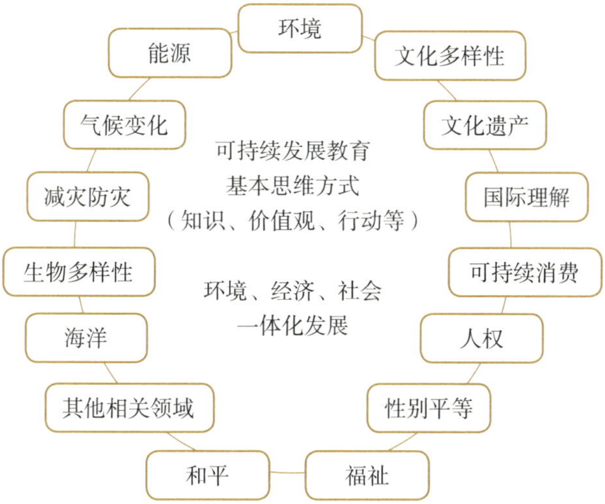

图 1　日本可持续发展教育概念图[10]

冈山市位于日本冈山县南部，是冈山县县厅所在地，也是政令指定都市。在濑户内海大桥通车后，市内的交通基础设施得到有效的改善，而广阔的高速公路网、铁路网、航空网与丰富的地形，使当地居民在享受自然环境的同时能体验高品质的城市功能。多样化地形、充实的农业用设施、气候灾害少等条件，使得冈山市能生产出果树、谷物、蔬菜等多种农作物，其中稻米年产量达 8 900 吨（占冈山县产量四分之一），成为日本较为知名的农业城市之一。人口方面，作为吉备文化的发源地，冈山市也面临少子老龄化，预计 2045 年总人口为 69 万人，比 2015 年的 71.9 万人减少 2.9 万人，但冈山市内有冈山大学等 13 所大学、短期大学，约有 3 万名学生聚集。在此背景下，冈山市也拥有了可持续发展教育活动的开展条件与科研基础。

三、冈山市可持续发展教育的实施路径

（一）正规、非正规和非正式学习协同发展

冈山市政府希望通过正规、非正规和非正式的可持续发展教育活动将不同区域内的组织、机构、个人相互链接，促进共同发展。[11] 如图 2 所示，区域内学校教育、社会教育相互联系合作、相互学习，专心致力于推进 ESD 活动开展，增强学生与地域内各类资源的联系与了解。同时，由于区域的活动和各组织机构的协同参与，在冈山市的 ESD 活动中，也使得个人与社会连接紧密。

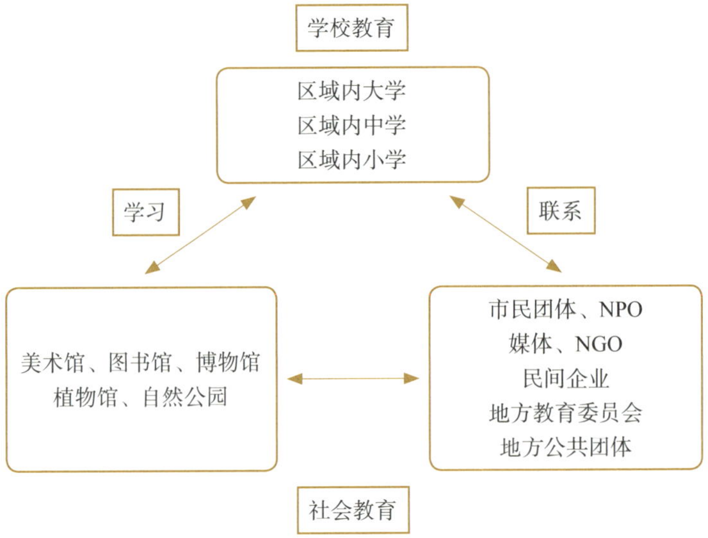

图 2　冈山市 ESD 活动协同

2013 年，联合国教科文组织日本委员会就概括了可持续发展教育所包含如能源、环境、防灾、生物多样性、国际理解、气候变化、世界遗产与地域文化、其他相关等方面的 8 种类型的学习活动。[12] 在此背景下，首先，冈山市内的学校就将可持续发展教育融入小学、初中、高中等学校教育中，在校内建立可持续发展教育负责制，并挑选专职人员负责活动开展的相关事宜。如冈山市津岛小学就通过成立 ESD 学习委员会、建立电子共享文件、制作 ESD 相关活动行动计划表等措施，来推进 ESD 活动融入日常的学习与学科教学。[13]

其次，冈山市还通过公民馆①让更多学习者参与到非正式和非正规的可持续发展教育活动中。[14] 日本的公民馆在全民自主学习的过程中发挥着核心作用，也是当地居民和外来游客的学习中心，冈山市的公民馆也提供关于“社区发展”“关心下一代”“环境保护”“公民健康”“防灾预警”“城市建设”等主题的可持续发展教育活动。而提供广泛的且因地制宜的可持续发展教育课程的学习项目，不仅保证了当地居民更容易获得学习的机会，也有利于经济和当地生态系统的发展与保护。而这些以当地居民为主导的非正式的学习场所，让当地居民能够在课程规划、项目实施、组织讲座和研讨会等方面发挥重要作用，加强当地居民与公民馆的联系，以解决当地社区具体的发展问题，并为创建更优质可持续发展教育项目增加社会资本。

最后，冈山市通过分发给所有家庭的月刊，以及专门的网站和互联网社交媒体向居民传递信息。[15] 如通过分发《公民馆通讯》让居民了解当前的学习活动，同时，委派可持续发展教育协调员进驻公民馆，了解居民对每一项可持续发展教育活动的参与度与喜爱度，维持可持续发展教育活动的运行。

冈山市将正规、非正规和非正式的学习紧密联系，使可持续发展教育融入学前教育至高等教育的正规教育机构，并充分利用公民馆、图书馆、博物馆和主题中心等非正规教育机构，使居民能够“时时”“处处”地参与可持续发展教育活动。

（二）可持续发展教育活动框架高位指引

冈山市基于可持续发展目标的基础，以颁布可持续发展教育活动计划高位指引活动开展。[16] 首先，在 2005 年至 2014 年十年建设的基础期，冈山市政府就颁布《可持续发展教育项目总体计划框架（2005—2014）》，并成功地利用框架指导正规和非正规的学习机构的合作，激发广泛的环境保护、促进多元文化发展与企业和消费者的沟通。如冈山市从 2005 年起与 47 个利益相关方共同成立了 ESD 推广委员会；2007 年将可持续发展教育活动纳入其公民馆的基础项目，使公民馆成为可持续发展教育活动开展和可持续发展目标实现的重要活动场地；为了推进冈山市可持续发展教育项目活动落实，冈

---

① 公民馆：（Kominkan-Community Learning Centre）是集公民学习班、图书馆、博物馆、公共集会厅、产业等功能于一身的文化教育机构，是战后日本实施社会教育的重要设施，遍布于日本各市镇街村。

山市政府各区的政策紧密一致地以可持续发展教育作为政策制定的出发点。许多组织机构也积极响应政府的号召，例如拥有研究和教育预算的大学、推广公民活动的组织和履行社会责任的企业，均在积极调配自身资源以支持“可持续发展教育计划”项目的开展。

其次，《冈山可持续发展教育项目总体规划（2015—2019年）》也确定了八个具体的优先事项，明确发展可持续社区的愿景。例如，“帮助有思考、学习能力和行动能力的人为可持续的未来作出贡献”“通过公民的参与和协作发展城市”“鼓励跨文化交流，基于本地传统创造新文化”“管理城市丰富的环境遗产”“为一个充满活力的城市，发展强大的经济”等优先事项。而八个具体的优先事项实现的关键因素在于可持续发展教育活动的开展，冈山市希望通过大力推广可持续发展教育，使得全体公民在可持续发展教育中获得价值，并以可持续发展意识来塑造生活，以建设一个可持续发展的学习型城市。

最后，随着实践的推进，冈山市也基于联合国2030可持续发展议程，颁布了《可持续发展教育（2020—2030）》计划。该计划论述了可持续发展社会与可持续发展教育的必要性，并基于过去冈山市可持续发展教育活动实践成果，制定了“冈山市ESD项目2020—2030基本目标”，并明确可持续发展教育项目的目标是为实现可持续发展社会作出贡献，从而实现在经济、社会和环境领域相互协调、相互促进的可持续发展目标，并总结当前冈山市开展可持续教育的问题及明确八项未来十年的重点工作、任务与实现途径。

冈山市各阶段的可持续发展教育行动框架，不仅总结了框架期限内冈山市各组织、机构与个人在开展可持续发展教育中所遇到的问题与成效，还为冈山市制定可持续发展教育的未来行动打下基础，使得可持续发展教育活动得以有序发展。

（三）各级各类资源通力协作

冈山市政府利用合作机制，创建了一个包括所有利益相关者的协调结构，调动资源以推动可持续发展教育的协同开展。[17] 首先，搭建可持续发展教育推广委员会负责冈山市各组织之间的合作，挖掘正式、非正式和非正规的组织资源付诸可持续发展教育活动，如冈山市可持续发展教育推广委员会整合学校、市民团体和政府资助，把资源有序投入可持续发展教育系列活动。其次，推广委员会内的其他组织也会利用本身的资源资助可持续发展教育框架内的倡议，如积极有效地利用国、私企业的各类资源。私营企业可以通过参与可持续发展教育计划推广委员会，将企业资源引入可持续发展教育活动建设，扩大可持续发展教育活动的影响力，为参与者提供促进自身职业生涯可持续发展的继续学习的职业技能提升活动。

最后，冈山市政府通过提供战略性补贴和政府行政力量支持，通过行政手段传播参与可持续发展教育活动的益处，扩大其计划的影响，并协调不同类型组织机构的活动，以确保充分利用好参与成员的资源。如冈山市政府举办“ESD 巡游：触及城市的历史与文化”活动，就将实施相关活动并作出突出贡献的利益相关者，包括国家协会、社会教育组织、公司、非营利组织、学校和公民个人，与公民馆教育工作人员和相关管理董事会联系起来，搭建沟通交流的桥梁，一同开展活动。

（四）扩大可持续发展教育活动影响力

冈山市积极通过各式各样活动扩大可持续发展教育活动区域和国际影响力。首先，在社区和城市一级举办促进学习、环境和文化的活动，由学习者和市民组成执行委员会，在社区层面扩大公民馆可持续发展教育活动的影响力，并通过展示这些社区空间主办的活动年度成果，培育社区层面的居民参与文化，同时，活动的举办也加强了参与学习活动的居民之间的联系，提高了学习者的积极性，吸引了更多当地社区的学习者。

其次，社区层面会提供特定的区域，让居民与社区的其他家庭在社区内，分享个人参与可持续发展教育的活动体验。如表 1 展示的“ESD 咖啡店”讨论活动，设置了不同主题，为不同立场的人提供交流的场域，创造一个能够谈论关于未来生活的环境。

表 1　2023 年冈山市“ESD 咖啡店”讨论主题①

时　间	主　　题
2023 年 6 月 15 日	建立可持续的可持续发展教育!
2023 年 5 月 18 日	在“再就业支持 A 型营业场所感谢农场”快乐工作

① 表格内容均来源于作者对冈山市官网相关文献、新闻报道、文件的总结，网址：www-city-okayama-jp.j-server.com.

续　表

时　间	主　　题
2023 年 4 月 20 日	在社区养育孩子！利用废弃花园创造更好的育儿环境和循环社区
2023 年 3 月 16 日	让我们通过英语关注社会问题！
2023 年 1 月 19 日	共享年轻与活动！ NPO 活动与教育实践的互动～

除此之外，每年秋季冈山市还举办可持续发展教育活动周，各区域的利益相关方积极组织活动，如各类论坛和活动展览会，以促进本地生产和消费；每年 6 月或 7 月是纪念性别平等的促进周，举办有关性别平等的讲座、论坛和研讨会；举办冈山艺术节以庆祝从古至今的当地艺术，为艺术团体与传统文化团体提供参与可持续发展教育活动的机会。

最后，冈山市也积极通过各类方式挖掘日本以外的可持续发展教育的项目，以扩大可持续发展教育的影响力。如自 2015 年开始，激励国内外活动开展出色的 ESD 活动。

表 2　冈山市 ESD 活动获奖名单

年份	主　　题
2022	德国："汉堡 ESD2030 综合计划" 尼日利亚：绿色成长非洲网络
2021	南非：为了人类和地球 菲律宾：向素质教育迈进的第一步
2020	马来西亚：城市农业团体自立促进事业 西班牙：富埃特文图拉岛项目——海洋文化遗产的保护合并事业

2022 年，冈山市也搭建冈山防全球变暖网站，进一步地扩大绿色环保相关的可持续发展教育活动在区域内的影响。冈山市由点及面，不仅在社区层面通过各式各样的活动扩大可持续教育的影响力，也积极通过自身实践带动可持续教育在国际的影响，成为可持续发展教育活动建设较有影响力的地区。

（五）建立健全监督评价标准

冈山市政府定期在社区层面审查可持续发展教育项目，并建立可持续发展教育活动评价框架与指标。[18] 冈山市每年都会对可持续发展教育活动进行一次评估，由学习者和当地利益相关方组成的指导委员会讨论社区面临的问题，并讨论出这些问题的解决措施，以及公民馆下一年可开设的可持续发展教育的活动，如表 3 所示，冈山市政府会对可持续发展教育活动项目展开持续监测，依托 5 项一级评价指标与 10 项二级指标。

表 3　冈山市 ESD 评价指标

主　体	评价标准	评价二级标准
未来发展	视野	澄清教育促进可持续性发展活动的目标
		形成可持续发展的社区文化
	可持续性	持续的可持续发展教育活动机制
		培训下一代活动主导者的机制
目标导向	整合	相互关系
		解决实际问题
	赋权增能	ESD 学习活动的特点
		ESD 学习活动的实践
协作导向	合作	不同利益相关者的参与、协作与合作
		不同利益相关者之间的信任关系

为了解政府每一年对可持续发展教育策略的影响，一方面，冈山市开展对可持续发展教育活动项目的评估，兼顾了解其他与活动运行相关的指标。如了解当地家庭和社区的教育水平，收集公民对可持续发展教育开展环境的满意度，以及公民使用终身学习机构参与可持续发展教育活动的情况，等等。另一方面，冈山市也会关注可持续发展教育志愿活动、文化活动的参与人数总量，以了解冈山市通过可持续发展教育赋予公民权利和增强社会凝聚力的积极效果。评估的结果将用于改进下一财政年度的项目，以确保并可持续发展教育的建设方案符合公民目前的具体需要。

四、冈山市可持续发展教育建设的特点

（一）执行部门思想认知统一

政策的影响力往往来源于执行部门对于实践的具体关注与执行，而冈山市的执行机构对于可持续发展教育价值认识的高度统一，促进了冈山市可持续发展教育的发展，也推动了冈山市学习型城市的建设。自2005年联合国教科文组织推出《可持续发展教育十年计划（2005—2014）》起，冈山市政府就率先响应号召，以发展可持续发展教育为手段，促进可持续发展社会的建成。首先，冈山市政府联合各级各类部门构建冈山市可持续发展教育推进委员会，搭建行政管理框架负责协调管理各项目的推进工作，下设的项目理事会、指导委员会、评审委员会、秘书处开展制定冈山市各级项目的目标和基本政策，使得顶层设计目标趋同。其次，冈山可持续发展教育推进委员会依托于冈山市政府政策与财政支持，对符合可持续发展目标的活动和部分组织进行财政支持，推进其可持续发展教育项目的运营；可持续发展教育推进委员会也通过定期的内外部交流与合作，提高整个区域的组织管理部门对于可持续发展教育的理解和发展对其意义的认知，加强各组织、机构对开展可持续发展教育的认同。最后，委员会亦与日本国内外的可持续发展教育组织构建联系，在实践中推进整体的可持续发展教育项目高质量发展，同时，委员会亦与当地高等教育机构、教育管理机构、社会学习服务机构建立相互学习、紧密合作的关系，通过联通学校教育、终身教育领域的部门，让该地区的可持续发展教育项目推进力量在思想上得到统一。

（二）协同组织力量卓越

在冈山市可持续发展教育活动中，非正式组织与正式组织的互联互通，构建起相互学习、相互连接的桥梁，形成卓越的协同力量。首先，各类型的中介组织，如由当地高等院校、市民团体和企业为主的冈山环境网络基金会和通过研究、推广和提案等方式建设的环保型非营利组织合作沟通形成网络，这些组织为冈山市保护自然环境和改善人们生活方式提供一定的活动方案，以支持在社区内开展各类型可持续发展教育活动。其次，研究机构也为可持续发展教育项目提供一定的教育反馈，市内一定数量的可持续发展教育专家和研究人员自行成立的可持续发展教育研究组，在一定程度上，增强了

地方可持续发展教育的研究力量。最后，冈山大学创建可持续发展教育论坛，为当地组织和社区开展可持续发展教育活动的人员提供沟通交流的平台，以提升各组织和社区开展可持续发展教育的能力。在非正式组织与正式组织卓越的协同组织力量下，各组织和社区更能通过开展可持续发展教育活动带动社区和青年，并促进可持续发展教育项目良好发展。

（三）以人为本，促进公民理解

冈山市作为联合国教科文组织最早认证的全球可持续发展教育区域专家中心（Global ESD Regional Centres of Expertise, RCE），重点关注个体对可持续发展教育的理解。首先，冈山市的可持续发展教育项目，通过学校与学校外的学习场所的共同合作，提高公众接受可持续发展教育的频率，并希望让从事环境工作的机构及负责人和教育工作者获得最新的知识，交流和交换关于可持续发展教育的意见。其次，在参与可持续发展教育的过程中，促进受教育个体对于可持续发展的思考，激发受教育群体对于城市、社会可持续发展的想法，并确保每一位参与者接受可持续发展教育过程中的完整性与合作性。最后，通过提供和介绍相关的可持续发展教育的活动材料和信息，让广大公民更加了解可持续发展教育的意义，使可持续发展的思想融入于公民的个人目标，塑造其主动与社区中其他人合作可持续发展的能力，培养出有可持续发展能力的公民。

五、冈山市可持续发展教育实施对学习型城市建设的启示

（一）思想：拓宽国际视野，提高理论水平

在学习型城市建设过程中，理论与实践相互融合，保持广阔的国际视野与国际经验将会影响学习型城市的建设。首先，冈山市政府主动学习联合国教科文组织倡导的区域可持续发展教育项目理念，并在政府层面成立了冈山可持续发展教育推进委员会，制定了“冈山可持续发展教育项目基本规划”，同年，就被联合国认证为全球首批七个区域可持续发展教育项目之一。实践的成功是冈山市政府基于具体实践活动经验，对可持续发展教育相关理论的因地制宜的思考与使用。政府对于可持续发展教育理论的学习、运用，及与各利益相关者的合作促进了学习型城市建设的发展。

其次，学习型城市建设需要不断地提高区域的理论水平并促进实践的发展。2014 年，冈山市召开了国际会议，“教育促进可持续发展——以社区为基础以人类发展促进社会可持续发展”，承诺将通过社区学习继续扩大可持续发展教育活动。[19] 冈山市就积极开展了可持续发展教育的传播和启蒙活动，可持续发展教育活动在该地区普及开来。此外，冈山地区开展的可持续发展教育活动根植于当地社区的实践总结，也提炼出冈山模式。因而，在开展学习型城市建设活动时，对于理论推广、学习、应具有全面性、覆盖性、动态性的认知，在交流学习中获取新的观点，在实践中总结应用，主动吸收外来先进理论指导思想，并根据具体实践进行反思与总结提升，保持先进思想指导实践。

（二）目的：个体发展与城市建设并举

学习型城市作为中端建设视角，应关注于微观层面上的发展与变化。首先，冈山市在面对少子老龄化、地区联系弱化、男女性别歧视、弱势群体的帮扶和支援等这些全球性的课题时，激励公民成为学习机会的享受者与学习服务的提供者。其次，促进城市可持续发展教育知识的共享，关注与城市、个人紧密相关的七个领域的促进项目，如安全和有保障的社区发展、环境意识和活动、居民身体健康、男女性别平等、儿童抚养和青年发展、老年人社交需求和学习的机会、社区层面培育公民参与的水平。这些促进项目不仅加强了城市的精神文明建设，还激发了学习者的思想积极性与主观能动性，并与组织建立合作关系，以培养更多当地社区的学习者。最后，机构团体与组织的参与和协作，也在实践活动中促进了个体的社会性成熟，而人的成长进步也“反哺”于城市发展。因此，学习型城市建设应从开展的教育活动本身出发，思考活动对于社会与个人的共同影响，并做出变化和调整，使得学习型城市建设既能够满足城市发展，又能够促进人的个体成长。

（三）实践：“随机应变”与因地制宜

学习型城市建设应具有灵活性。首先，冈山市的可持续发展教育活动积极依托于当地的传统文化和自然资源，旨在让当地居民在接受可持续发展教育过程中获得智慧，感受来自传统文化的冲击与大自然的动态力量，并在参与者的反馈中，不断调整与革新课程。其次，加强代际合作，增强可持续发展教育活动影响力，扩大参与可持续教育活动的范围。如冈山市传统文化教育活动通过邀请初中生、家长、当地居民、志愿者与传统手工艺人，将冈山市地区传统非遗文化引入社区与家庭，激发参与优秀传统文化活动的人的兴趣，促进区域优秀传统文化可持续发展。而因地制宜的开发教育活动也让广大参与者在活动中做中学、学中乐、乐中思。因而，在学习型城市建设过程中应积极地挖掘区域文化与区域特色，并使活动基于时间、地点、人物、活动的反馈进行调整，让学习型城市建设汲取本土特色和营养茁壮成长，使日常学习空间真正成为“人人”“处处”“时时”的学习空间。

参考文献：

[1] 史根东. 中国可持续发展教育实验工作手册 [M]. 北京：外文出版社，2013：5-6.

[2] Education 2030 Indicators [EB/OL]. (2015) [2019-02-12]. http://www.uis.unesco.org/Education/Pages/post-2015-ind icators.aspx.

[3] 朱敏，匡颖，张伶俐，等. “可持续发展教育 2030”实施框架解析及我国行动建议 [J]. 成人教育，2023，43 (08)：11-17.

[4] 顾明远，滕珺.《中国教育现代化 2035》与全球可持续发展教育目标实现 [J]. 比较教育研究，2019，41 (5)：3-9+35.

[5] [6] ESD implementation in learning cities [R] Hamburg: UNESCO Institute for Lifelong Learning，2021.

[7] 习近平. 高举中国特色社会主义伟大旗帜　为全面建设社会主义现代化国家而团结奋斗——在中国共产党第二十次全国代表大会上的报告 [EB/OL]. (2022-10-26) [2022-12-21]. http://cpc.people.com.cn/n1/2022/1026/c64094-32551700.html.

[8] [12] 张婧. 日本可持续发展教育实践：特点与启示——基于案例的研究 [J]. 教育科学，2018，34 (03)：82-87.

[9] 苑大勇，王煦. 从国际理念到本土实践：可持续发展教育的“日本模式”解析 [J]. 比较教育研究，2023，45 (2)：86-95.

[10] 文部科学省，日本ユネスコ国内委員会. ユネスコスクールで目指す SDGs 持続可能な開発のための教育 [EB/OL]. (2018-12-19) [2021-10-21]. https://www.mext.go.jp/unesco/004/1339977.htm.

[11] [14] [15] [16] [17] [18] Unlocking the potential of urban communities volume II case studies of sixteen learning cities [R] Hamburg: UNESCO Institute for Lifelong Learning, 2017.

[13] UNESCO associated schools in Japan as bases for promoting ESD-current status and way forward [R]. Japan: Asia-Pacific Cultural Center for UNESCO, 2015: 129-137.

[19] 葛艺. 教育促进可持续发展：2014 冈山宣言 [J]. 世界教育信息，2015，28 (01)：16-20.

书评

- 在不确定性之中：学习型社会的变化之维
  ——《学习型社会》读后所思

在不确定性之中：学习型社会的变化之维*

——《学习型社会》读后所思

叶长胜**

摘　要：“学习型社会”提出于不确定性之中，同时也在不确定性之中发展。社会变化（继替与变迁）催生着学习型社会。学习型社会既存在自身结构的变化，也存在发展过程的变迁，都是其不确定性存在的体现。时间的闲暇和快速的变化是学习型社会形成的重要条件；增进理解，成其为人，是学习型社会建设的目标与诉求。在不确定性之中寻求学习型社会的创建，需要推进终身学习及共同体建设等。

关键词：学习型社会；不确定性；终身学习；变化

1968年，罗伯特·赫钦斯（Robert Hutchins）的《学习型社会》出版；50多年来，书中所表达的学习型社会理念、终身学习理念等盛行于世，在诸多国家得以倡导与践行。重读《学习型社会》，读者总有不同的体悟与思考，总有不同的研究眼光和视角的呈现，也总在深邃的理念阐释中感悟经典的力量，以及对当下学习型城市、学习型社会、学习型大国建设的启示。“学习型社会”是赫钦斯在当时的社会发展背景下，基于批判和想象的思维，所构建的一个基于现实但超越现实的理想社会。这样一种理想社会的构建反映出当时社会及教育系统的变化，即在不确定性之中寻求构建理想的社会形态。这种社会形态内含着学习的力量，凸显着学习的联结，寄寓着学习与社

---

* 基金项目：国家社会科学基金教育学重点课题“服务全民终身学习视域下社区教育体系研究”（项目编号：AKA210019）的阶段性成果。

** 作者简介：叶长胜，华东师范大学职业教育与成人教育研究所博士研究生，主要研究方向：终身教育、教师发展。

会的未来样态。正是基于上述的领悟与思考，笔者着眼于学习型社会建设的变化之维，以不确定性为观察视角，表达对《学习型社会》阅读的理解与体会。

在阅读《学习型社会》之时，我们能够充分感知到社会形态、技术、思想观念、教育系统的变化。教育系统内外部要素的变革是教育不确定性的体现，即在解构与变革中寻求新的教育系统形成。也即，赫钦斯指出的，“这是没有被实践过的教育”。学习型社会不是固定不变的，学习型社会建设过程也不是固定不变的。前者强调学习型社会自身的变化性，后者强调其在宏观发展过程中的不确定性。从教育型社会到学习型社会的转变乃至并行，背后有深刻的动因，其一便是不确定性的作用。不确定性如同结构性，既具有约束性又兼具促进性功能，促动着学习型社会概念、理念乃至现实模态的生成。

一、不确定性：“学习型社会”的产生背景

学习型社会，无论是作为一种概念、理论，一种理想的社会形态，还是当下的社会现实，都生成于复杂的社会变化之中。在赫钦斯的视界里，“学习型社会”是一种理想形态，而今正在成为渐进的现实。关注“社会变化”之维，即“回过头”去审视“学习型社会”提出的整体社会背景。洞察彼时的社会环境，是掌握“学习型社会”变化之维的必要前提。在社会结构或者文化等不断流动、变化的社会里，人们对学习观念、教育理念的理解具有多元性和广泛性，这为学习型社会的概念乃至形态生成提供了可能与空间。基于赫钦斯在书中的表达，我们能够感受到彼时社会变化的复杂性。“当我们进入二十世纪后半叶时，回顾过去，在现代工业社会中，社会变迁的速度和复杂性明显地大大地超过了早期社会理论家所预见到的程度。”[1] 这些变迁深刻影响着人的发展，其至少包括：科技发展、人口增长、思想变革（民主主义）、观念更替（教育观念、就业观念）、教育系统解构。

其一，从社会方面来看，教育技术的迭代更新，对教育系统，包括教学手段、教育文化等带来冲击，传统的教育体系难以适应技术发展以及社会需求。尤其是传统教育体系培养的人才被信息技术时代的劳动力市场所“遗弃”。封闭、传统、僵化的教育模式能否继续完善人以适应个体发展和社会

需求，成为彼时的“社会之问”。建立一个人人学习、处处学习、时时学习的理想社会便在技术冲击与传统教育的磨合之中产生；同时，“急剧的社会变迁似乎有可能提高人们自觉地反复思考社会形式的程度”。[2]“学习型社会”或许是赫钦斯反复思考社会变化（变迁）的结果。

其二，从教育方面来看，教育资源与适学人口之间的供需失调。从1960到1968年，世界人口发展迎来了新的增长期，从略少于30亿增加到35亿，在8年内猛增了17%，而同期学龄人口（5～19岁）更是增长了20%。[3]人口剧增意味着人们的教育需求、学习需求规模扩大，而传统教育现有的规模和开放性不足又难以适应剧增的学习需求，因此，如何调适学习需求与传统教育之间的矛盾成为当时社会所需解决的问题。20世纪60年代的教育危机被视为是人口剧增与科技发展带来的社会变革与过时的教育系统之间不协调的结果。[4]“学习型社会”的提出或许为解决人口与传统教育的矛盾问题，即教育危机的规避，提供了一份理想方案。

其三，从思想方面来看，教育民主化思潮的兴起，更新着人们对教育、学习的认识。社会主流思想的变化与更新也深刻影响着世人的学习行动和观念系统。民主主义理念的盛行为更新人们对学习及社会形态的认识提供了思想保障。达伦多夫（Dahrendorf）将20世纪称作“社会民主主义的世纪”[5]，因为人们“把社会民主主义看作是实现人们所期望的进步过程的推动力”，加强公民权利，让所有人都享有自由，并要求打败贝弗里奇（Beveridge）所说的“五大恶魔”——困苦、疾病、贫穷、失业、愚昧，实现人类对正义、公平、解放等的普遍需求。[6]教育作为解决社会问题的可及工具，自然也在民主主义思潮中有所发展。20世纪中叶以来，随着民主和民族解放运动的蓬勃发展，教育民主化已成为世界教育改革的主要潮流之一。教育民主化思潮的推进，使人们重视个体的受教育权和学习权。“学习型社会”的提出或许符合当时人们对民主权利维护、自我发展的需要，而这一需要正是在不确定性的社会变化过程中生成的。赫钦斯在书中提出的“使每一个人都受到教育”[7]“如何教育每一个人”[8]“全民教育”[9]“所有人都是可教育的”[10]等观点，都在回应着教育民主化、学习民主化的社会理念。

在民主主义盛行之时，全球化趋势也愈加明显。从“你的世界”“我的世界”到“我和你的世界”的转向，必然会对学习型社会理念及实践产生影响。“全球化是当代的社会现实，是理解学习型社会的核心……全球化过程，正如我们看到的已成为一场社会变化的革命”。[11]这意味着，个人不可能穷究学习，因为，社会是快速变化而不是静止的。故而，学习型社会也许是一种过程而不是状态——一个结果开放、不能终止的过程，尽管它的方向受制于特权者。[12]

上述的技术变革、人口增加、民主主义思潮、全球化只是当时社会变化的几个重要趋势，这些变化并非单一、孤立的，而是相互交织，具有复杂性特征。查尔斯·汉迪在《超越确定性》中指出："当确定的年代不在，每个人都必须自己寻找答案。我相信每件事都可能有不同的面貌，而且许多事情本来就应该有所不同”。[13]所有这些不确定性，时刻挑战着人们长期形成和坚守的确定性观念与行为，即重新审视人类所处的环境、所看到的现象以及所形成的观念，重新调整人类思维方式和行为方式，以便从容应对世界的不确定性问题。[14]“学习型社会”是赫钦斯在不确定性中寻求的“答案”，是以社会变化视角对教育现实、社会面貌的揭示与反映。或许可以如此理解：复杂性、综合性的变化内含着不确定性，“学习型社会”正在社会变革的复杂性作用下被提出，也在持续的社会变化之中建构着、实现着。

二、“快速的变化”“自由时间”：学习型社会形成的重要依托

学习型社会从理想的形态转向现实运行与实践，成为“近实存”的社会形态，有其基本前提。赫钦斯在《学习型社会》中指出，“简而言之，我们需要一个学习型社会。那么，学习型社会基于两个重要事实：日益增加的自由时间，以及快速的变化。快速的变化需要不断地学习，而闲暇的时间使这种学习成为可能。”[15]这或许意味着，快速的变化和自由时间是学习型社会建设的重要依托与前提。“快速的变化”是每个人保持终身学习的动因，“自由时间”（“闲暇”）为每一个人能够持续学习、接受教育提供了可能。“快速的变化”与“自由时间”从不同面向表达出不确定性的思想，“变化”意涵着不确定性的存在，“自由时间”是不确定性存在的时空体现。

1.“快速的变化”蕴含着不确定性，是学习型社会建构的前提之一

学习型社会的提出，受到诸多因素的促动。其中，关键性问题是变化的速度。对于应急的需求来说，当教育体系尚未组织起来以满足其需要的时候，这种需求或许就已过时了。而长期的需求，或者是假定在将来会出现的需求

的不确定性，是因为未来的世界是变幻莫测的。[16]“快速的变化”直接表达着不确定性，这种不确定性既体现为社会发展的历时性变迁，也体现为社会结构、系统环境运行的共时性变动。上文对“社会变化”与“学习型社会”之间的关系作了阐释，即“社会变化”以一种外在的复杂性力量促动着“学习型社会”理念形成，这是从发生学的角度看待“学习型社会”。而在本部分的语境中，我们认为，“快速的变化”也是学习型社会发展的前提性条件。

从唯物辩证的观点看，“破”与“立”是对立统一的，“破”即“变化”，意味着不确定性，这一过程往往为“立”提供了机会和依据，即以“破”得“立”。在学习型社会理念形成中，没有传统教育系统与社会学习观念的解构，也很难促使新的学习及教育理念的生成。从过程性视角看，没有社会变化，学习型社会将难以构建乃至发展。这是因为社会变化内含着不确定性，不确定性往往蕴含着积极的发展空间，为新事物、新思想的创生提供可能。如果一切处于确定性之中，意味着现存事物的固化，其阻滞着各种新的可能性发生。“快速的变化”表达着现有社会形态的“调适”“革新”“解构”乃至“重构”，这为“学习型社会”的提出及建构提供了社会环境、思想文化乃至物质条件。简而言之，“快速的变化”指向不确定性，它是“学习型社会”概念提出、理念形成的前提与依托，又催生着“学习型社会”及其实践转向，凸显出“学习型社会”的双重变化性。

2. 自由时间即闲暇，赋予人发展的更多可能，是学习型社会构建的内核要素

从不确定性视角看，“自由时间”即“闲暇”，为人的发展提供了变化之机，也为学习型社会建构提供了可能。质言之，人从传统的劳动中解放出来，人们会拥有更多属于自己的时间，这为人人学习提供了可能，为学习型社会从理想形态向实践形态的转向提供了契机。“无论我们距离闲暇世界有多远，我们都有理由相信，绝大多数人可用来自由支配的时间将变得越来越充裕。”[17]如何看待“日益增加的自由时间”，影响我们对学习型社会的认识与理解。自由时间，其实流露出“变化”的意涵：一是自由时间是在劳动解放的进程中获得的，二是自由时间意味着人之个体有了更多发展的可能性和不确定性，三是“日益增加的自由时间”显露着变化趋势。其中，“自由时间”为每个人发展提供了更多的可能性，是理解学习型社会变化之维的“窗口”，这或许更加聚焦于每个人的“闲暇”与“学习”。

人们拥有的自由时间越多，并不意味着每一个人学习时间的“线性”增加，因为自由时间由具有能动性的人支配，他们在可控的“闲暇”之中可以选择去做更加感兴趣的事。因此，这也体现出“闲暇”之于人及其学习的不确定性。学习型社会的构建是由人主导的，是由每个人构织的；每个人的自由时间增加，意味着他们有更多的可能和倾向参与学习，参与属于学习的活动或项目。基于上述的分析，或许可以有这样的理解：人的自由时间增加，人的发展由此有了更多的变数（不确定性），这种“闲暇”带来的变数，赋予学习型社会的理念形成与实践发生更为延展的“意义空间”。简而言之，没有人的闲暇，学习型社会理念（思想）、形态便失去了生成的基本依托和变换契机，乃至在其中实现向好发展的可能。

三、“增进理解”“成其为人”：不确定性之中的发展诉求

无论对社会充满着何种想象力，教育都是不可忽视、缺失的系统性要素。赫钦斯在论述学习型社会时，“教育”是全书的关键词和高频词。在充满变化和不确定性的社会之中，如何思考教育、学习与人的关系？“教育”与“理解”的关系之维，或可提供不同的学理视角。

“教育即通向理解，它没有‘更实际’的目标”[18]。“理解”成为赫钦斯阐述学习型社会的核心语义。他认为，“教育能够增进理解，而理解本身就是一种财富的观念，则是切实可行的。”[19]其或许回应了在学习型社会创建中“教育何为”的问题，即教育旨在增进人的理解。“理解”的核心指向是什么？赫钦斯在书中有以下两处表达：

“这就是，智力和道德的内容，人类的方向，以及社会、道德和科学的背景。简言之，那就是理解。”[20]

“对生活现实的普遍理解，是对可以取得的新的价值观的普遍理解，以及对教育能够帮助实现学习型社会的可能性和局限性的普遍理解。本书的目的是为这种理解做出一些有益的贡献。”[21]

由此可知，“理解”是一个具有丰富性和复杂性的话语表达，蕴含着对智慧、道德以及现实生活、价值观等的认识。从更为综合的视角看，“增进理解”指向人本身的发展，包括智慧的增进、道德的完善、价值观的更新等。“教育的目的是培养人本身而非劳动力，培养人本身即增进人的理解与

智慧。”赫钦斯认为，应该将“理解”包含在教育目的之中，并最终使人的理智得到发展。这回答了一个更为本质的问题：教育的目的在于培养人，在于发展人本身。他强调，“把学习、自我实现，以及成为真正的人设计为教育的目标”。[22] 也即，“学习型社会的目的是学习，是自我实现，是成其为人，而学习型社会的所有机构或制度都以这一目的为指向”。[23] 教育要通向理解，通过理解的路径发展人的智力，以至发展人本身。简言之，“它更感兴趣的是通过发展人的智力来发展人本身”。[24] 因此，“成其为人”是理解赫钦斯关于学习型社会理论的内在要义。

面对科技变革、经济增长带来的“人之存在”危机，必须通过教育回归到人的价值理性，使人成为人。[25]“成其为人”不仅是一个静态的目标指向，从人的发展角度看，还具有发展的动态性、过程性与未完成性。“人永远不会变成一个成人，他的生存是一个无止境的完善过程和学习过程，……为了求生存和求发展，他不得不继续学习，……他总是不停地‘进入生活’，不停地变成一个人。”[26] 因此，在“成其为人”的目标实现以及个体发展中，持续学习是更为基本的驱动要素。如果要实现自己的潜能，他还必须在其一生中学习、再学习。[27]

质言之，学习能激发人的潜能，增进理解能力，充实人的智慧，使人在千变万化中生存下去，即适应各种变化。学习型社会的支柱在于“学习”，然而社会变迁及环境的结构性变化使学习型社会建设处于各类不确定性之中。作为建设学习型社会的主体的人，唯有通过智慧的增进和自身的发展，才能于变化之中适应“变化”，从而建设适应变化的学习型社会。

四、应对“变化”：推进终身学习和共同体建设

“变化”与“不确定性”是学习型社会自“娘胎”里带出的印记，也是当下的实然状态。面对“变化之维”，创建学习型社会只能寻“变”而为，即以富含变化特性的方式构建学习型社会；同时，此番应对，不是与“变化”同步前进，而是要走在“变化”的前面。如何应变？如何走在“变化”之前？推动每个人终身学习，推进共同体建设，或将是必要路径。

1. 推进面向人人的终身学习

在一个快速变化的世界里，学习是应对“变化”的最好方式。因为学习

内含着认知、思维、知识、技能以及价值观的充盈与更新。随着社会变化速度的加快，以及不确定性的增强，阶段性的学习难以支撑人的持续发展和社会适应，因此终身学习成为应对社会变化的关键理念和实践行动。这需要每个人更新以往的学习认知、学习习惯甚至学习样态，并不断走向变革。“变革就是学习，学习是一种源于适应变革不确定性的生活方式。”[28]快速的变化要求不断地学习，不仅是某一群体不断学习，而是人人不断学习。赫钦斯在《学习型社会》中格外突出每个人的持续性、终身性学习，并关注到以终身学习的方式应对“变化”。他引用玛格丽特·米德的话：

“没有一个人一生都会生活在他出生时的那个世界里，而且，也没有一个人会死在他成年后工作的世界里……相反，我们需要孩子、青少年、年轻人、成年人，以及‘年长’的成年人；他们中的每一个人，都应当以适合于他们年龄的恰当速度，以及该年龄段特定的经历所有的优势和劣势来学习。”[29]

实质上，每个人学习的联结即学习型社会的构成结点。每个人秉持终身学习的理念，以个体的力量实施终身学习行动，这是在变化之中发展的基本方式，也是构建学习型社会的基础。

从具体的策略角度看，推进面向每个人的终身学习行动，在不同的国家、民族以及文化场域中具有异质性，但异中有同。共同的策略可能是：国家的政策工具制定与实施、管理机构的组建与运行、社会力量的组织与协调、利益相关者的合作，以及家庭、社区、“具体的人”的积极参与和践行。以我国为例，在推进学习型社会建设之中，终身学习的理念始终得以贯彻。国家下发系列政策文件支持每个人的学习，例如《关于广泛开展全民终身学习活动的通知》，鼓励开展全民阅读活动，举办“全民终身学习活动周”，建立终身学习数字化平台，等等。地方也大力推进终身学习实践，制定“终身教育促进条例”“终身学习促进条例”等，创新方式方法开展终身学习活动和项目，以支持每个人以学应变，以变应变。学习型社会正是在这样的发展状态中形成的。

2. 构建面向未来的共同体

学习型社会理念内含着联结、融合、共同发展的意义。学习型社会在变化之中提出，也在其中发展。从唯实论的角度看，“社会”是由每个人组成的关系实体，而非基于“符号”的想象。这意味，以人为构成要素、以每个人为构成单位的学习型社会，它的变化与应对需要发挥人的主动性。应对变化，共同的力量总比个体的力量更有韧性和持续性，这在社会变迁与实践中显而易见。要言之，学习型社会需要联结每一个“具体的人”在不确定性中共同发展。因此，在“变化”视域下思考学习型社会的创建，或许不能忽视构建面向未来的学习共同体。

构建融于社会的学习共同体，需要每个学习者共同塑造“共通意义空间”。这至少包含三重思考：一是思想意识层面，达成促动学习型社会构建的共识，具备共同愿景。在不确定性的过程中创建学习型社会，没有共同的认识，共同体建设就如同“浮萍”，缺乏深耕的“共识性基底”。二是情感体验层面，每个学习者都有其自身的地理边界、生活边界、文化边界乃至学习边界，“边界”的存在形成了差异。如何弥合差异，挖掘差异性资源？这需要每个学习者在共同行动中产生情感的共鸣与共通。没有共情，学习共同体建设或将失去情感支撑。三是实践行动层面，个体的实践多彩丰富，共同的行动更有力量。将“个体优势”与“集体优势”相融合，是共同学习行动的必要过程。这或许能够从共生理论中寻求回应：通过利用各自的特性和优势共同生存，并在彼此的关联中寻求发展。换言之，个体应在家庭、社区、公司、学校等“附近”的联结中积极寻求共同学习，以增强应对“变化”的韧性与内在力量。

参考文献：

[1][2][美]约翰逊.社会学理论[M].南开大学社会学系，译.北京：国际文化公司出版，1988：26，18.

[3][26]联合国教科文组织国际教育发展委员会.学会生存：教育世界的今天和明天[M].华东师范大学比较教育研究所，译.北京：教育科学出版社，1996：8，196-197.

[4][25]邬志辉，高清晨.为新世界构建终身教育框架——纪念《学会生存》发表50周年[J].高等教育研究，2022，43(05)：1-10.

[5]张世鹏.社会民主主义与自由主义的相互渗透——欧洲社会民主党的历史演变[J].欧洲研究，2006(02)：16-31+157.

[6]威廉姆·贝弗里奇.贝弗里奇报告——社会保险和相关服务[M].华迎放，等译.北京：中国劳动社会保障出版社，2004：193.

[7][8][9][10][15][16][17][18][19][20][21][22][24][27][29][美]罗伯特·赫钦斯.学习型社会[M].林曾，等译.北京：社会科学文献出版社，2021：25，15，99，102，151，8，4，概论第2页，34，109，156，154，概

论第 2 页，106，151.

［11］Jarvis P. Globalisation, lifelong learning and the learning society［M］.London: Routledge, 2007: 40−44.

［12］张创伟．西方“学习型社会”：基于社会范畴的理解［J］. 外国教育研究，2012，39（06）：41−49.

［13］［英］查尔斯·汉迪．超越确定性［M］. 周旭华，译．杭州：浙江人民出版社，2012.

［14］李忠，李致远．不确定性视域中的高等教育变革：视域、知识观、学习观与教学观［J］. 中国电化教育，2022（09）：61−68.

［23］Hutchins R M. The learning society［M］. New York: Encyclopaedia Britannica, 1968：165.

［28］吴黛舒．教育实践与教师发展［M］. 福州：福建教育出版社，2014：26.

后　记

编辑本书时，华东师范大学上海终身教育研究院正在全力准备和推进联合国教科文组织全球学习型城市网络（GNLC）成立十周年庆典活动。这个网络最初有12个创始成员，此后不断有新成员加入其中，目前有近300个城市加入（中国现有北京、上海、广州、深圳、杭州、成都、武汉、西安、太原、常州等10座国际学习型城市）。联合国教科文组织终身学习研究所（UIL）于2023年10月30日这一周在上海以线上线下结合的混合模式举办GNLC“终身学习节”。该活动旨在展示世界各城市终身学习的变革性力量。作为合作组织方，华东师范大学终身教育研究团队全力投入，继续做好扎根上海、服务全国的终身教育研究工作，也做好基于中国终身教育研究成果传播的国际合作与交流工作。

而2023年又是中国学习型社会建设大力推进的一年。2023年9月，教育部的《关于印发〈学习型社会建设重点任务〉的通知》指出，要把建设学习型社会、学习型大国作为建设教育强国的战略举措。可以预见，从中央到地方，多层级、多主体推动终身教育、学习型社会建设的实践会更为丰富，也更能体现出高质量发展的特征。这样的实践旨在助益每一个人的持续性成长，每座城市的可持续发展！

在建设教育强国，建设全民终身学习的学习型社会、学习型大国的战略背景下，一系列的研究主题已经进一步凸显，需要研究者在新时代自觉回答系列重要问题。本书的编辑，就选取“学习型社会”这一主题，从基本理论研究、政策与实践研究、国际进展研究三方面，呈现对相关问题的思考与探索。延续《中国终身教育研究》前两辑的风格，我们继续高度关注本领域的知识生成、知识积淀、知识传播，持续投入对基本问题、前沿问题的关注，追求研究成果的品质。而有所变化的，是从这一辑开始，《中国终身教育研究》也将开启一个新的阶段，即聚焦更明确的关键问题、核心主题、重要议题，力求实现新突破、新发展。

特别感谢各位研究者的全力支持！在征稿、审稿、修改、编辑的过程中，每位作者都用心研究，真诚合作，全力投入！作为执行主编，也特别感谢助理叶长胜的帮助！感谢上海交通大学出版社的持续支持和编辑们的全力帮助！也以本书的出版，祝愿全国乃至全球的学习型社会建设事业迈入新阶段，形成新成果，造福更多人！

李家成
于上海终身教育研究院
2023 年 10 月 12 日